高等职业教育旅游类专业系列教材

# 中国民俗旅游

（第二版）

主　编　陆　慧
副主编　陈　丹
主　审　宁　宇

科 学 出 版 社
北　京

## 内 容 简 介

随着我国旅游业的崛起与发展，民俗在旅游业中的重要性日益凸显。本书旨在阐述与旅游相关的诸多民俗事象，使民俗文化与旅游文化交相辉映，加深读者对旅游文化内涵的民俗视角的领悟及对旅游产业应用的理解。

本书以民俗和民俗旅游的基本概念、内涵开篇，从实用的角度，系统阐述了与旅游相关的诸多民俗事象，包括我国的饮食民俗、茶艺民俗、酒水民俗、服饰民俗、居住民俗、交通民俗、人生礼仪民俗、节日民俗、游艺民俗等相关内容，着力探讨了各个民俗事象与旅游产业之间的关系及开发应用。

本书内容丰富，结构严谨，体例新颖，打破了以往民俗和旅游分而论之的格局，将两者有机地结合起来。本书在第一版的基础上补充了该门课程的实训指导，从而增加了本书的可读性和实用性。本书适合于高职旅游专业学生的课堂讲授，同时也可作为旅游、文化等行业的培训教材，对于从事旅游业的企业家、行业管理人员、旅游文化官员和旅游文化工作者也有一定的参考价值。

**图书在版编目（CIP）数据**

中国民俗旅游 / 陆慧主编．—2 版．—北京：科学出版社，2014

（高等职业教育旅游类专业系列教材）

ISBN 978-7-03-041857-9

Ⅰ. ①中… Ⅱ. ①陆… Ⅲ. ①民俗学－旅游－中国－高等职业教育 Ⅳ. ① F590.7

中国版本图书馆 CIP 数据核字（2014）第209467号

责任编辑：王彦刚 唐寅兴/ 责任校对：王万红

责任印制：吕春珉 / 封面设计：东方人华设计部

版式设计：金舵手世纪

科 学 出 版 社 出版

北京东黄城根北街16号

邮政编码：100717

http://www.sciencep.com

新科印刷有限公司 印刷

科学出版社发行 各地新华书店经销

*

2009年 2月第 一 版 开本：787×1092 1/16

2014年10月第 二 版 印张：16

2022年 8 月第十二次印刷 字数：379 000

**定价： 48.00元**

（如有印装质量问题，我社负责调换〈新科〉）

销售部电话 010-62134988 编辑部电话 010-62135397-2016

# 第二版前言

《中国民俗旅游》是一门内容广博、事象繁杂，理论性与实践性均较强的专业基础课程。所用教材既要强调民俗学学科的理论性和科学性，又要注重旅游学科的应用性与可操作性，使学生在对我国丰富多彩的民俗文化资源进行认知的同时，能够进行精彩的、有一定深度的民俗风情导游讲解和民俗文化旅游资源的产业开发与应用，为此，本次修订在 2009 年出版的第一版的基础上进行了部分知识的更新，使之与当代旅游业的发展紧密结合，以确保教材内容的准确性和先进性；同时在体例上增加了实践环节的比例，注重实用能力的培养，除了在每章最后提供该章内容的小结和练习外，还在本书的开始部分增加了本门课程的实训指导，力争为大家提供一个全面的、系统的、适应现代旅游产业发展趋势的比较科学的教学用书。

《中国民俗旅游》讲授学时约为 40 学时，共计 12 章内容，包括我国在饮食、茶艺、酒水、服饰、居住、交通、人生礼仪、节日及游艺方面的民俗内容，着力探讨了各个民俗事象与旅游之间的关系以及进行旅游开发的途径与思考等内容。

本书的特点如下：

（1）编写体系的合理性

本书在有限的学时内，从民俗学视角，着重介绍与旅游产业应用比较紧密的中国传统民俗中相关文化事项及其在旅游产业中的开发应用，既注重民俗文化的系统性，又兼顾旅游产业的应用性。

（2）编写内容的实用性

本书从旅游学视角，有目的地选取能为旅游产业开发应用的较大的民俗事象为内容，具有实用性、可操作性。

（3）编写体例的科学性

本书以方便开展教学活动为根本宗旨，在编写体例上采用新形式，突出了教材编写体例的科学性。

（4）注重能力的培养

《中国民俗旅游》是一门实践性较强的专业课程，为适应高等职业教育中旅游管理专业的教学特点，本书在编写中增加了实践教学的比例，注重学生实践能力的培养。

（5）配套资源的立体化

本书配套资源丰富、齐全，方便教师授课。配套的“辅助教学资源包”主要供选用本书授课的老师参考之用，内容包括教学用课件（陆慧设计、制作）、教学大纲（陆慧编写）、课后测试题十套（陈丹编写）。如有“辅助教学资源包”需求的教师可登录 http://www.abook.cn 进行下载。

本书由辽宁科技学院旅游管理专业教授陆慧主编，本溪市文化广播电影电视局宁宇先生主审。其中陆慧编写了第 1 章、第 2 章、第 4 章、第 5 章、第 6 章、第 8 章、第 9 章、第 10 章及课程实训相关内容，石斌编写了第 7 章，陈丹编写了第 3 章、第 11 章。

本书在编写中，参阅了许多专家、学者的相关论著，在此深表谢意！由于时间仓促，加之水平有限，书中如有偏颇、疏漏之处，恳请广大读者批评指正，将不胜感激。

# 第一版前言

《中国民俗旅游》是一门涉及内容广泛、理论性与实践性较强的专业课程，所用教材既要强调学科的理论性和科学性，又要注重实践中的实用性和操作性，使学生既能得到系统的理论知识与方法，又能了解我国旅游民俗的实际情况。为此，我们结合多年的理论教学经验和我国民俗旅游的实际情况，在进行多方搜集材料的基础上，对本书进行了科学的构思。在结构上，我们力争向学生展现全面、系统的中国旅游民俗知识，因而除了对民俗、民俗学以及旅游、民俗旅游等基本问题做了深入、细致的阐述外，还涵盖了民俗的传统内容，并结合旅游业的发展，新增了一些新的知识。

本书共分 12 章，包括我国在饮食、茶艺、酒水、服饰、居住、人生礼仪、节日、交通、游艺以及信仰方面的民俗，着力探讨了各个民俗事象与旅游之间的关系以及进行旅游开发的途径与思考等内容，建议学时为 40 学时。本书第一章、第十二章为非旅游管理专业学生选修章节。

本书的特点如下：

（1）编写体系的合理性

本书在有限的学时内，既给学生论述一个全面系统的民俗知识，又对旅游民俗的基本问题做了深入、细致的阐述。

（2）编写内容的全面性

本书既涵盖了民俗的传统内容，又增加了当代旅游民俗的新知识，较全面、系统地介绍了我国旅游民俗的基本原理、方法及在实际中的运用。

（3）编写体例的务实性

本书以方便开展教学活动为根本宗旨，在编写体例上采用新形式，突出了教材编写体例的务实性。每章包括学习目标、基本内容、小结、补充阅读、思考与练习等项目。

（4）配套资源的立体化

本书配套资源丰富、齐全，方便教师授课。配套的“辅助教学资源包”主要供选用本书授课的老师参考之用，内容包括教学用课件（陆慧设计、制作）、教学大纲（陆慧编写）、课后测试题十套（陈丹编写）。如有“辅助教学资源包”需求的教师可发邮件至 wangyg@abook.cn 索取或登录 http://www.abook.cn 进行下载。

（5）注重实践性

《中国民俗旅游》是一门实践性较强的专业课程，为适应高等职业教育中旅游管理专业的教学特点，本书在编写中注重了教学的实践性，注重培养学生的实践技能和操作能力，在每章后附有实训练习。

本书的具体编写分工为：辽宁科技大学副教授王林峰编写第一章，辽宁科技学院副教授陆慧编写第二至六、八至十章，杨凌职业技术学院副教授赵辉编写第七章，辽宁科技学院的陈丹编写第十一章（并负责全书的文字校对工作），西安思源学院的石斌编写第十二章。

本书参阅了许多专家、学者的相关论著，在此向他们深表谢意！

由于时间仓促，加之编者水平有限，书中疏漏之处在所难免，恳请广大读者批评指正，将不胜感激。

# 课程实训指导

作为应用型院校旅游专业的毕业生，除了系统了解旅游专业知识，还应具有对所学知识的应用能力，因而高校在教学中对学生的培养不仅要靠理论学习，更要靠理论联系实际的实践锻炼，其中实习是一种有效的教学形式，是培养应用型专业学生实践技能的基本环节，对学生有着极为深刻的影响。

《中国民俗旅游》内容丰富，事项繁杂，是旅游专业课中学生既喜欢又头疼的一门专业基础课，它除了要求学生对我国丰富多彩的民俗文化进行认知、理解外，更主要的是培养学生在认知、理解的基础上对我国丰富的民俗文化进行精彩的、深刻的导游讲解以及旅游项目的设计开发能力，如图所示。

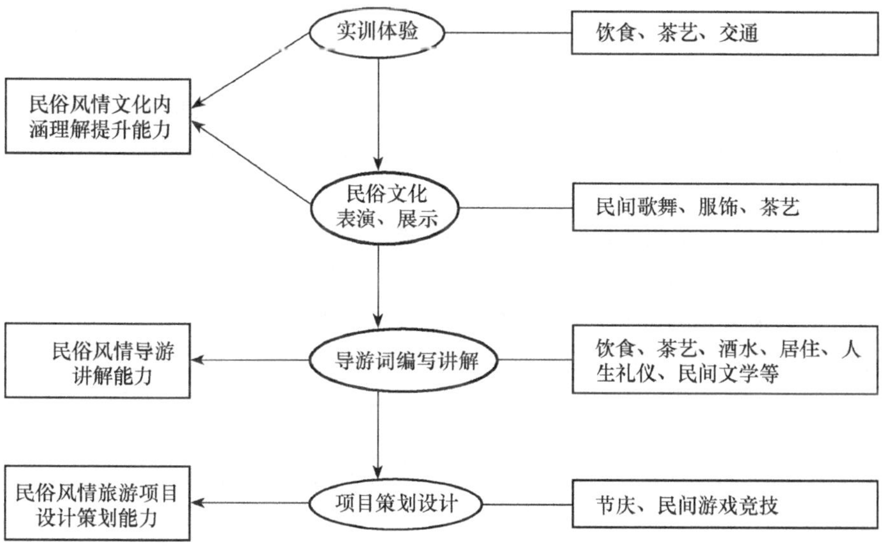


在传统的教学中，我们往往以课堂讲授为主，辅以图片欣赏，使学生增强感性认识，加深对知识的记忆，但不能培养学生对本门课程知识的理解和应用能力，因此，在本书的编写中，针对本门课程的教学目的、教学内容及特点，我们适当增加了课程的实训环节，作为理论教学的补充，从而达到该门课程的教学目标。

## 一、本门课程的教学目标

通过本门课程的讲授，使学生在对我国民俗文化内涵进行认知和理解的同时，培养学生能够针对相关民俗资料进行分析、提炼、提升其文化内涵的能力；经过训练，能够进行特色民俗文化的导游词编写及导游讲解能力；掌握对一些民俗文化资源进行旅游项目设计、策划的能力。

## 二、主要实训环节

### （一）实训体验

1. 目的

通过学生对地域特色饮食、交通及中国茶艺的实训及体验，感受中国不同地域在饮食、交通等方面的区别，加深学生对其认知和理解，并能在感悟中提炼其文化内涵，从而提高学生对民俗文化的理解能力和对文化内涵的提升能力。

2. 方式（可根据各单位实际情况采取如下方式）

• 收集中国地域饮食相关资料并进行特色饮食的品尝，感知地域饮食文化，提炼其文化内涵；

• 参观相关酒楼、酒店等特色餐饮企业、饮食一条街等，参加当地举办的饮食节，感受地域饮食文化内涵，增加学生对中国饮食文化的了解，增强学生对中国饮食文化的开发意识；

• 收集中国茶文化相关资料，参观一些茶楼、茶庄、茶山等旅游企业及景点，观赏并学习中国茶艺表演，品尝中国茗茶，使学生了解中国茶的制作过程，感知茶文化的内涵，感悟中国茶文化的精髓，增强学生对中国茶文化的开发意识；

• 调研中国酒水相关资料，参观地域相关酒庄、酒厂等企业，品尝特色酒水，使学生感受酒的制作过程及相关文化，增加学生对中国酒文化的感性认识和了解，增强学生对中国酒文化的开发意识；

• 收集中国地域交通相关资料并进行地域特色交通体验，感知地域交通文化，提炼其文化内涵；

• 召开民俗文化座谈会，邀请业界人士以座谈会形式介绍地域特色文化，如饮食的制作特点及文化蕴涵、开发等相关信息，回答学生的疑问，与师生共同研讨；

• 行业企业调查。以问卷调查或采访调查形式，进行各类专题（如饮食、酒水等）调研，对民俗文化市场整体发展情况或某一方面的情况进行调查分析。

3. 内容及要求

中国饮食文化及旅游开发、中国酒文化及旅游开发、中国茶文化及旅游开发、中国交通民俗及旅游开发。

实训、实践期间学生要服从指导，遵守纪律，谦逊好问，文明礼貌。实训、实践结束后，每人要求完成如下任务：（各学校可根据具体情况自行确定相关内容）

- 编写一篇关于地域特色民俗文化论文；
- 进行茶艺表演。

4. 成绩评定

总成绩 = 论文 + 表现
其中，论文占 60%；表现占 40%。

## （二）导游讲解

1. 目的

导游是一门艺术，集表演艺术、语言艺术和综合艺术于一身，集中体现在导游讲解之中。通过该实训，培养学生运用所学民俗资料进行整理、加工和提炼，并能运用简洁、明快的语言进行一种意境的再创造，从而达到进行个性化导游讲解的能力，增强学生对导游语言的掌握技巧，使理论与实践有机结合，提高其个性化、特色化导游讲解的能力。

2. 方式（可根据各单位实际情况采取如下方式）

（1）收集相关资料
- 调研、收集中国地域饮食相关资料，提炼其文化内涵；
- 调研、收集中国茶文化相关资料，提炼其文化内涵；
- 调研、收集中国酒文化相关资料，提炼其文化内涵；
- 调研、收集中国地域交通民俗相关资料，提炼其文化内涵；
- 调研、收集中国地域居住民俗相关资料，提炼其文化内涵；
- 调研、收集地域人生礼仪民俗相关资料，提炼其文化内涵；
- 调研、收集中国地域民间文学资料，提炼其文化内涵；
- 参观一些民俗风情园，进行导游讲解的观摩及学习；
- 邀请地域民俗文化知名学者进行地域民俗文化讲座。

（2）教师示范讲解或召开民俗文化座谈会。
邀请业界人士以座谈会形式介绍地民俗文化，回答学生的疑问，与师生共同研讨。
（3）学生分组讨论
（4）学生示范讲解

3. 内容及要求

（1）民俗风情导游词编写
根据所学相关内容，如：中国饮食文化、酒文化、茶文化、居住民俗、人生礼仪民俗、民间文学等，进行导游词整理与编写。

实训中学生要服从指导，遵守纪律，谦逊好问，文明礼貌。结束后，要求每人编写一篇具有特色民俗文化内容的导游词。

（2）特色民俗风情导游讲解

根据所掌握的相关资料，进行“我的家乡民俗”导游讲解。

要求语言简洁、明快，对家乡民俗风情进行一种意境的再创造。

4. 成绩评定

总成绩 = 导游词编写 + 导游讲解

其中导游词编写占 50%；导游讲解占 50%。

## （三）民俗文化的表演、展示

1. 目的

在对民间文学、民间歌舞、游戏竞技以及茶艺、服饰等民间艺术讲授、观赏、学习的基础上，组织学生进行多种形式、不同类型的表演、展示，加深学生对民俗文化的理解和感悟，提高学生对民俗文化的理解能力和对文化内涵的提升能力。同时还可传承地域文化，丰富学生业余生活，调动学生学习的积极性。

2. 方式

• 以小组或班级形式或以学校形式组织学生表演队，聘请有关人员进行讲授、示范等，感悟其艺术魅力；

• 聘请地域民间艺术家进行讲座，与学生进行互动交流等；

• 观赏地域民间艺人的艺术表演，感悟其地域文化的内涵。

3. 内容及要求（可根据各单位实际情况采取如下方式）

• 在调研、收集地域民间文学等相关资料基础上，组织学生进行民间故事的讲解；

• 在调研、收集服饰等相关资料基础上，组织学生进行民族服饰或中国服饰的展示、表演等；

• 在调研、收集茶艺等相关资料基础上，组织学生进行茶艺展示、表演等；

• 观赏民俗艺人具有地域文化色彩的歌舞、戏曲、二人转、木偶戏等民间艺术表演；

• 组织学生进行具有地方代表性的歌舞、戏曲表演等，如满族舞蹈、蒙古族舞蹈、朝鲜族舞蹈等；

• 组织学生以小组的形式成立不同类型的地域民间艺术小组，如剪纸协会、雕刻协会以及故事、服饰展示、舞蹈表演等小组，定期活动，加深影响。

要求：学生要认真查阅相关资料，服从指导，遵守纪律，谦逊好问，认真学习，结束后，每人要求进行一段民间文学艺术的表演，如讲故事、歌舞展示、服饰表演等。

4. 成绩评定

总成绩 = 平时表现 + 表演、展示
其中中平时表现占 30%；表演、展示占 70%。

### （四）策划设计

1. 目的

通过学生对地域民俗文化项目进行的设计、开发，加深学生对民俗文化的理解、感悟，使学生理论联系实际，提高学生对旅游项目进行设计开发、策划的能力。

2. 方式

• 可以以小组形式，也可以个人在对相关资料进行认真收集的基础上，选取比较有把握的题目，在老师指导下，有步骤的利用学校等地信息实验室，自拟题目进行相关项目的设计、开发；
• 事先设定题目，以小组或个人形式，收集相关资料，并在老师指导下，有步骤的利用学校等信息实验室，进行相关项目的设计、开发等。

3. 内容及要求（可根据各单位实际情况采取如下方式）

• 收集地域传统节庆、新兴节庆等相关资料，进行景区、地域传统节庆或某民族特殊节庆项目的设计策划等，如：某景区或地域文化节、秧歌节、风筝节、旅游节、春节、元宵节以及各民族传统节日等项目的设计、策划；
• 收集某地域游戏等相关资料，进行景区游戏项目的设计、策划；
• 收集某地域民间、民族娱乐等相关资料，进行景区、地域节庆项目的设计策划；
• 收集某地域民间竞技等相关资料，进行景区、地域节庆项目的设计策划；
要求：服从指导，遵守纪律，谦逊好问，文明礼貌。实训、实践结束后，每人要求设计完成一项具有地域民俗文化内涵的节庆旅游资源的项目开发策划书。

4. 成绩评定

总成绩 = 项目开发策划书 + 表现
其中，项目开发策划书占 80%；表现占 20%。
总之，本课程的讲授，应以应用型的培养要求为主，在课堂理论教学的基础上，重在对学生进行民俗文化理解、表达、旅游策划能力的培养。
课程能力实训图如下图所示。

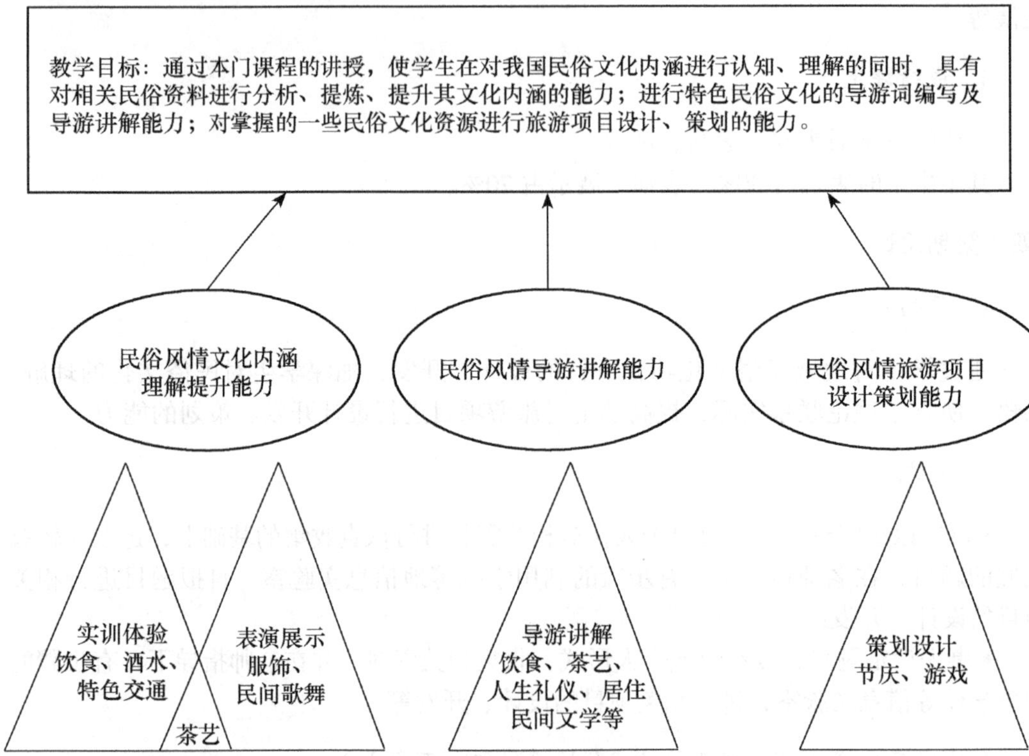
教学目标：通过本门课程的讲授，使学生在对我国民俗文化内涵进行认知、理解的同时，具有对相关民俗资料进行分析、提炼、提升其文化内涵的能力；进行特色民俗文化的导游词编写及导游讲解能力；对掌握的一些民俗文化资源进行旅游项目设计、策划的能力。
民俗风情文化内涵理解提升能力
民俗风情导游讲解能力
民俗风情旅游项目设计策划能力
实训体验
饮食、酒水、特色交通
表演展示
服饰、民间歌舞
茶艺
导游讲解
饮食、茶艺、人生礼仪、居住
民间文学等
策划设计
节庆、游戏

# 目　　录

# 第1章

# 绪　　论

## 概　　述

民俗作为一种文化，是一个国家民族精神的主要组成部分，是民族文化的重要基石。中国是一个历史悠久、疆域辽阔的多民族大国，民俗文化极为丰富，绚丽多彩。在当今的中国，没有一种旅游行为能够游离于民俗文化而存在，民俗和旅游是文化与生活的复合体。为了让读者了解什么是民俗、民俗和旅游的关系、民俗旅游资源的界定等内容，有必要首先探讨有关民俗旅游的一些基本问题。

## 学习目标

1．了解民俗的含义；
2．熟悉民俗与旅游的关系；
3．掌握民俗旅游及民俗旅游资源的界定。

## 学习任务

查找生活中的民俗旅游资源。

## 任务描述

明确民俗、民俗旅游和民俗旅游资源的含义，在此基础上查找生活中的民俗旅游资源。

## 1.1 民俗与民俗学

民俗与民俗学是我们展开本书内容的认识起点。只有对二者有了明确的认识，才能更好地理解中国民俗旅游的内涵。

### 1.1.1 民俗

中国民俗历史悠久。古往今来，它每时每刻都对炎黄子孙的思想和行为发挥着重要的影响作用。当前，无论在学术界还是旅游界，对民俗的关注度都与日俱增。然而，由于认识的角度不同，人们对中国民俗事象的理解还存在着明显的偏差。所以，在阐述中国民俗旅游之前，有必要先对民俗的相关理论做一概述。

1. 民俗的定义及种类

（1）民俗的定义

中国民俗源远流长。有关民俗（folklore）的定义，古今中外的学者多有表述，可谓众说纷纭。

在我国，不仅“风俗”一词古已有之，就是“民俗”一词，也早在古文献中使用了。如《礼·缁衣》中有“故君民者，章好以示民俗”之句，《汉书·董仲舒传》载“变民风，化民俗”，《管子·正世》中也说“料事务，察民俗”等。我国古代虽然还不可能有“民俗学”的科学门类的概念，但至少有“民俗”这个概念了。不过在古代，“民”表示普通百姓，引申为民间。“俗”表示习惯、习尚等。因此“民俗”，主要是指百姓习尚，民间习俗，严格地讲，这与今天的“民俗”概念还存在着一定的差别。

国外学者的阐释是在19世纪上半叶，英国稽古学者威廉·J.托马斯（William J. Thomas）在1846年用“folk”（民俗）和“lore”（旧传）组合成为“folklore”，首次提出“民俗”这一术语，引起了学术界的轰动。1878年10月，世界上第一个“民俗学会”在英国成立，“folklore”获得了国际的承认。

至于“folklore”一词传入我国，最早是在1874年，英国学者德尼斯在《中国评论》（*China Review*）上发表了民俗学的论文，同时把这个英文名词传入了中国，1876年他的《中国民俗学》一书也于香港出版，但并没有引起国内学术界的关注。直到1922年12月，北京大学《歌谣》周刊在“发刊词”中引用了“民俗”这个术语，才得到国内学术界的承认和广泛使用，直到今日。

有关民俗这一概念的表述，各国的百科全书和学术界颇具代表性的有如下几种。

《大英百科全书》（*Encyclopedia Britannica, EB*）认为：民俗，是普通民众始终保存的、未受当代知识和宗教影响的，以片断的、变动的或较为稳固的形式继续存在至今的传统信仰、迷信、生活方式、习惯及仪式的总称。民间故事、传统歌谣、谚语及起初被排斥在外的物质文化的某些方面也属其范围。

美国《新时代百科全书》（*Encyclopedia of the New Age*）认为：民俗是大多数人类学家、民俗学家所使用的，包括保存在口碑传承中的信仰、俗语、诗歌、民歌、民谣、故事、谚语和谜语等。这一术语可以扩大到包括那些通过非正式方式，即没有受到书本影响与正规训导而一代又一代传承下来的民间舞蹈、民间工艺和民间技艺以及礼仪习俗等。

《中国大百科全书》认为："folklore"的早期含义是指民众的知识和学问。它的内容包括传统的风俗习惯、信仰、民间故事、歌谣、谚语等。随着时代的发展，其范围越来越广泛，今天在有些国家已经扩展到全部的社会生活和文化领域。

乌丙安的《中国民俗学》认为：民俗是世代传袭下来的、同时继续在现实生活中有影响的事象，是形成了许多类型的事象，是有比较相对稳定形式的事象，是表现在人们的行为上、口头上、心理上的事象，是反复出现的深层文化事象。

陶立璠的《民俗学概论》认为：民俗是一种悠久的历史文化传承，是一种相沿成习的东西，简言之，就是民间风俗。

高雨中的《民俗文化与民俗生活》认为：民俗是具有普遍模式化的生活文化和文化生活。

这些纷纭的民俗定义，多言之成理，持之有故，也各有所长，各有所短，其中形成共识的有下面几个方面。

1）民俗的主体是群体而非个人。民俗是人类社会的产物，伴随着人类社会的出现、发展而发展。虽然在某一特定的历史时期，某个人物的行为对民俗有一定的影响，但效果是有限的。只有当个体行为被集体所接受、仿效、传承，它才能演变为民俗。

2）民俗是一种特殊文化。文化是人类在其历史发展过程中创造的物质财富和精神财富的总和。民俗学发展到今日，虽然是一门独立的学科，但就其性质的需要，有向多科性发展的趋势。这是因为民俗事象本身的产生和发展与其他的文化现象的发展密不可分。

3）民俗事象具有模式性。民俗是由众多民俗事象构成，民俗事象在社会中一旦形成，就表现为民俗模式，成了一个自控又自动的独立系统。民俗模式体现在时间的节律上，就是只要适合这一民俗事象的政治、经济、社会等条件不消失，它就会在群体"被人们遵照，无止境地重复出现"；体现在民俗构建上，即为按某种稳定的程式或步骤有秩序地展开。当我们观察个体的活动以及群体在特定情境中的活动的时候，我们并不能直接把它们当做民俗，因为它呈现给我们时，只是个别的、一次性的。只有当我们观察到它们的重复呈现之后，我们才能确认它们为民俗。也就是说，只有当我们确认它们体现了某种模式之后，我们才能确认它们为民俗。

综上所述，民俗是在人类历史的发展过程中，一定的群体为适应生产实践和社会生活而逐渐形成的，并以民族的群体为载体的，以群体的心理结构为依据的，表现在广泛而富有情趣的社会生产与生活领域的一种程式化的行为模式和生活惯制，是一种集体性的文化积淀，是人类物质文化与精神文化的一个最基本的组成部分。它创造于民间，传承于社会，并世代延续承袭。

（2）民俗的种类

民俗是群体的文化，渗透性极强，涵盖面极广，其外延几乎包括一定群体的生产、生活的各个方面。按照民俗的本体属性通常可分为三大类型。

1）物质民俗。它是各民族在物质生产、消费和流通中所形成的文化传承，系民俗的多层次结构中的基础层面。这一类民俗又可分为两种亚型：一种是行业民俗，包括农耕民俗、畜牧民俗、渔猎民俗、手工业民俗、商业民俗等；另一种是消费民俗，包括服饰民俗、饮食民俗、居住民俗、行旅民俗等。

2）社会民俗。它是指在人类社会中，人与人之间通过生产、生活的结合和交往形成的民俗。这一类民俗也可分为四种亚型：第一人生礼仪民俗，含有育儿礼俗、成年礼俗、婚姻礼俗、寿庆礼俗、丧葬礼俗等；第二岁时节日民俗，含有传统岁时节日、现代节日等；第三社会结构民俗，含有家庭民俗、亲族民俗、乡里民俗、社团民俗、帮会民俗等；第四游艺民俗，含有游戏民俗、竞技民俗、歌舞民俗、工艺民俗、技艺民俗及谣谚、神话传说等。

3）意识民俗。它是一种深层次的民俗事象的总和，涉及的范围相当广泛，渗透到社会生产、生活的方方面面，体现的是人们以信仰为核心的心理活动和操作行为。这一类民俗还可分为三种亚型：第一原始信仰民俗，包括自然崇拜、图腾崇拜、祖先崇拜等；第二民间宗教信仰民俗，包括对道教、天主教、佛教、伊斯兰教等宗教的信仰等；第三禁忌民俗，包括生产禁忌、生活禁忌、民间宗教禁忌等。

补充阅读

### 龙的起源

在中国文化中，龙有着重要的地位和影响。上下数千年，龙已渗透到中国社会的各个方面，成为一种文化的凝聚和积淀。对每一个炎黄子孙来说，龙的形象是一种符号、一种血肉相联的情感。作为龙的传人，不能对中国的龙文化一无所知。那么，龙的原型是什么？龙的概念又是怎样形成的呢？

要了解龙的起源，就要从我们的先民说起。他们在从猿转化为人类的过程中，面临着十分艰苦的自然环境。由于生产能力的低下和知识的落后，原始人类一方面要竭尽全力，从自然界中获取赖以生存的食物和其他资源，一方面又对强大而神秘的自然界产生崇拜与敬畏，这样便逐渐产生了原始的宗教和巫术。原始宗教认为自然万物都是有灵的。在原始宗教中，对动物的崇拜是其重要的内容之一。原始人对某些动物的体态，如鳄、鲵、蛇、鸟及某些昆虫等，以及这些动物奇异的能力，如可以翱翔于天空、潜游于水底，可以无足而行，可以蛰伏而屇等，产生了崇拜和幻想。

“龙”的起源，除了上述原始宗教的原因外，还与图腾崇拜有一定的联系。图腾是原始社会中一个氏族的标志，氏族社会中，人们往往相信自己的祖先是一种特定的动物、植物或其他无生命的东西，这种物种就成为氏族祖先的象征和保护神。据古代文献记载，中国不少氏族曾以龙为图腾，如远古的黄帝、炎帝的氏族，共工氏、尧、舜、禹的氏族等。据专家考证，这些所谓的龙图腾，实际上是与后来的龙形象相近的蛇、鳄、蜥蜴等动物。这些动物在氏族的祭祀中，不仅被赋予了神圣的意义，而且在形态上也被神化。在漫长的远古岁月中，动物图腾形象与其他原始宗教中动物崇拜形象融和在一起，形成了原始的龙形象。

“龙”脱掉“原始”二字，即由原龙纹变成真正的龙纹，约在商代。

### 2. 民俗的特征及社会功能

（1）民俗的特征

尽管各种民俗事象形态各异，类型不一，但一经形成，就具有一些共同的特征。概括起来，包含如下几个方面。

1）民俗的社会性和集体性。民俗的社会性，是指民俗是人们在共同的生活中所形成和约定的风俗习惯。这种风俗习惯，既有地域性，又有民族性。民俗的集体性，是指民俗事象的产生，是集体智慧的结晶，或者是由个人首创，经集体的响应，丰富和发展起来。只有个人的创造，而没有集体的响应，是不会形成社会民俗的。

2）民俗的稳定性和变异性。一个民族的民俗一经形成，便具有相对的稳定性，但由于社会的发展，物质生产水平及生活内容的改变，许多民俗事象在流传过程中，由于受社会的、政治的、生活的种种因素的影响会产生内容和形式上的变化。

3）民俗的传承性和播布性。民俗的传承性，主要表现在传承过程中内容和形式上的连续性和稳定性。许多产生历史久远的民俗事象，在漫长的发展过程中，经历了很多变化，但作为其核心的“母题”部分，却顽强地保留着。民俗的播布性主要体现在某一民俗横向的传播关系上。

4）民俗的民族性和地域性。民俗是一个地区或民族的标志之一，每个地区和民族的民俗均有自己的特点，因而不同的民族有不同的民俗。

5）民俗的丰富性和多样性。百里不同风，千里不同俗。不同地域、不同民族在待人接物、衣食住行、婚丧嫁娶等方面的民俗各有不同，可谓丰富多彩。

（2）民俗的社会功能

各种民俗事象在漫长的社会历史过程中逐渐形成并发展延续，它们对社会成员发挥着重要的作用，具有众多的社会功能。具体包括下面几个方面。

1）历史功能。民俗事象本身是历史发展的产物。人类社会发展的每一个历史阶段，都曾产生和形成过许许多多的民俗事象。随着社会的发展，有的民俗事象消失了，有的却在变异中得到传承。

2）教育功能。民俗的教育功能，都是寓于具体的民俗事象之中，主要在于培养人的道德情操，增强人对生活的勇气和热爱，增强民族感和爱国心。

3）娱乐功能。民俗具有供人们享受和利用的功能。传承于民间的大部分民俗活动，都带有极其浓厚的娱乐性质。

4）规范功能。民俗对一个地区或民族的社会民众行为、语言和心理起着约束、规范作用。

5）凝聚功能。民俗对一个地区或民族的社会成员来说，可以统一人的行为和思想，使其保持向心力和凝聚力。

6）审美功能。人们可以通过对民俗的感知而赏心悦目，得到一种美的享受。

民俗在中国可谓凝聚了几千年来炎黄子孙的文化创造，是华夏儿女集体智慧的结晶。它存在于社会生产和生活的方方面面和各个领域。

### 1.1.2 民俗学

民俗学是一门现代化需要的学科，随着科技的发展，国际间交流的日益频繁，民俗学越来越受到人们的关注和重视。

#### 1. 民俗学的定义及研究领域

（1）民俗学的定义

以“民众的知识”为含义的民俗学，在国际学术界所确定的概念和范围并不完全一致。这是由于各种政治制度、学术观点、研究目的的不同所造成的。随着社会文明的进程和民俗学的发展，国际学术界逐渐趋向以下一些概念：民俗学是研究整个民间生活与文化的科学；它既研究民间的精神生活，也研究民间的物质生活；它既研究文明民族的人民生活与文化，也研究后进民族甚至野蛮民族的大众生活与文化。

在我国，民俗学的研究早期受西方民俗学的影响较大，经过大半个世纪的社会变革，特别是近四十年来我国民族文化研究与民间文学调查研究的进展，使民俗学的研究有了一定的时代特色。认为民俗学是研究民族最广泛的人民传承文化事象的科学，主要出于以下一些概念的因素：第一，民俗学研究的事象是世代传承下来的、同时继续在现实生活中发挥影响；第二，民俗学研究的事象类型是多样性的；第三，民俗学研究的事象具有相对稳定的形式；第四，民俗学主要研究表现在人们口头上、行为上和心理上的事象；第五，民俗学研究的事象是反复出现的深层文化事象。

在概念的把握中还需注意以下几个特点：第一，它区别于阶级社会中统治阶级的受过文明教育的知识阶层的文化，是被视为“无文化”的人们的文化；第二，各民族的习俗都有各自的特点，如汉族的春节和婚丧、白族的泼水节、苗族的跳月、鄂伦春族的拜熊等，都具有浓厚的民族特性；第三，民俗事象与广大人民群众的生活有直接的联系，从劳动人民的精神生活到物质生活，从劳动人民的饮食起居到内心活动，都具有强烈的现实性；第四，许多民间习俗都有极其悠久的历史，可以追溯到远古；第五，民俗事象的内容丰富，形式生动多样。

总结起来，民俗学应该是一门研究人们在日常的物质生活和精神生活中，通过语言和行为传承的各种民俗事象的学问。这种民俗事象往往表现为一种传统的文化模式，供人们模仿和传承。

（2）民俗学的研究领域

民俗学研究的主要领域是传统的民族民间的物质文化和精神文化，即民间习俗、民间信仰、民间文化、民间工艺、民间语言、民间娱乐、民间组织等。

民俗学的研究领域包含两个重点：第一，劳动人民的世界观。在民间习俗、民间信仰上的许多东西都近于荒诞、迷信，离奇古怪，实际上都反映了古代劳动人民在特定的历史条件下的世界观。第二，劳动人民在精神文化和物质文化上创造的业绩，特别是民间文学艺术的光辉成果、民间文艺，无论是民间文学、民间舞蹈、民间语言以至民间工艺等，都形象地体现了广大劳动人民的智慧、情调、思想、风格，特别是表现了广大劳动人民的精神领域中的丰富的想象力和卓越的才华。

### 2. 民俗学的性质、范围及任务

（1）民俗学的性质

民俗学作为一门人文科学，一方面，具有自身相对的学科独立性，以大量的民俗事象为研究对象和研究基础，并已成为社会科学领域中一门独立的学科。另一方面，民俗学又具有边缘学科性质。从其产生开始，就与考古学、人类学、历史学、社会学和民族学等具有极其密切的联系。民俗学的“边缘学科”性质，说明它的研究领域的广泛性以及方法上的多样性和灵活性。

（2）民俗学研究的范围

研究范围比较广泛，而且民俗事象与其他许多学科领域、具体行业都会发生联系，如饮食民俗与烹饪、食品业，居住民俗与建筑学，服饰民俗与服装行业，交通民俗与交通、旅馆、道路管理等。尽管如此，当与其他学科的研究对象出现交叉的时候，民俗学仍有着自己独特的研究视角和研究方法。

（3）民俗学的任务

第一，用科学的方法，尽可能收集流传在广大群众当中的生活、文化活动现象，对历史的或现代的民俗事象加以整理研究。

第二，普及民俗学知识，建设民俗学学科。民俗学与人们的社会生活联系非常密切，有着广泛的社会内容和深厚的群众基础。民俗事象经常地、大量地伴随着人们的社会生活，对人们的心理和性格产生深远的影响。

第三，促使人们更好地认识民俗学的意义及其产生、发展的历史，从而移风易俗，促进社会的发展。一个民族的民俗事象，历经演变保存发展到今天，并在人民生活中发挥不可估量的作用，有其深刻的社会根源。它对一个民族的民族情感有着很大的影响。民俗学的任务之一，就是正确对待传承至今的民俗事象，继承各民族的优秀民俗，尊重各民族的风俗习惯，加强民族间的理解和团结，促进社会发展。

# 1.2　民俗与旅游

我国历史悠久，民族众多，民俗资源丰富多彩，民俗风情绚烂多姿，具有广阔的旅游发展潜力。随着旅游业的发展，在学术界和旅游界，对民俗旅游的关注都日益增加。

## 1.2.1　旅游及旅游资源

现代学者认为：旅游活动的主体是旅游者，旅游者到旅游目的地去旅游，主要是被旅游目的地的旅游资源所吸引。因此，旅游及旅游资源的基本概念，对于我们理解民俗与旅游的关系多有借鉴和指导意义。

### 1. 旅游的含义及属性

旅游是人类社会发展到一定阶段的产物。“旅游”一词在中国的出现，最早可追溯到南朝齐梁时沈约（公元四四一年～五一三年）的《悲哉行》，其中就有“旅游媚年春，年春媚游人”的诗句。只不过早期的旅游形式是外出经商旅行，还不能称为严格意义上的“旅游”。1995 年联合国统计委员会对联合国世界旅游组织（United Nations World Tourism Organization，UNWTO）提出的旅游的概念进行了评审和修订，认为旅游是人们为了特定的目的而离开他们通常的环境，前往某些地方并做短暂停留（不超过 1 年）的活动，其主要目的不是为了从访问地获得任何经济效益。这一定义比较符合现代旅游的实际。

旅游从本质上来说是一种以审美愉悦为出发点的，具有消费性、休闲性和社会性的基本属性。

### 2. 旅游资源

在国外，有关旅游资源的表述多被称为旅游吸引物，是指旅游地吸引旅游者的山岳风光、湖泊海景、人文胜迹、宾馆设施、交通设备、周到服务等所有因素的总称。

在国内，众多学者的表述则不尽相同，但都指出了旅游资源概念的一些基本点：一是旅游资源是一种客观存在，其范围十分广泛；二是旅游资源必须有有用性，既能满足旅游者的需要，又可使旅游企业获得经济效益和社会效益；三是旅游资源应蕴涵“吸引功能”，其最大优点是能激发旅游者的旅游动机；四是旅游资源经开发、组合后形成的旅游产品、旅游项目，应直接应用于旅游活动，出售给旅游者。这些内容构成了旅游资源的基本内涵。

## 1.2.2　民俗与旅游

异地的风光，特别是异地的民俗风情，可以给旅游者一种完全不同的文化享受，没有一种旅游行为能够游离于民俗文化而存在。因此，民俗与旅游有着十分密切的关系。

1. 民俗充实了旅游内容

民俗丰富了旅游者的文化知识，使旅游者得到精神享受。我国是一个多民族的国家，各个民族都有着灿烂的文化、多彩的民俗风情。民俗既反映了旅游地的历史，又体现了旅游地的文化和社会生活。考察旅游地的民俗，阅读有关民俗图书，可以帮助旅游者扩大视野，丰富文化知识，增加旅游的兴趣和愉悦度。

2. 民俗能为旅游景点的开发提供第一手资料

随着21世纪“文化旅游热”的到来，各个历史时期、各个民族、各个地区的民间古老文化、传统民俗的形象得以再现，这大大激发和满足了生活在现代社会里的人的好奇心。因此，有必要加强民俗资料的发掘、研究，加大民俗开发的投入，加快民俗文化的产品化，以适应新时代的需要。

3. 旅游为民俗资料的传承做出了贡献

“读万卷书，行万里路”，是我国文人学者的优良传统。他们借助到全国各地的游历，了解各地山川地貌、风土人情、神话传说，增长见识，结交学友。浩如烟海的历代游记文献不仅是我国旅游发展历史的见证，而且为我国保存了大量不同朝代的民俗资料，为我国民俗史的研究奠定了基础。

4. 旅游丰富了民俗内容

中国旅游的历史相当久远。出游的人群，在古代基本上有两类：一是士人仕宦，二是宗教布道者及其信徒。现代则涉及各行各业，士、农、工、商，包括为消遣、事务、健康而出行者，为公务、会议而出行者，为商业、学习而出行者等。他们在长期的旅游活动中，逐渐形成模式化的旅游行为和旅游思维模式，并经久传承，成为民俗的重要方面。随着旅游业的进步，旅游民俗的内容会越来越丰富，旅游对中国民俗的贡献也一定愈来愈大。

5. 察风观俗是推动旅游发展的重要动力

在古代中国，封建统治者十分重视民俗的作用，把民俗看做一面镜子，以此了解民间疾苦、生活状况，考察政治得失。早在周朝，周天子就设置“辅轩之使”，出使四方，负责收集天下民俗善恶，以观政绩。汉代置“风俗使”、“乐府令”，出巡四方，观览民俗。察风观俗，是历代统治者实施和巩固统治之道，同时又成为统治者巡游天下的理由。采风问俗既推动了旅游发展，又丰富了民俗资料，增添了旅游资源。

旅游在发展，民俗在演进，我们应重视发挥民俗在旅游业中的重要作用。而民俗与旅游最佳的结合点正是发展民俗旅游。

### 1.2.3 民俗旅游及民俗旅游资源

民俗旅游属于高档次的文化旅游范畴，又称民俗风情旅游。

1. 民俗旅游

（1）民俗旅游的含义

民俗旅游是指人们离开常住地到异地去，以地域民俗事象为主要观赏内容而进行的文化旅游活动的总和，是人类文明进步所形成的一种文化生活方式。民俗旅游的客体是以某个国家、地区、民族的历史文化背景为依托，以其传承的民俗为载体，通过发掘整理或复原再生等手段，呈现在游客面前，使其获得前所未有的全新享受。

（2）民俗旅游的特征

在民俗旅游中，旅游者出游观赏的主要对象是民俗；旅游地向旅游者提供的核心产品为民俗产品；而民俗产品必须由纯正地道的民俗开发而成。民俗旅游既是一种经济行为，又表现为一种文化行为；民俗旅游的服务对象为广大公众，主要是离开经常居住地到民俗旅游地进行旅游活动的人，也包括民俗旅游点所在区域的永久性居民。

（3）民俗旅游的类型

中国民俗旅游类型繁多，按不同的划分标准有不同的类型。陶思炎在《略论民俗旅游》中，根据民俗旅游涉及的民俗范畴分为物态民俗游、动态民俗游、心态民俗游和语态民俗游；根据民俗生活的空间分为市井民俗游、水乡民俗游、山村民俗游和渔村民俗游；根据产品的性质分为观览型、参与型、休闲型和运动型；根据旅游产品的服务功能分为认识型、教化型和满足型。

我国民俗旅游目前已得到了很大发展，并越来越受到人们的重视。各地尤其是少数民族地区，都竞相发展民俗旅游，把民俗旅游作为发展本地区经济和参加旅游业竞争的重要途径和有效手段。

**小思考：**谈谈你对民俗旅游的认识。

2. 民俗旅游资源

民俗旅游资源是构成民俗旅游地借以吸引旅游者的民俗旅游产品的基本要素，是我国各地发展民俗旅游业及开展民俗旅游服务的基础条件。

（1）民俗旅游资源的概念

民俗旅游资源是形成旅游者从客源地到旅游目的地参加民俗旅游的促进因素，是能为旅游企业所利用，具有一定的旅游功能和旅游价值，并可产生经济效益、社会效益的各类民俗事象的总和。

我国民俗资源非常丰富，从衣、食、住、行等物质生活，到生产、商业、贸易等经济生活，乃至婚丧喜庆、岁时节令等社会生活以及游艺竞技等文体活动，无处不在。但并不是所有的民俗资源都可成为民俗旅游资源，它必须具备能给旅游者带来“新鲜感”、“奇特感”、“快乐感”和“美的享受”四项条件，这是民俗资源具有旅游吸引力的基础。

（2）民俗旅游资源的特征

民俗旅游资源的特征中兼容性比较突出，主要表现在以下几个方面。

1）民俗旅游资源的世界性。“越是民族的，就越是世界的。”民俗旅游资源依托民俗的传承性得以延续和发展，凭借民俗传播性广为流传，为大众所接受，形成一定的民俗旅游文化区。这就为不同民族之间、不同区域之间的相互理解和交往奠定了基础。

2）民俗旅游资源的丰富多彩性。其特征主要源于民俗综合性和民俗旅游者社会构成的复杂性，以及他们的民俗旅游需要的多样性。其主要表现有：民俗旅游资源门类齐全；多民族的属性和区域异样性。

3）民俗旅游资源的朴实性。民俗旅游资源是民间生活的体现与反映。民俗是为普通百姓创造和享有的一种文化，是人们维持生命和参与社会生活所不可或缺的基本手段与方式。民间生活的质朴性决定着民俗旅游资源的朴实性。

4）民俗旅游资源的无季节性。民俗是人类生产、生活的反映，尽管就某一民俗事象而言，可能存在着季节变化，但从全国的整体来看，民俗无处不有，无时不在，因而民俗旅游资源不存在季节性问题。

5）民俗旅游资源吸引力的定向性。由于民俗旅游者的旅游需要以及旅游动机的多样性和伸缩性，就某项具体的民俗旅游资源而言，它可能对某些民俗旅游者吸引力很大，而对另一些民俗旅游者则吸引力不大，甚至根本没有吸引力。

6）民俗旅游资源的易逝性。这主要是指民俗旅游资源在被开发和利用的过程中，因种种原因很容易遭到破坏甚至消失。所以，在发展民俗旅游时，应提高保护民俗旅游资源的自觉性。

7）民俗旅游资源的不可根移性与可仿制性。民俗是地域的民俗，是民族的民俗，它是与一定群体或民族久居的地域条件相适应的，一旦离开了它生长、滋润的土壤与环境，就会成为无本之木，失去原有的魅力。因此只可仿制，不可根移。

8）民俗旅游资源的组合性。一定地域的民俗旅游资源总是与该地域的自然和社会环境密切联系的，民俗旅游资源的组合性，就是不同种类民俗旅游资源间、民俗旅游资源与自然、历史文化旅游资源间的配套和组合。

9）民俗旅游资源的群体性。民俗旅游资源的群体性来源于民俗的集体性。民俗旅游资源无论是岁时节日、人生礼仪，还是衣食住行、游艺竞技都具有社会性。除个别可以个人单独实施民俗行为外，大部分民俗旅游资源的民俗行为，都需要群体的共同参加。

（3）民俗旅游资源的作用

伴随着旅游业的发展，民俗旅游资源在未来的旅游业中将发挥越来越重要的作用。

首先，民俗旅游资源是发展旅游业不可或缺的重要资源。民俗风情既然是旅游者观光、考察的重要目标之一，民俗旅游资源也就必然成了一个地区发展旅游业不可缺少的重要资源。而且，随着旅游专门化发展步伐的加快，民俗旅游资源的地位将与日俱增。

其次，民俗旅游资源充实和丰富了旅游资源。民俗无时不有、无处不在。挖掘民俗旅游资源，发挥民俗旅游资源的旅游价值，能够充实、丰富一个地区的旅游资源，改善其旅游资源状况，增强该地区的旅游资源吸引力，吸引更多的旅游者前来旅游，从而扩大该地区旅游资源的市场需求。

再次，民俗旅游资源可以提高旅游地的整体形象。一个旅游地的整体形象，往往不局限于某方面的旅游景观，而是由该地的多种因素综合作用形成的。民俗是一种文化，它体现了一个民族或一个区域群体的气质和心理，反映了一个民族或区域的历史和现状，具有无所不在的影响力。民俗构成了各种旅游因子组合为旅游地整体形象的融合剂，“异国情调”、“异地风情”成为旅游地整体形象的代名词和吸引旅游者的驱动力。

总之，旅游在发展，民俗在演进，全面系统地研究民俗旅游既是旅游事业的需要，也是时代的要求。我们应重视发挥民俗在旅游业中的重要作用，发掘中国民俗的深厚文化底蕴和社会经济价值，发展我国的民俗旅游业，使其更好地服务国家的经济建设。

**小思考**：列举你所熟知的民俗旅游资源。

## 小　结

中国是一个历史悠久、疆域辽阔的多民族大国，民俗文化极为丰富，绚丽多彩。民俗和旅游是文化与生活的复合体。本章探讨了民俗的含义、民俗和旅游的关系、民俗旅游资源的界定等有关民俗旅游的基本问题。

## 练　习

1. 民俗与旅游有何关系？如何将二者有机结合起来？
2. 什么是民俗旅游资源？民俗旅游资源的作用是什么？
3. 如何理解“民俗充实了旅游内容”？
4. 请到学校所在地或家乡考察当地民俗旅游资源的开发利用状况。

# 第2章

# 中国饮食民俗

**概　　述**

古人云：民以食为天，饮食是人们生存的基本需求，在人类生活中占有十分重要的地位。它不仅满足人们生理的需求，而且在长期的历史发展过程中，由于社会生产力的发展，经济生活和文化生活的不断改善，吃的技巧、吃的文化和风俗也不断得到丰富和发展。

**学习目标**

1．了解中国饮食民俗的特点、结构与习俗；
2．熟悉中国主要菜系的代表名菜及特色小吃；
3．掌握中国饮食文化的内涵及相关礼仪。

**学习任务**

考察与挖掘地域饮食特色及文化。

**任务描述**

收集地域特色饮食资料，提炼地域饮食特色，总结归纳地域饮食文化。

## 2.1　中国饮食民俗概述

饮食民俗是指有关食物和饮料，在加工、烹制和食用过程中积久形成并传承不息的风俗习惯，又称食俗。它是民俗中最活跃、最持久、最有特色的事象之一。中华饮食文化源远流长，完备的农耕文明为饮食的发展提供了充足的物质基础。

### 2.1.1 中国饮食民俗的产生

中国饮食民俗的产生大体上经历了生食、熟食和烹饪三个阶段。

1. 生食

在火尚未发明之前，人类是“食草木之食，鸟兽之肉，饮其血，茹其毛”，无论植物的果实、兽肉等，稍加处理，就直接食用。现在如赫哲族的“杀生鱼”，云南大理白族的“吃生皮”等，都是古老的生食习俗的“遗留”。

2. 熟食

熟食以烧和烤为代表，随着火的发明，生食习俗被烤制食品取而代之。烤的方法很多，包括：把捕食的兽肉剥割后放到火上或叉到火上烤，如新疆的烤羊肉串等；把肉放到烧红的石块上面烤着吃；将兽肉用泥封住，放入火中，泥干肉熟，香味可口，著名菜肴“叫花子鸡”最初就是用这种方法烧制的；最有特色的是“石烹法”，用烧红的石头，放入盛有水和食物的东西中，放取数次，食物自熟，不过随着陶器、铁器作为煮饭用具之后，此法渐渐被淘汰。

3. 烹饪

烹饪是在熟食基础上发展而来的，由于生产的发展，经验的不断积累，粮食生产、肉类加工和蔬菜生产的不断扩大，主食和副食有了明显的区别。稻米、小麦、玉米、高粱等成了人类的主要食物；蔬菜、禽蛋、肉类等成了辅助食物。各类食物调剂搭配，制作的精细程度越来越高，制作的方法也越来越多，越来越科学，从而形成了中餐特有的煎、炒、烹、炸、煮、蒸、烧、烤等多种烹调技艺，产生了鲁、川、苏、粤等不同的地方菜系和地方特色食品。

总之，饮食民俗是伴随着人类社会的产生而产生，伴随着经济文化的发展而发展，伴随着科学技术的进步而进步的。

### 2.1.2 中国传统的饮食结构

饮食结构是指日常生活中一日三餐的食物搭配，中国传统的饮食结构包括主食、菜肴和饮料三部分。

1. 主食

在中国传统的饮食结构中，主食主要为粮食作物，包括米饭和面食。但由于各地自然条件的差异，生产的粮食作物品种不同，主食的原料和制作方法也就不同：南方和北方种植稻米的地区和民族，以米饭为主食；秦淮以北及部分南方山地种植小麦的地区以面食为主食；高寒和高山地区种植玉米、青稞、高粱、谷子等以杂粮为主食。此外，像土豆、薯类也可作为主食。而同一粮食作物，不同的地区和民族也有自己独特的做法和食俗：生活在青藏高原的藏族，将青稞炒熟、磨成面，制成了独特的食品——糌粑，吃糌粑、喝酥油茶，是藏族特有的食俗；新疆的维吾尔族等则喜食烤馕及羊肉抓饭。

2. 菜肴

菜是蔬菜的总称，肴是做熟了的鱼肉，菜肴即指饮食结构中的素菜和荤菜。它是我国饮食结构的重要组成部分。在传统观念中，素菜是平常食品，荤菜只有在节假日或生活水平较高时，才能进入平常的饮食结构。《国语·楚语》中有“庶人食菜，祀以鱼”的说法，意为平民一般以菜食为主，鱼肉只有在祭祀时才可以吃到。当然，随着时代的进步和人民生活水平的提高，这一传统观念正在发生变化。在日常生活中，用来配制菜肴的原料有鱼肉、蛋乳、油脂、蔬菜、瓜果、调味六种类型，把这六种食料进行合理的搭配和烹制，进而产生了中国丰富多彩的烹调艺术，形成了不同的菜系。

3. 饮料

饮料常常作为饮食结构的补充，生活中也不可缺少，包括酒、茶、奶等。中国各民族中普遍盛行饮酒的习俗。由于采用的原料、配制方法和饮酒习俗不同，酒在各民族饮食结构中的地位也不同：北方地区的人们喜饮烈性白酒；南方地区的人们喜欢低度米酒和果酒。不同的民族也有自己特制的酒类饮料和饮酒习俗：马奶酒在哈萨克、蒙古等族生活中必不可少，婚礼、宴会上更是待客的名贵饮料；贵州的布依族，无论男女，嗜酒居多，同时也是待客的重要饮料。中国作为茶的故乡，各地饮茶的习俗也不尽相同：广东人的“功夫茶”十分讲究；藏族人的酥油茶、蒙古族的奶茶是日常生活的必需品；云南白族的“三道茶”别有风味。此外，有些瓜果类食品，如西瓜、葡萄、苹果、桃、梨、西红柿等，不仅是制作菜肴的主要原料，还可榨成汁直接饮用，也是很好的清凉饮料。

总之，饮食结构的形成，受客观生活水平的制约很深。主食、菜肴和饮料的配置，常因地、因民族而异，因此，在民俗调查和研究中应引起特别的注意。

### 2.1.3　中国民间饮食的特点

中国民间由于长期饮食习惯的沿袭，形成了以下三个特点。

1. 食品加工

食品加工上，以热食、熟食为主。这和中国文明开化较早和烹调技术的发达有关。《吕氏春秋·本味》记载：“水居者腥，肉臊，草食即膻。”热食、熟食可以“灭腥去臊除膻”。中国人的饮食历来以食谱广泛、烹调技术的精致而闻名于世。史书载，南北朝时，梁武帝萧衍的厨师，一个瓜能变出十种式样，一个菜能做出几十种味道，烹调技术的高超，令人惊叹。

2. 饮食方式

饮食方式上，讲究聚食制。聚食制的起源很早，从许多地下文化遗存的发掘中可见，古代炊间和聚食的地方是统一的。炊间在住宅的中央，上有天窗出烟，下有篝火，在火上做炊，就食者围火聚食。这种聚食古俗，一直沿袭至后世。聚食制的长期流传，是中国重视血缘亲属关系和家族家庭观念在饮食方式上的反映。

3. 食具方面

食具方面，中国饮食习俗的一大特点是使用筷子。筷子，古代叫箸，我国有史记载的用筷历史已有3000多年。中国是筷箸的发源地，在民间，筷子被视为吉祥之物，出现在各民族的婚庆礼仪中。成双成对的筷子意喻“和和气气”、“和睦相处”、“快快乐乐”。其缺一不可、齐头并进、相互协助的精神，更是对中国传统爱情天长地久、矢志不渝的体现。筷子一般以竹制成，一双在手，运用自如，既简单经济，又方便灵巧。许多欧美人看到东方人使用筷子，叹为观止，赞为一种艺术创造。实际上，东方各国使用筷子其源头多出自中国，中国人的祖先发明筷子，确实是对人类文明的一大贡献。

总之，在中国传统的饮食中可以看出中国人对社会和人生的态度，在饮食习惯里，能够具体而微妙地体现出中国文化的某些特性。

## 2.2 中国传统饮食习俗

中国是文明古国，地大物博，民族众多，饮食习俗又因地各异，可谓种类繁多，一般包括日常食俗、节日食俗、人生礼仪食俗、宗教信仰食俗及少数民族食俗等。

### 2.2.1 日常食俗

日常饮食习俗是为满足人类的生活需求而形成的习惯。主要包括餐数、时间和配餐方式等。

我国大部分地区和民族均实行早、午、晚三餐制。有些地区和民族，随着季节不同和生产的需要，也有实行两餐制的。三餐制古称“三食”，既利于生活，也利于生产。我国有些地方还按生产季节的不同，采用定期的两餐制，与三餐制相间使用，如苏北地区过去农闲时就实行一日两餐制。

农业民族的食俗，由于食物来源比较丰富，早餐比较简单，午、晚两顿正餐，除主食大米、白面等外，配以炒菜，形成主、副食的明显结构。如南方普遍早餐为粥，中、晚餐吃米饭、蔬菜；北方多食用面食、米饭，副食为炖菜；西北地区的游牧民族，长期以来从事畜牧业生产，饮食习俗一般是三茶一饭或两茶一饭。主食是米和面，副食是奶和肉，牛奶和羊肉为生活必需品。

中国老百姓日常家居所烹饪的肴馔，即民间菜是中国饮食文化的渊源。取材方便随意：或入山林采鲜菇嫩叶、捕飞禽走兽；或就河湖网鱼鳖蟹虾、捞莲子菱藕；或居家烹宰牛羊猪狗鸡鹅鸭；或下地择禾黍麦粱、野菜地瓜；随见随取、随食随用。制作简单易行，一般是因材施烹，煎炒蒸煮、烧烩拌泡、脯腊渍炖，皆因时因地。如北方常见的玉米，成熟后可以磨成面粉、烙成饼、蒸成馍、压成面、熬成粥，还可用整粒的炒了吃或连棒煮食、烤食等。民间菜的日常食用性和各地口味的差异性，决定了民间菜的味道以适口实惠、朴实无华为特点。

### 2.2.2　节日食俗

节日食俗是饮食民俗中最具民族特色、区域特色的部分。节日食品是丰富多彩的，不同的节日有各自不同的食俗特色，节日期间，人们总是竭尽智慧，改进食品制作花样，丰富节日生活，给各种食品赋予不同的文化内涵和象征意义。常见的节日食俗包括以下几个。

#### 1. 腊八要喝八宝粥

农历腊月初八，民间称腊八，据说这一天是一年中最冷的一天，有“腊八腊八，冻掉下巴”之说。这一天要喝腊八粥，又称八宝粥，用料以桂圆、莲子、麦片、枣子、糯米、绿豆、白果、红豆、花生、百合等煮成甜粥，也有加入龙眼肉、蜜饯等同煮的。冬季吃一碗热气腾腾的腊八粥，既可口又营养，确实能增福增寿。

#### 2. 春节吃饺子

农历正月初一是中国传统的春节，也是中华民族几千年来最隆重的节日，除夕守岁，要家家团圆，摆酒宴，吃团圆饭，大年初一吃饺子，形如元宝，有“招财进宝”之意。春节饺子讲究在除夕夜十二点钟包完，此刻正屇子时，以取“更岁交子”之意。在南方春节也有的吃年糕，寓意万事如意年年高。

#### 3. 正月十五吃元宵

元宵，取“团团如月”的吉祥之意。除用江米面外，还有黏高粱面、黄米面等。馅则有桂花白糖、山楂白糖、什锦、豆沙、枣泥等。形制上，或大若核桃，也有小如黄豆的“百子汤圆”等。

#### 4. 二月初二煮猪头

农历二月初二，民间流传着“龙抬头，大仓满、小仓流”的顺口溜。北方大部分地区，家家户户打着灯笼到井边或河边挑水，回到家里便点灯烧香、上供，叫“引田龙”。这一天家家户户要吃面条、炸油糕、爆玉米花、吃猪头肉，比作为“挑龙头”、“吃龙胆”、金豆开花、龙王升天、兴云布雨、五谷丰登，以示吉庆。

5. 立春吃春饼

这也是中国的一种古老风俗。春饼是圆形薄饼，有烙制，也有蒸制，内卷各种炒丝菜。

6. 五月端午吃粽子

农历五月初五是中国的端午节。这一天，又是我国历史上伟大的爱国诗人屈原投江殉国的日子。传说屈原投江后，沿江百姓不忍屈原尸体被蛟龙所吞食，就包粽子投入江中祭祀屈原，造龙舟争相竞捞，并鸣锣擂鼓驱赶蛟龙。经过漫长的岁月，这一举动便逐渐演化成为今天的赛龙舟和吃粽子了。

7. 八月十五吃月饼

农历八月十五是中秋节，这一天讲究吃月饼，祭月神，全家团聚。月饼，以瓜果、豆角、枣子等做馅，圆形较厚，饼面上有装饰图案，用于自食和赠送亲朋好友，以表达团圆和祝贺之意。其设计之精良，构图之美妙，花纹之灵细，使人获得艺术享受，既充分体现了月饼制作者的匠心独运，也反映出中华民族的灿烂文化。

8. 重阳节吃花糕

九月九日为重阳节，要吃重阳糕，又称花糕、五色糕等，饮菊花酒。重阳节食品，制无定法，较为随意。有些讲究的重阳糕要制九层，像座宝塔，上面还做成两只小羊，以符合重阳（羊）之义，有的还在重阳糕上插一小红纸旗，并点蜡烛灯，大概是用“点灯”、“吃糕”代替“登高”的意思。当今的重阳糕，仍无固定品种，各地在重阳节吃的松糕类都称之为重阳糕。

此外，在我国农村很多地方还有一些季节性饮食习俗。

春天吃绿豆芽春饼，夏至吃面条，冬天喝油茶、粉汤羊杂碎。最为惹人注目的是在新秋时节吃清煮嫩玉米的尝秋风俗。玉米长到毛穗刚发干而叶皮葱绿、籽粒刚灌浆时，掰回家连皮煮熟，色泽微黄，啃食甘甜鲜嫩，味道清香，风味无与伦比。

秋季的美食是煮毛豆、豌豆角。放进嘴里清甜爽口、娇嫩鲜美。农村的孩子更会吃，在田地里挖个坑就能吃到烧毛豆、烧山药、烧玉米、烧红薯，拣起来用手一抹，吹吹土灰，焦糊香甜、野味浓郁。

冬季吃酸菜。白菜是东北各民族家庭中不可缺少的一种蔬菜。冬天到了，生活在这里的人们想出了一个贮存白菜的方法——渍酸菜。酸菜酸味浓，猪肉和酸菜一起炖，香而不腻，清香爽口，开胃健脾，增进食欲。它不但是北方家庭的常备菜，而且是饭店宾馆的地方风味菜。此外，人们还发明了“白肉血肠”，即杀猪时将猪肠洗净，灌进猪血，煮熟做成血肠。如将其放入酸菜中煮，血肠就有一种特殊的香味。它是东北著名的一道地方佳肴。

此外，冬季，在东北市镇过往行人较多的街上，人们常常可以看到卖烤地瓜和糖葫芦的摊位。地瓜是东北人对红薯特有的称谓。在寒冷的冬天，看到热气腾腾的烤炉，很多路人都会禁不住地买一些尝尝。糖葫芦也是冬季北方的一大特色小吃，其制作并不复杂，选好山楂，去掉果核和果蒂，然后用削磨得光滑干净、粗细均匀的木签或竹签穿串，在山楂外挂一层薄而透明的糖皮，经过冷冻，仿佛给山楂刷了一层亮油，又光泽又鲜艳，品起来又脆又甜。比较正宗出售糖葫芦的方法是把糖葫芦插在专用的草把上，扛在肩上沿街叫卖。现在比较常见的方法是把糖葫芦和类似的街头食品，如糖山药、山药豆、雪糕等放在一起出售。酸甜可口的街头小吃，令人赞不绝口。

### 2.2.3　人生礼仪食俗

中国人寿诞生日一般多吃长面、油糕，取年寿登高之意。祝寿有送面桃的习俗，叫做“长寿逃灾”。不吃包子、稀饭、拌汤等，据说是怕窝囊、糊涂和凄惶的意思。此外，人们还喜欢在生日的时候点燃蜡烛。在古代，中国许多地区做生日用的蜡烛在外形上要比照明用的蜡烛大些，体为红色，烫有金字，如“寿”字之类。做寿时，蜡烛要放在寿堂前条案两侧点燃，上面摆些来人送的寿桃、寿面、寿糕、寿轴等礼品。在现代生活中，生日宴上也缺少不了蜡烛，不仅是红色，还演变成黄、蓝色等，外观更显小巧玲珑。过生日者有多大岁数，就在寿糕上插多少根蜡烛，也有以一根蜡烛代表10岁的。蜡烛点燃后，过生日者若能一口吹灭，表明他的心愿就能实现。

人死后，亲朋好友都要来吊祭死者，汉族的习俗是“吃斋饭”，也有的地方称为吃“豆腐饭”，即葬礼期间举办的酒席。虽然都是吃素，但酒还是必不可少的。有的少数民族则在吊丧时持酒肉前往，如苗族人家听到丧信后，同寨的人一般都要赠送丧家几斤酒和大米、香烛等物，亲戚送的酒则更多些，如女婿要送二十来斤白酒、一头猪。丧家则要设酒宴招待吊者。云南怒江地区的怒族，村中若有人病亡，各户带酒前来吊丧，巫师灌酒于死者嘴内，众人各饮一杯酒，此称为“离别酒”。

### 2.2.4　宗教信仰食俗

在中国文化中，宗教饮食主要指的是道教、佛教和伊斯兰教的饮食。

道教起源于原始巫术和道家学说，道教饮食深受道家学说的影响，认为人是禀天地之气而生，应“先除欲以养精、后禁食以存命”。在日常饮食中禁食鱼羊荤腥及辛辣刺激之食物，以素食为主，并尽量地少食粮食等，以免使人的先天元气变得混浊污秽，而应多食水果，因为“日啖百果能成仙”。道家饮食烹饪上的特点就是尽量保持食物原料的本色本性，如被称之为“道家四绝”之一的青城山的“白果炖鸡”，不仅清淡新鲜，且很少放作料，保持了其原色原味。

佛教在印度本土并不食素，传入中国后与中国的民情风俗、饮食传统相结合，形成了其独特的风格。其特点首先是提倡素食，这是与佛教提倡慈善、反对杀生的教义相一致的。其次，茶在佛教饮食中占有重要地位。由于佛教寺院多在名山大川，这些地方一般适于种茶、饮茶。茶本性又清淡醇雅，具有镇静清心、醒脑宁神的功效，于是，种茶不仅成为僧人们体力劳动、调节日常单调生活的重要内容，也成为了培育其对自然、生命热爱之情的重要手段。饮茶也就成为了历代僧侣青灯下面壁参禅、明心见性的重要方式。再次，佛教饮食的特点是就地取材，佛寺的菜肴，善于运用各种蔬菜、瓜果、菌菇及豆制品。

在中国信仰伊斯兰教的民族中长期形成了别有风味的清真菜肴，以对牛、羊肉丰富多彩的烹饪而著名。地区风味有：新疆维吾尔族的“烤全羊”、“烤羊肉串”，宁夏回族的“羊筋菜”；北京地区回族的清真全羊席、酱牛肉和酱羊肉，河北石家庄回族的金凤扒鸡；南方回族地区有云南回族的清汤牛杂碎，湖南常德回族的“翁子汤圆”（翁坛系一种砂锅）、茉莉竹荪、什锦海参等。清真系列中还有一些小吃也颇具特色，如北京的锅贴、羊肉水饺，西安的羊肉泡馍，兰州的牛肉面、凉皮，新疆的烤馕、烤包子，也别具风味。这些菜肴，一方面交融了阿拉伯饮食文化和中国饮食文化的精粹，同时又沿袭了伊斯兰教规的内容，形成了独特的饮食习俗。

此外，我国自古以来就有崇古、敬祖、敬神的传统，人们企盼通过食物来沟通现世与彼岸的联系，所以在举行各种祭祖仪式时，都要“牺牲”供奉各种神灵和祖先，遵循一定的饮食惯制。如在一些重要的节日，举行家宴时，都要为死去的祖先留着上席，一家之主这时也只能坐在次要位置。在祖先的灵像前，还要插上蜡烛，放一杯酒，若干碟菜，以表达对死者的哀思和敬意。

### 2.2.5 少数民族食俗

中国少数民族的传统饮食大致可分为两类：一是农耕民族的饮食，以粮食为主食，以肉食、蔬菜为副食；二是畜牧民族的饮食，特点是食肉、喝奶、嗜饮浓茶。在历史发展的长河中，我国各少数民族创造出了不胜枚举的珍肴佳馔，形成了自己独特的饮食文化，其中鲜、辣、酸是少数民族美味的主要特点。

#### 1. 东北地区少数民族食俗

东北地区主要分布着满、朝鲜、达斡尔、锡伯、赫哲、鄂温克、鄂伦春等少数民族。

（1）满族

满族特别喜欢吃猪肉、酸菜，且烹调方法很多。比较有特点的菜肴如吃肉大典、白肉酸菜血肠、涮火锅等。日常喜食青菜蘸黄酱、酸汤子、菜包儿等。黏食也很有特色，其中最有名的就是制作精巧、风味独特的各种点心，统称为“满族饽饽”，如“栗子面窝窝头”、萨其马、苏叶饽饽、驴打滚等，但禁食狗肉，这与满族祖先的传说有关。

（2）朝鲜族

朝鲜族以大米和小米为主要食粮。喜欢吃辣泡菜、打糕、冷面、大酱汤和狗肉。在冬至，朝鲜族有吃用小豆、大米、糯米做成的“小豆粥”的习惯。元宵节早晨，空腹喝“耳聪酒”以祝耳聪；吃“五谷饭”、“药饭”，意味着五谷丰登。

（3）赫哲族

赫哲族以渔猎为主，由于气候寒冷，故以鱼、兽为主要饮食。独特的“鱼餐”：刹生鱼、炒鱼片、烤“塔拉哈”、炒鱼毛等，成为食鱼的传统习俗。

（4）鄂伦春族和鄂温克族

生活于大小兴安岭的鄂伦春族和鄂温克族，以狩猎为获取食物来源的主要途径，尤喜生食狗肝和半生不熟的各类兽肉。

#### 2. 西北地区少数民族食俗

西北地区少数民族主要有蒙古族、回族、维吾尔族、哈萨克族、乌孜别克族、塔吉克族、柯尔克孜族等。

（1）蒙古族

蒙古族饮食习惯为先白后红。白指白食，即乳及乳制品；红指红食，即肉及肉制品。白食主要有奶豆腐、奶皮子、奶干、奶酪、奶油、酸奶等。红食主要以牛、羊肉为主，喜将新鲜骨带肉一起煮熟后用手拿着吃，俗称“手扒肉”。最著名的传统食品为全羊席。奶茶是日常喜好的饮料，奶酒是传统饮品，炒米是蒙古人的主食。牧民每日两顿茶一顿饭，顿顿不离炒米。

（2）回族

回族的饮食习俗有鲜明的民族特点。主食中，面食多于米食，面食制作方法丰富多彩，以煮、蒸、炸、烙、烤、煎、炒、熬等为主。油香是回族人民喜欢的一种传统食品，凡是回族聚居的地方，都有吃油香的习俗。回族的油香煎炸而成，以色红、味美、醇香、酥软而闻名。馓子，是回民待客、送礼过节的传统食品，用油煎炸而成。这类食品还有麻花、卷煎饼、酥合子、卷果、油糕、油圈、烫面炸糕、炸春卷、油炸江米面麻团等。茶是回族人喜欢的一种传统饮料。盖碗茶是全国各地回民普遍饮用的一种茶，有红糖砖茶、白糖清茶、冰糖罐罐茶等。

（3）维吾尔族

维吾尔族饮食习惯喜香味浓烈，各种食品色香味俱佳。喜欢饮茶，不少地方在茶中加入牛、羊奶，煮成奶茶。吃蔬菜较少，多伴食瓜果。饮食以面食为主，喜食牛、羊肉，最常吃的有馕、抓饭、拉面、炒面、烤包子、薄皮包子、烤羊肉串、烤全羊等。抓饭、烤肉通常在节庆或待客时食用，烤羊肉串因其风味独特而风行全国各地。

#### 3. 中东南地区少数民族食俗

中东南地区少数民族主要有瑶族、壮族、仫佬族、京族、土家族等。在饮食方面，主食是大米和玉米。年节时，用大米制成各种粉糕。喜吃腌制的酸食，以生鱼片为佳肴。妇女有嚼槟榔的习俗。

（1）瑶族

瑶族一日三餐，有冷食习惯，制作食品都考虑便于携带和储存，故主食、副食兼备的粽粑、竹筒饭是人们喜爱制作的食品。常吃虫蛹，喜欢喝酒。日常饮料以油茶最为普遍，酸汤也是常见的饮料。典型食品有：血灌汤、辣椒骨、苗乡龟凤汤、绵菜粑、虫茶、万花茶、捣鱼、酸汤鱼等。

（2）土家族

土家族，喜食糍粑、腊肉、豆渣。日常主食除米饭外，以包谷饭最为常见，菜以酸辣为主。节日饮食为猪肉合菜，吃社饭。风味小吃为团馓、油炸粑等。喜饮甜酒、咂酒、油茶汤、罐罐茶和大盆凉茶。

4. 西南地区少数民族食俗

西南地区的少数民族主要有藏族、傣族、彝族、白族、苗族、侗族、纳西族等。

（1）藏族

藏族，主食以糌粑，副食以牛、羊肉为主。食用牛、羊肉讲究新鲜，吃肉时不用筷子，而是将大块肉盛入盘中，用刀子割食。肉类的储存多用风干法。喜食酥油，从牛、羊奶中提炼出来，除饭菜用酥油外，还大量用于制作酥油茶。酸奶、奶酪、奶疙瘩和奶渣等也是经常制作的奶制品。平日里喜欢饮青稞制成的青稞酒。

（2）彝族

彝族，以杂粮面、米为主食。安宁河、大渡河流域的彝族，早餐多为疙瘩饭，午餐以粑粑作为主食，备有酒菜。肉食以猪、羊、牛肉为主。主要是做成“坨坨肉”。蔬菜除鲜吃外，大部分做成酸菜。日常饮料有酒有茶，以酒待客，有“汉人贵茶，彝人贵酒”之说。典型食品有荞粑、面糊酸菜肉、白水煮乳猪、锅巴油粉等。

（3）白族

白族多以大米、小麦为主食；山区则以玉米、洋芋、荞麦为主食。喜食鲜菜和各种腌菜。除腌制鲜菜外，还做豆瓣酱、豆豉、面酱。大都喜饮酒，其中以窖酒和干酒为传统佳酿。风味菜肴“生皮”是逢年过节必备的菜肴之一，其他还有“毛驴汤锅”和“柳蒸猪头”等，大面糕是白族中秋节特制的糕饼，凡客人光临，必以“三道茶”款待。

（4）纳西族

纳西族喜食牛肉汤锅和干巴。传统名菜“酿松茸”是祭祖的一道专用菜肴。喜食腌猪肉，尤以丽江和永宁的琵琶猪最为有名，特色食品有丽江火腿粑粑、雪莲花拼盘、丽江铜火锅、丽江火烤粑粑等。

总之，由于我国各民族所处的地域、环境、物产、宗教信仰等的不同，几乎每一个民族都有各自不同的饮食习俗和爱好，从而形成了我国独具特色的，丰富多彩的饮食民俗。

## 2.3 中国烹饪及特色风味

中国饮食体现了我国悠久的民俗文化，其面食制作及菜肴烹饪技术享誉世界，被称作中餐。历史上长期发展形成的八大菜系（川、鲁、粤、闽、湘、皖、浙、苏）体现了汉族烹饪技术的精华，各地的风味特色又丰富了我国的饮食内容。

### 2.3.1 中国八大菜系

一个菜系的形成和它的悠久历史与独到的烹饪特色密不可分，同时又受地域自然环境、资源特产和饮食惯制的影响。有人把“八大菜系”用拟人化的手法描绘为：苏、浙菜好比清秀素丽的江南美女；鲁、皖菜犹如古拙朴实的北方健汉；粤、闽菜宛如风流典雅的公子；川、湘菜就像内涵丰富充实、才艺满身的名士。各菜系可谓烹调技艺各具风韵，菜肴特色各有千秋。

#### 1. 山东菜系

山东菜系简称鲁菜，由济南、胶东和孔府菜三大地方风味组成，注重以当地特产为选料，烹调常以葱配菜或作为调料，精于制汤和以汤调味。有“一菜一味，百菜不重”之称，擅用爆、炒、烧、炸、扒等烹制技法，烹制出的菜肴脆、嫩、鲜、滑，以口味鲜咸脆嫩、风味独特、制作精细而享誉海内外。

代表名菜为爆双脆、蟹黄鱼翅、清蒸加吉鱼、锅塌豆腐、九转大肠、烧海参、炸蛎黄、烤大虾等。

面点小吃，品种繁多，以面制品最具特色。著名的有福山神面、周村酥烧饼、潍县杠子头火烧、蓬莱小面、济南糖酥煎饼等。

#### 2. 四川菜系

四川菜系简称川菜，以成都和重庆两地的菜肴为代表，有“食在中国，味在四川”之说。所用的调味品既复杂多样，又富有特色；尤其擅长使用“三椒”、“三香”等。号称“七滋八味”烹调方法多达38种以上。特点是“一菜一格，百菜百味”及味美、味多、味浓、味厚。

代表名菜为灯影牛肉、毛肚火锅、麻婆豆腐、鱼香肉丝、水煮肉片、锅巴肉片、夫妻肺片、清蒸江团等。

面点小吃，荤素兼备，清淡而甜咸适中，造型多而美观。著名的有赖汤圆、钟水饺、龙抄手、担担面、大竹醒糟、灯影牛肉、棒棒鸡等。

小资料 2-1

**灯影牛肉的来历**

在“天府之国”北部大巴山南麓，以盛产美味佳肴“灯影牛肉”著称。其特点是薄如纸片，呈半透明状，红艳艳，油滑滑的，置于灯下可以把自己的红色影子映在纸上或墙上，好似演灯影戏一般，故而叫“灯影牛肉”。它的制作方法是将黄牛宰杀后，精选出最好的瘦肉，经巧手切成薄片，拌以丁香、茴香、肉桂等10多种混合香料，然后摊在竹器上用暗火烘干烤熟，装入铁筒，掺进芝麻香油浸泡，再撒上少量的花椒粉，密封起来，这便是灯影牛肉罐头。

3. 广东菜系

广东菜系简称粤菜，由广州、潮州、东江三地风味组成，烹调以炒、爆为主，兼有烩、煎、烤等，讲究鲜、嫩、爽、滑。调味多用蚝油、虾酱、沙茶、鱼露等，特色为收料广博、注重装饰、菜名瑰丽、吃法讲究和口味多样。夏秋力求清淡，冬春偏重浓醇，做菜不亮油，以清淡不腻著称。

代表名菜为三蛇龙虎会、白云猪手、脆皮乳猪、东江盐焗鸡、火焰醉虾、太爷鸡、炖禾虫、咕噜肉、猴脑汤等。

面点小吃，花色品种丰富、制作精细、味型多样。著名的有各式月饼、糕点、粥品、鸡仔饼、煎堆、粉果、肠粉、红豆沙、双皮奶等。

4. 福建菜系

福建菜系简称闽菜，主要由福州、闽南、闽西三地菜组成，擅长炒、蒸、煨、炸、熘等烹制方法，调味以甜去腥膻，以酸爽口，善用红糟、虾油、虾酱、沙茶、芥末、橘汁、冰糖、蜂蜜等独特味料。以烹制山珍海味见长。汤菜考究，变化无穷。其清新、和醇、荤香、不腻的风味特色，在中国饮食文化中独树一帜。特点为原料丰富、刀工严谨、形色艳丽、烹制细腻及注重调味。

代表名菜为佛跳墙、东壁龙珠、鸡丝燕窝、沙茶焖鸭块、荔枝肉、荷包鱼翅、太极芋泥、梅开二度等。

面点小吃有鱼丸、烟饼、锅边、薄饼、手抓面等。

5. 江苏菜系

江苏菜系简称苏菜、淮扬菜，兼合南北口味，园林文化和气质浓郁。特点为用料广泛，重新鲜，刀工精细，刀法多变，重视火候，擅长炖、焖、煨、焐，菜式组合具有特色。

代表名菜为松鼠鳜鱼、霸王别姬、三套鸭、清炖蟹粉狮子头、扒烧整猪头、金陵盐水鸭、梁溪脆鳝、沛公狗肉等。

面点小吃，荤素兼备，清淡甜咸中，造型多而美观。著名的有三丁包子、苏州糕团、蟹黄汤包、淮安茶馓、文蛤饼、太湖船点、黄桥烧饼等。

6. 浙江菜系

浙江菜系简称浙菜，主要由杭州、宁波、绍兴三地菜组成。集各地菜肴之精华，擅长炒、炸、烩、熘、烧等。具有清鲜爽脆、淡雅细腻的风格，给人以物质与精神两全其美的享受，饮食文化格调较高。特点为用料精细、独特、鲜嫩，注重火候，讲究辅佐主料，突出主料真味。

代表名菜为西湖醋鱼、东坡肉、叫化鸡、一品南肉、冰糖甲鱼、龙井虾仁、蜜汁火方、油焖清笋、西湖莼菜汤等。

面点小吃有虾爆鳝面、宁波汤团、吴山油酥饼、五芳斋粽子等。

7. 湖南菜系

湖南菜系简称湘菜，主要由湘江流域、洞庭湖区、湘西山区菜品组成。擅长炖、焖、煨、烧、炒、熘、煎、熏、腊等烹饪技法。特点为用料广泛、制作精细、刀工精湛、技法多样。肴馔别具一格，菜式适应性广泛，油多、色浓，讲究实惠，品种繁多，以辣、酸、咸、甜、焦、嫩为一体，注重鲜香醇软。山林和水乡气质并重。

代表名菜为腊味合蒸、冰糖湘莲、君山银针鸡片、麻辣仔鸡、吉首酸肉、油淋冬笋、板栗菜心、洞庭肥鱼肚等。

面点小吃有火宫殿油炸臭豆腐、姊妹团子、湘潭脑髓卷、虾饼、健米茶等。

8. 安徽菜系

安徽菜系简称徽菜、皖菜，主要由皖南、沿江、淮北三地菜组成。以烹调河鲜、家禽见长，口味咸鲜香为主。特点为选料广博，技法独到，注重食补，菜式多样。

代表名菜为符离集烧鸡、问政山笋、毛峰熏鲥鱼、红烧划水、椿菜拌鸡丝、火腿炖甲鱼、八公山豆腐、无为鸡等。

面点小吃有寿县大救驾、庐江小红头、芜湖虾子面、合肥鸡血糊、徽州毛豆腐、和县霸王酥、黄豆肉保等。

### 2.3.2 地方特色风味

我国地大物博，物产丰富，饮食习俗别具特色，除八大菜系外，各地还有许多地方特色风味。

1. 北京风味

北京作为中国的首都，多年来在饮食上汇集了全国各地的风味菜，并使之融合、发展，从而形成了以北方浓郁、酥烂为主，兼具南方嫩脆、清鲜的独特的京菜风味。

北京菜如同北京在中国的地位一样，是万流归宗之处，有兼收并蓄之怀。同时由于其不追求怪诞，善于把平凡普通的食物原料加工成鲜美的菜肴，口味也易为一般人接受，因此是我国最具代表性的菜系。

代表名菜为北京烤鸭、涮羊肉、烤肉等。

风味小吃有炸酱面、拌凉粉、煮咸茄、凉糕、荷叶粥等。

此外，官府菜也是北京特色风味之一。过去北京官府多，府中多讲求美食，至今流传的有宫保肉丁、李鸿章杂烩、组庵鱼翅、左公鸡、宋嫂鱼羹、北京白肉等。

2. 天津风味

天津菜系起源于民间，得势于地利，博采众长，独具特色。素有"吃鱼吃虾，天津为家"的说法。其菜肴特点为选料精细，烹制考究，精于调味，注重色、香、味、美。

代表菜品为生菜大虾、干烧比目、烧参肚、芙蓉鲜贝、红烧西排、八大碗、四大扒、冬令四珍等。

天津小吃有油炸、煎烙、稀食和粘甜食四大类。其中，"耳朵眼炸糕"、"桂发祥麻花"、"狗不理包子"被誉为"津门三绝"，其他还有果仁张、糖炒栗子、煎饼果子等。

3. 西北风味

西北风味以陕西为代表，包括甘、青、宁、新等地区。味型以咸、鲜、辣、酸为主。

风味饮食有牛羊肉泡馍、奶汤锅子鱼、百合鸡丝、扒驼掌、虫草雪鸡、绣球雪莲等。

4. 东北风味

东北菜由辽、吉、黑三省风味组成。味型多咸鲜葱蒜辛香。

代表名菜为红梅鱼肚、白扒松茸蘑、人参炖乌鸡、白扒鹿筋、酸菜猪肉炖粉条、鹿茸三珍汤、酒醉彩云猴头黄瓜香等。

风味小吃有老山记海城馅饼、辽宁焖子、沈阳马家烧麦、锦州什锦小菜、沟帮子熏鸡、咸鱼饼子、老边饺子、杨家吊炉饼、长春蹄花丝等。

5. 素食风味

素食在中国的烹饪中，已形成独具一格的流派。它是指用植物油、蔬菜、豆类制品、面筋、菌类、果品等为原料烹制的菜肴，特点为完全素菜。其分为宫廷素菜、寺院素菜和民间素菜三大派别。讲究色、香、味、形的完美统一，烹调形荤实素，以时鲜为主，工艺精湛，品种繁多，清爽素静，营养丰富，治病健身。

传统名菜为罗汉斋、素火腿，福建厦门南普陀寺的半月沉江、红焖鸭，上海功德林的醋熘素黄鱼、脆皮烧鸡，杭州的桂花鲜栗羹、糟烩鞭笋，成都宝光寺的醋熘素鲤，广东的鼎湖上素，安徽的蜜汁山药兔等。

6. 仿古风味

仿古风味即仿照古代有名的菜肴而制作的菜，在“古为今用，推陈出新”的原则下，我国陆续形成了北京清宫菜、孔府菜、仿唐菜、仿宋菜、仿红楼菜等仿古风味。

（1）北京清宫菜

北京清宫菜是清代皇宫御膳房制作的专供皇帝、后妃们食用的菜肴。主要名菜为龙须驼掌、炒豆腐脑、荷包里脊、雪花桃泥等。

（2）孔府菜

孔府菜是山东曲阜孔府里的菜肴。主要名菜有为怀抱鲤、一品豆腐、御笔猴头、诗礼银杏等。

（3）仿唐菜

仿唐菜是以唐代名菜为主，兼及隋朝和五代。主要名菜有为辋川小样、驼蹄羹、凤凰胎、遍地锦装鳖等。

（4）仿宋菜

仿宋菜分为开封仿宋菜和杭州仿宋菜。开封仿宋菜有两色腰子、水晶脍、炙子骨头等。杭州仿宋菜有东坡脯、莲花鸡签、群鲜羹等。

（5）仿红楼菜

仿红楼菜是指按古典名著《红楼梦》里描述的饮食内容而研制推出的菜肴。主要名菜为糟鹅掌、乌龙戏珠、老蚌怀珠、怡红祝寿等。

小资料 2-2

**满汉全席**

满汉全席是满、汉两族风味肴馔兼用的盛大筵席，是清代皇室贵族、官府举办的宴席。其规模盛大高贵，程式复杂。南北风味兼用，菜肴达300有中国古代宴席之最的美誉。

满汉全席聚天下之精华，用材不分东西南北，飞禽走兽，山珍海味，尽是口中之物。代表的满汉全席，有所谓山、海、禽、草，即“四八珍”：驼峰、熊掌、猴脑、猩唇、象鼻、豹胎、犀尾、鹿筋即“山八珍”；燕窝、鱼翅、大乌参、鱼肚、鱼骨、鲍鱼、海豹、狗鱼（大鲵）即“海八珍”；红燕、飞龙、鹌鹑、天鹅、鹧鸪、彩雀、斑鸠、红头鹰即“禽八珍”；猴头、银耳、竹荪、驴窝蕈、羊肚蕈、花菇、黄花菜、云香信，即“草八珍”。

满汉全席可谓是中国极权主义引导下的饮食文化在几千年的演变中结成的硕果，达到了人类在饮食方面所能享用的高峰。

### 2.3.3 少数民族佳肴

中国少数民族在长期的历史发展过程中，形成了许多具有特色的佳肴。

1. 各类佳肴

著名的有满族的满汉全席，蒙古族的“烤全羊”、“手扒肉”，壮族的“龙泵三夹”、“白切狗肉”，哈尼族的“竹筒鸡”、“生炸竹虫”，白族的“生皮”、“柳蒸猪头”，侗族的“三江炕鱼”，纳西族的“丽江粑粑”等。

酱菜、腌菜类有朝鲜族的泡菜，布依族的“荔波风腊”，普米族的“红烧琵琶肉”，仡佬族的“辣椒骨”，高山族的“腌肉”，黎族的“祥”，锡伯族的“花花菜”，满族的酸菜等。

汤菜、凉菜类有朝鲜族的“狗肉火锅”，苗族的“酸汤”、“龟凤汤”，白族的“毛驴汤锅”，佤族的“火烧蛇肉”，傣族的“凉拌蚂蚁蛋”，赫哲族的“刹生鱼”等。

面制品有满族的清东陵糕点、萨其马、驴打滚、酸汤子，朝鲜族的“冷面”，藏族的糌粑、藏式糕点，维吾尔族的馕，回族的油香、馓子，保安族的青麦包子，蒙古族的新苏饼，彝族的荞粑，白族的大面糕，东乡族的“锅塌”等。

肉制品有蒙古族的“风干肉”，回族的“杂碎”，藏族的“腊味蹄”，哈萨克族的“冬肉”，彝族的“坨坨肉”，赫哲族的“炒鱼毛”，纳西族的“琵琶肉”，拉祜族的“松鼠干巴”，苗族的“酸鱼”，水族的“鱼包韭菜”，瑶族、毛南族的菜牛肉等。

奶制品有蒙古族的“奶豆腐”、“奶皮子”，白族的“乳扇”，藏族的“奶酪”，哈萨克族的“奶疙瘩”等。

米制品有壮族、瑶族的五色糯米饭，朝鲜族的“打糕”，白族、纳西族的“饵块”，维吾尔族的手抓饭，藏族的“足玛米饭”，瑶族的粽粑，傣族、黎族的竹筒米饭，土家族的社饭，苗族的“醋泡饭”等。

2. 民族饮品

中国少数民族有着自己独特的饮料。在奶制品方面，如蒙古、哈萨克族、柯尔克孜等民族的马奶、牛奶、羊奶、骆驼奶，鄂温克、鄂伦春族的驯鹿奶等。在酒方面，如藏族的青稞酒，彝族的“坛坛酒”，怒族的“咕嘟酒”，高山、苗族、土家族的“咂酒”，鄂温克、鄂伦春族的“野果酒”等。在饮茶方面，如藏族的酥油茶，瑶、侗、苗、土家等族的油茶，白族的“考茶”，蒙古、哈萨克等族的奶茶，基诺族的普洱茶，回族的盖碗茶、八宝茶等。

总之，在饮食方面，中餐创造出了多若繁星的饮食名牌，有的闻名世界，有的闻名于僻壤乡间，在高原雪域、水乡江南、茫茫草原、江河滔滔的两岸尽显其鲜明的地方特色。

**小思考**：介绍一下你家乡的特色风味。

# 2.4 中国饮食文化与旅游

中国饮食历史悠久，特色丰富，文化内涵博大精深。在品尝中国饮食的同时，既是物质的享受，又是美的熏陶。随着旅游业的发展，饮食文化景观的开发大有可为。

## 2.4.1 中国饮食文化及其内涵

中国是“吃文化”最悠久的国家。菜的做法博大精深，菜的名字也是五彩缤纷。

### 1. 中国的饮食文化

在中国，不仅饮食的地方风味浓郁，而且各类菜的命名也可谓五花八门，争奇斗艳。如以料命名的荷叶鸡、鲢鱼豆腐，以味命名的五香肉、酸辣汤，以形命名的樱桃肉、太极芋泥，以质命名的一口酥，以色命名的金玉羹、琥珀肉，以时令命名的冬凌粥、秋叶饼，以烹调技法命名的滑熘里脊、粉蒸肉，以地名命名的北京烤鸭、涪陵榨菜，以人物命名的东坡肉，以典故命名的柳浪闻莺，以比喻、寄意、抒怀等命名的麒麟鱼、蚂蚁上树等。除菜名外，各类宴会的命名也很有趣，如全羊席、全鸭席、全素席、满汉全席、燕窝席、熊掌席，寿宴、喜宴、迎春宴、孔府宴、千叟宴、升学宴等门类繁多。

中国菜的造型也非常讲究，它是吃文化的另一个重要体现。菜的刀工不下200种，可将原料做成块、段、条、丝、片、丁、粒、茸、末、泥等不同形状。雕瓜、画卵、面塑等造型绝技让人赞不绝口。菜的造型，不仅重形，还讲求色彩效果，使人在欣赏美味的同时，还可欣赏到美的艺术。

### 2. 中国饮食文化的内涵

中国人讲吃，不仅是解渴充饥，还往往蕴含着中国人认识事物、理解事物的哲理。一个小孩生下来，亲友要吃红蛋表示喜庆。“蛋”表示生命的延续，“吃蛋”寄寓着中国人传宗接代的厚望。孩子周岁时要“吃”，十八岁时要“吃”，结婚时要“吃”，到了六十大寿，更要觥筹交错地庆贺一番。这种“吃”，表面上看是一种生理满足，但实际上“醉翁之意不在酒”，它借“吃”这种形式表达了一种丰富的心理内涵，使吃的文化已经超越了“吃”本身，获得了更为深刻的社会意义。中华民族善于在极普通的饮食生活中咀嚼人生的美好与意义。

中华饮食文化就其深层内涵来讲，可以概括成“精、美、情、礼”这四个字，它反映了饮食活动过程中饮食品质、审美体验、情感活动、社会功能等所包含的独特文化意蕴，也反映了饮食文化与中华优秀传统文化的密切联系。精与美侧重于饮食的形象和品质，而情与礼，则侧重于饮食的心态、习俗和社会功能，它们是相互依存、互为因果的。只有“精”，才能有完整的“美”；唯其“美”才能激发“情”；唯有“情”，才能有符合时代风尚的“礼”。四者环环相生、完美统一，便形成了中华饮食文化的最高境界。我们只有准确的把握“精、美、情、礼”，才能深刻地理解中华饮食文化，从而更好地继承和弘扬中华饮食文化。

### 2.4.2 中国的饮食礼仪及禁忌

中国人的饮食礼仪是比较发达的，也是比较完备的，“礼”的精神，贯穿在饮食活动过程中的每一个角落，从而构成了中国饮食文明的逻辑起点。

1. *居家食俗礼仪*

如果家中有老人或来客人时，进餐时的座位要有一定的讲究，体现出对老人或客人的尊重。例如，北方的锡伯族吃饭时，年轻人不许和长辈同桌饮酒，一是长幼有别，不能没大没小，二是酒喝多了容易失礼，对长辈的不敬被视为最丢脸的事；满族家中来客，由长辈陪接，晚辈一般不得同席，年轻媳妇侍立在旁，装烟倒酒，端菜盛饭；朝鲜族吃饭时，晚辈不得在长辈面前喝酒，若长辈坚持让小辈喝，小辈也得双手接过酒杯来转身饮下，并表示谢意；蒙古族待客时，以马奶酒为主要饮品，吃手抓羊肉，要将羊琵琶骨带肉配四条长肋献给客人，而且不分主客，谁的辈分最高，谁坐在上座主席位置上，客人不走，年轻媳妇不能休息，哪怕彻夜畅饮长谈，也得在客厅旁边听候召唤，以便随时斟酒、添菜、续茶；乌孜别克族用餐时，长者坐上席，幼者在下席；哈萨克族接待客人，宰羊煮熟后，先向客人献上羊头，客人要割下一片羊面颊肉，敬给年长者，割下一只羊耳朵，给青年和小孩，然后宾主才能割食羊肉进食；维吾尔族待客时，要请客人坐上席，给客人斟上茶水或奶茶，吃抓饭时，不能将已抓起的饭粒再放回盘中，饭毕，待主人收拾好食具后，客人才可离席；贵州苗族，客人来家要杀鸡招待，吃饭时老人将鸡心夹到客人碗中，客人不能独自吃掉，必须按照苗家的习俗，将鸡心分给大家共同享受，主人将心交给你，你又分给大家，表示办事公正，自然会受到大家的信任。

2. *宴饮食俗礼仪*

赴宴时，要衣着整齐，走进房间，应首先跟主人打招呼。同时，对其他客人，也要微笑点头或握手问好；对长者要主动起立，让座问安。入席时，座位应听从主人或招待人员的安排。如果座位没定，应注意正对门口的座位是上座，背对门的座位是下座。让身份高者、年长者以及女士先入座，自己再找适当的座位坐下。入座后坐姿要端正，脚踏在本人座位下，不要任意伸直或两腿不停摇晃，手肘不得靠桌沿，或将手放在邻座椅背上，不要旁若无人，也不要眼睛直盯盘中菜肴，可以和同席客人简单交谈。

就餐的动作要文雅，夹菜动作要轻。而且要把菜先放到自己的小盘里，然后再用筷子夹起放进嘴。不要在吃饭、喝饮料、喝汤时发出声响。用餐时，如要用摆在同桌其他客人面前的调味品，先向别人打个招呼再拿；如在用餐时非得需要剔牙，要用左手或手帕遮掩，右手用牙签轻轻剔牙。喝酒的时候，一味地给别人劝酒、灌酒，吆五喝六，特别是给不胜酒力的人劝酒、灌酒，是失礼的表现。如果宴会没有结束，但你已用好餐，不要随意离席，要等主人和主宾餐毕先起身离席，其他客人才能依次离席。

席间斟酒上菜，也有一定的规程：斟酒由宾客右侧进行，先主宾，后主人；先女宾，后男宾。酒斟八分，不得过满。上菜先冷后热，上单份菜或配菜席点和小吃先宾后主；上全鸡、全鸭等整形菜时，不能把头尾朝向正主位。

### 3. 民间饮食禁忌

汉族自古就有重视饮食的习尚，但饮食历来都不是单纯的生理需要，也与精神需要联系在一起。饮食禁忌即为其中的一部分。

（1）饮食方式

在饮食方式上，古时汉族有不许用手抓着吃的忌讳。吃饭时忌让饭粒掉落在地上，如不慎掉落，要拾起放在自己近前的“饭布”上。这些禁忌符合饮食卫生与文明要求，至今为人们遵守着。

更多的饮食方式禁忌是出于迷信的影响。旧时汉族忌吃饭时抛撒米粒或吃完饭后碗底有残饭，否则对其不利。如果小孩吃不完饭，将来便会娶麻脸妻子或嫁给麻脸丈夫；忌吃饭时说“要饭”，因为与乞讨意义相近；忌用一支筷子扒饭，因为俗谓鬼用单筷吃饭；忌吃饭时照镜子，认为会口吃。这些吃相禁忌在民间得到广泛传播，尽管表面被迷信化了，但一般说来都是出于卫生、节约、礼仪方面的考虑。

（2）食具方面

在食具方面，中国人使用筷子用餐是从远古流传下来的，日常生活当中对筷子的运用也是非常有讲究的，绝对禁忌以下一些筷子的使用方法。

1）三长两短。在用餐时，将筷子长短不齐地放在桌子上是大不吉利的，代表着“死亡”。

2）仙人指路。这是指用大拇指和中指、无名指、小指捏住筷子，而食指伸出。相当于指责别人，同骂人是一样的。还有一种情况也是这种意思，那就是吃饭时同别人交谈并用筷子指人。

3）品箸留声。把筷子的一端含在嘴里，用嘴来回去嘬，并不时的发出咝咝声响。这种行为被视为是一种下贱的做法，被认为是缺少家教。

4）击盏敲盅。在用餐时用筷子敲击盘碗，被看作是乞丐要饭。

5）执箸巡城。这是指手里拿着筷子，做旁若无人状，用筷子来回在桌子上的菜盘里寻找，不知从哪里下筷为好。此种行为是典型的缺乏修养的表现，且目中无人极其令人反感。

6）迷箸刨坟。这是手里拿着筷子在菜盘里不住地扒拉，以求寻找猎物，就像盗墓刨坟的一般。这种做法同“执箸巡城”相近，都属于缺乏教养的做法。

7）泪箸遗珠。实际上这是用筷子往自己盘子里夹菜时，手里不利落，将菜汤流落到其他菜里或桌子上。

8）颠倒乾坤。用餐时将筷子颠倒使用，这种做法是非常被人看不起的，正所谓饥不择食，以至于都不顾脸面了。

9）定海神针。在用餐时用一只筷子去插盘子里的菜品，被认为对同桌用餐人员的一种羞辱。

10）当众上香。帮别人盛饭时，为了方便省事把一副筷子插在饭中递给对方。会被人视为大不敬，因为为死人上香时才这样做，而把一副筷子插入饭中，无异是被视为等同于给死人上香一样。

11）交叉十字。在用餐时将筷子随便交叉放在桌上，会被人认为在饭桌上打叉子，是对同桌其他人的全部否定。除此以外，这种做法也是对自己的不尊敬，因为过去吃官司画供时才打叉子，这无疑是在否定自己，这也是不行的。

12）落地惊神。这是指失手将筷子掉落在地上，会被认为大不孝：祖先们全部长眠在地下，不应当受到打搅，筷子落地就等于惊动了地下的祖先，所以这种行为也是不被允许的。

此外，拿碗的手势一般是五指自然捧着碗，忌讳用手掌平托碗底，又忌用手攥着碗边，这也是“丐帮”之相。不许倒扣碗于桌上，因为生病的人服汤药后才将碗扣于桌上，表示不再生病服药等。这类禁忌不仅于人无损，反而会养成人们文明的饮食习俗，使人们在饭桌上具有礼貌、高雅的品格，这与现代精神文明建设的要求是大体一致的。

（3）食物选择方面

在食物选择上，相对其他民族而言，汉族在饮食上的自我限制或禁忌是很少的，除了有毒的，能吃者尽吃，这也是汉族饮食习俗的一个特点。但也有一些饮食由于受一些古老的信仰观念而忌吃。

民间有忌食不洁或神圣之物的禁忌。有的因恐怕心理而忌吃某些动植物。例如“吃了熊心豹子胆”，人就会变得同熊和豹子一样凶猛无情；吃了老母鸡，人的皮肤会变得异常粗糙；尤其不能吃处于异常状态的动物，如瘟鸡、瘟鸭等，惟恐食之会导致某种不吉利的变异。有些动植物会诱发人们恐惧的联想，亦忌食之。例如，福建某地的渔民，以巨鱼为主食，但他们忌食掉在地上的巨鱼，以免上山有摔死的危险；山东人不让小孩吃未成熟的枣子，怕生疖子，要吃则先掐去其头。有些地方还忌小孩吃鱼籽，怕不识数；忌吃猪尾巴，以防怯后。这些所禁食物本身并非“邪物”、“污物”，它们只是引起了人们某种联想，使之与一些不幸之事连在一起，才成为人们的口忌之物。

有的食物禁忌是由对动物的喜好而引起的。譬如，汉族有些地区有禁食牛肉的习俗。对于农耕民族来说，牛是必不可少的劳动工具，有时显得比人本身还重要。因其有助于人，终年劳苦，又通人性，所以不忍杀食。食者，良心受谴责，便想到会遭到鬼神的报应。过去，苏州人也不食牛肉，牛死后常将其抛入苏州河里。

饮食禁忌远不止上述这些内容，中国人历来注重饮食，并将饮食与人的身心健康联系在一起来。饮食禁忌习俗，正是从主观愿望出发，对人自身的护卫和保养。当然，它们或多或少都含有迷信的成分。但不管怎么说，饮食禁忌是我国丰富发达的饮食文化的一部分，反映了民族的、宗教的信仰及习惯，不能一概否定。

### 2.4.3 饮食民俗与旅游

随着旅游业的发展，我国饮食民俗在旅游业中的地位和作用越来越明显。由于旅游业的带动，各地的饮食民俗得到不断的交流和促进，渐渐成为民俗旅游的主要发展方向。

1. 饮食是旅游业存在、发展的基础之一

饮食文化的形成和发展与各种人文景观、文化景观、特殊的历史事件及其发生地等内容紧密联系在一起，使之成为多姿多彩的饮食文化景观。这种景观是旅游业的重要资源，也刺激着旅游的发展。

民以食为天。在旅游地，如果没有饮食业相伴随，是不可想象的。在旅游中，人们在欣赏自然美景与人文胜地时，优雅的饮食环境、丰富而具有地方特色的食品与饮料，显然也是重要的选择内容。可以说，没有饮食业的发展和推动，旅游业是无法生存与发展的。

2. 风味饮食是重要的旅游吸引物

要吸引广大旅游者前往游览观光，不仅要有秀丽的自然风光、绚丽的历史文化古迹，而且还要有独具特色的饮食。

我国是“饮食文化王国”，不仅有八大菜系，不同地方还有不同的风味、不同的时尚，而且讲究饮食与审美、艺术、礼仪、禁忌的结合。什么样的场合，饮什么样的酒，使用什么样的餐具、酒具、茶具，制作什么样的食物形态，使用什么样的礼节，都有一套完整的惯制。旅游期间，能在游玩之余品尝当地的风味，领略当地的饮食风情，别有一番情趣。

素有“天府之国”美称的四川，其肴馔作为一种独特风格的饮食早已为人们所认识，到四川旅游观光，不品尝一下令人垂涎的小吃，算是枉来一趟。藏族的酥油茶、蒙古族的奶茶，也是极富特色的，来到藏区或草原的游人没有不想喝上一口的。在少数民族众多的云南，具有地方特点的风味饮食更是数不胜数。与明永历皇帝有关的食品“大救驾”，是云南腾冲的特产，系在饵块片中加入鸡蛋、火腿、蔬菜等烹炒而成，它和著名的“过桥米线”一起成为吸引着南来北往的旅游者的风味食品。大理有名的乳扇、乳饼，是用羊奶或牛奶做成的奶制品，在日常生活及节日中是居家不可缺少的食物，旅游中，它也成为了一项旅游资源。还有闻名遐迩的汽锅鸡等。这些风味饮食，对于旅游者来说都是最大的享受，怎能不让人流连。

对风味饮食的大力宣传和弘扬，会吸引更多的游客，进一步推动当地旅游事业的发展，增强旅游的魅力。

*3. 以旅游促进饮食民俗的发展*

在人们生活水平日益提高的今天，享受生活的要求提高了，旅游业随之兴旺起来，并且成为世界第一大产业。旅游业的发展，推动了各类服务业以及与旅游有关的产业部门的发展。在旅游业的带动下，许多原来受到冷落的行业日益发展起来，与旅游业形成相互依赖、相互促进的关系。饮食业就是这样的情况，它既是旅游业存在和发展的基础，同时又因为旅游业的推动而呈现出规模大型化、时尚新潮和特色品牌的三大趋势。旅游者对于饮食的特色需要，在许多地方已作为旅游活动的重要组成部分。因此，旅游业不断发展，饮食民俗也会相应地得到促进和发展。

求新、求异、求特、求名和求美是人类的一般需要。旅游者对旅游饮食菜点的要求，不仅可以果腹充饥、增加热量，而且还要有一定的审美意义和价值。于是，具有色、香、味、形、质、意以及制作工艺精巧的风味饮食、特色食品备受青睐。这样，就必然刺激着各地的饮食服务者想方设法地提高饮食的质量并有所创新，使之适应旅游发展的需要，从而使饮食水平有极大的提高。

旅游同时也是一种文化交流。国内外的旅游者都感兴趣于旅游地民族的民间文化、风土人情、礼俗习尚，对于饮食更不例外。旅游者了解了一地的民俗，自然会加以传播，使民俗的知名度得到提高。另一方面，由于旅游业的开发，可以挖掘出许多不受人注意的饮食民俗，进而拓展各地饮食的内容，丰富各民族的饮食文化，这不仅让旅游者尽兴，而且让当地人民受益。由此可见，旅游对饮食民俗有着其他行业不可比拟的促进作用。

在发展饮食民俗旅游的同时，还要尊重游客与旅游地各自的饮食习惯。我国各地不同的地域和民族都有其不同的饮食习惯，无论哪一个民族，对自己的饮食习俗所具有的特点、形式，不但怀有深厚的感情，而且极为敏感。对各民族的饮食习惯，如果不尊重，就很容易刺激该民族的民族感情。保护并弘扬地方饮食民俗习惯，尊重旅游者的饮食要求，是促进当地旅游事业发展的必需，是增进旅游者与旅游地人民友情的桥梁。

## 小　结

民以食为天。从饮食习俗的产生、发展来看，我国的饮食习俗经历了生食、熟食、烹饪三个阶段；饮食习俗的特点体现在食品的加工、饮食的方式和食具方面；中国传统的饮食结构包括主食、菜肴和饮料三部分；饮食习俗有日常食俗、节日食俗、人生礼仪食俗、宗教信仰食俗、少数民族食俗等；中国菜肴在烹饪中有许多流派，最有影响力的是依据地域不同划分的“八大菜系”及各地的特色风味；中华饮食文化源远流长、特色丰富，是发展旅游业的重要资源之一。

## 练　习

1. 列表说明中国的“八大菜系”及其特点和代表名菜。
2. 结合中国的饮食习俗，谈谈如何在发展旅游的同时尊重各民族的饮食习惯。
3. 如何理解饮食民俗在旅游中的作用?
4. 到学校所在地的食品街上考察当地饮食的特色及习俗。
5. 列举你在旅游过程中品尝到的地方风味美食。

# 第3章

# 中国茶艺民俗

**概　　述**

中国是茶的故乡，茶是中国最传统、最流行的饮料，被誉为“国饮”，在我国有着悠久而丰富的文化，并与丝绸、陶瓷一起并称为我国的三大特产。随着历史的不断发展和文化的日益积淀，中国饮茶习俗已演变为一种特有的具有社会文化内涵的文化事象，吸引着越来越多的外国游客的光临。

**学习目标**

1．了解中华饮茶习俗的历史；
2．熟悉中国茶叶的品类及其代表；
3．掌握中华茶文化的意蕴及茶文化的旅游开发。

**学习任务**

搜集生活中的茶文化现象。

**任务描述**

解读中国茶艺茶俗，理解中国茶文化的内涵，思考中国茶文化在旅游中的应用。

## 3.1　中国茶俗概述

中国是茶树的原产地，也是最早发现茶叶功效、栽培茶树和制成茶叶的国家。大约在5000多年前，我们的祖先就开始了种茶和饮茶的历史。

### 3.1.1　饮茶方式的发明

人类是什么时候开始有饮茶习惯的？或者说茶是怎样起源的？对于这个问题的研究始终是茶学研究的一个“基本问题”。然而对这一问题的回答始终没有一个统一的确定的答案，主要有祭品说、药物说、食物说、同步说等。

1. 祭品说

“祭品说”认为，茶与一些其他的植物一样，最早是作为祭品用的，后来有人尝食后发现食而无害，便“由祭品，而菜食，而药用”，最终成为饮料。

2. 药物说

“药物说”认为，茶最初是作为药用而进入人类社会的。这与《神农本草经》中“神农尝百草，日遇七十二毒，得茶而解之”的记载是相吻合的。而且茶叶的确具有清热解毒、提神、醒脑等功能，至今仍被某些地区的群众当作药用。

3. 食物说

“食物说”认为，“古者民茹草饮水”、“民以食为天”，“食在先”符合人类社会的进化规律。

4. 同步说

“同步说”认为，人类最初利用茶的方式方法，可能是作为日嚼的食料，也可能作为烤煮的食物，同时也逐渐为药料饮用。这几种方式的比较和积累最终发展成为“饮茶”。

### 3.1.2　中国饮茶的历史

中国饮茶的历史源远流长。陆羽《茶经》云：“茶之为饮，发乎神农氏，闻于鲁周公。”最初人们只是采摘野生茶叶，后来随着制茶、饮茶技术、技巧的发展，到今天千家万户的“比屋之饮”，可以说经历了一个漫长的历史过程。

古代人类直接含嚼茶树的鲜叶，汲取茶汁，并在咀嚼中感受茶叶的芬芳和清口，久而久之，茶的含嚼便成为人们的一种嗜好。随着人类生活的进化，生嚼茶叶的习惯转变为煎服，即人们从野生的茶树上砍下枝条，采下芽叶，洗净后，置陶罐中加水煮熟，连汤带叶服用，这就是原始的“粥茶法”。这样煮出的茶水，虽然苦涩，但滋味浓郁，风味与功效比生嚼茶叶均胜几筹，时间长了，自然养成煮后品饮的习惯，该阶段，可说是茶之为饮的前奏，而巴蜀地区则是我国茶叶的摇篮。

秦汉时期，茶叶的简单加工已经出现。人们先把鲜叶用木棒捣成饼状茶团，晒干或烘干以进行存放。由于秦朝的统一，使茶的饮用和生产，向华东和华南发展，促进了饮茶知识与风俗的东延。西汉时，茶已是宫廷及官宦人家的一种高雅消遣。

三国时期，崇茶之风进一步发展，人们开始注意到茶的烹煮方法，此时出现了“以茶当酒”的习俗，整个华中地区饮茶已经比较普遍。

两晋时期，随着种茶、制茶的逐步发展，南方饮茶更为普遍，并形成一种社会风气。中原地区也开始青睐茶叶，出现追赶南方的势头。

南北朝时期，茶叶从原来珍贵的奢侈品逐渐成为普通饮料。同时，边疆少数民族由于以肉食为主，随着茶叶的传入，也开始把茶叶作为生活中不可缺少的饮料。

隋唐时期，南北大统一，茶叶的生产空前发展，饮茶之风以不可阻挡之势蔓延全国各地。唐人出游，必带茶叶。正是由于唐代饮茶的普及及茶叶生产的发展，此时还出现了我国第一部茶学的经典著作——陆羽的《茶经》。

宋代，出现了许多以茶为业的农户和大规模的官营茶园，饮茶已成为当时全国老少咸宜、贫贱同尝的习俗。在宋辽互市中，茶成了其贸易的大宗货物。

明清时期，茶叶的生产与消费达到前所未有的水平。由于市镇的发展，市民阶层的壮大，民间茶馆、茶楼普遍开设，人们对茶叶的质量、用水、茶具、火候、冲沏技术等开始讲究，使茶文化最终成为了一种大众文化，茶成了全民族的饮用品。

当今，人们利用茶叶，除了传统的泡饮外，已向茶食品、茶菜肴、茶药疗、茶文化、茶旅游等多方面发展，茶叶的销量也越来越大。随着茶叶的普及，以茶会友，在当今成了生活的时尚。

### 3.1.3 民间茶叶的采摘

在中国民间，茶叶的采摘一般分为于当年5月底之前采制的春茶、6月初至7月初采制的夏茶以及7月中旬以后采制的秋茶。

#### 1. 春茶

春茶要比夏茶、秋茶好。由于春季气温适中、雨量充沛，加上茶树经头年秋冬季较长时期的休养生息，体内营养成分丰富。春天气温相对较低，有利于茶叶中含氮化合物的合成与积累，其中游离氨基酸、蛋白质等营养成分含量较高，茶多酚较少，使得春茶的滋味更鲜爽，香气更浓烈，保健作用更明显。再加上春茶生长期间一般无病虫危害，无须使用农药，茶叶无污染。因此，春茶，特别是早期的春茶，在绿茶中往往是一年中品质最佳的。

#### 2. 夏茶

夏季天气炎热，茶树新梢芽叶生长迅速，使得能溶解茶汤的水浸出物含量相对减少，特别是氨基酸及含氮量的减少，使得茶汤滋味、香气多不如春茶强烈。同时由于带苦涩味的花青素、咖啡因、茶多酚含量比春茶高，不但使紫色芽叶增加，色泽不一，而且滋味较为苦涩。

3. 秋茶

秋季气候条件介于春夏之间，茶树经春夏二季生长、摘采，新梢芽内含物质相对减少，叶片大小不一，叶底发脆，叶色发黄，滋味、香气显得比较平和。随着气候逐渐转凉，新梢芽生长缓慢，内含物质逐渐堆积，滋味醇厚，香气浓烈。

一般人多喜春茶，但价格也较高。不过并非每种茶都以春茶为优，如乌龙茶就以夏茶为优，红茶亦然，因夏季气温较高，茶叶中的儿茶素等含量较多，茶芽也较肥大，身披白毫，滋味浓厚。

## 3.2 茶的类型及特色

茶，又名“茗”，是茶树、茶叶的总称。中国是茶叶大国，茶的品种繁多，具有不同的划分方法。例如，按其发酵的程度分为：不发酵茶（学名为绿茶类），如龙井、碧螺春；半发酵茶（学名为青茶类，即部分发酵茶），如铁观音、乌龙茶；全发酵茶（学名为红茶类），如祁门红茶；后发酵茶（学名为黑茶类），如普洱茶等。日常生活中，人们喜欢按茶叶的颜色来划分，如绿茶、红茶、白茶、黄茶、黑茶、青茶等。

### 3.2.1 绿茶

绿茶又称不发酵茶，是中国产量最多，饮用最为广泛的一种茶。以适宜的茶树新梢为原料，经杀青、揉捻、干燥等典型工艺过程而制成。主要分布在浙江、安徽、江西、江苏、四川、湖南、湖北、广西、福建、贵州等各个茶区。

1. 特色

绿茶，因其叶片及茶汤均成绿色而得名。它较多地保留了鲜叶内的天然物质，其中茶多酚、咖啡碱保留鲜叶的85%以上，叶绿素保留50%左右，维生素损失也较少，从而形成了绿茶“清汤绿叶，色泽光润，清香芬芳，味爽鲜醇，滋味收敛性强”的特点。

绿茶贵细嫩，谷雨、清明前一旗一枪（一芽一叶）时采摘为佳。最新科学研究结果表明，绿茶中保留的天然物质成分，对防衰老、防癌、抗癌、杀菌、消炎等均有特殊效果，为其他茶类所不及。

2. 代表名品

中国绿茶中，名品最多，不但香高味长，品质优异，且造型独特，具有较高的艺术欣赏价值。其代表名茶有：西湖龙井、黄山毛峰、洞庭碧螺春、信阳毛尖、双龙银针、安徽太平猴魁、江西庐山云雾、四川蒙顶等。

（1）西湖龙井

西湖龙井，是中国极品名茶，居中国名茶之冠，被称为绿茶中的绝品。产于浙江省杭州西湖周围的狮子峰、龙井、五云山、虎跑、梅家坞等群山之中，因此分“狮”、“龙”、“云”、“虎”、“梅”五个品类，后归“狮”、“龙”、“梅”三个品类，1965年后统称为西湖龙井，其中狮峰最为珍贵。采于谷雨前的龙井最佳，成品以“色绿，香郁，味甘，形美”四绝而著称于世，有“国茶”之称。其特点为：干茶扁平挺直，大小长短匀齐，色泽绿中透黄；茶汤清香鲜爽，宛如茉莉清香，香气清高持久，味甘而隽永，泡在玻璃杯中，清汤碧绿，可见茶芽直立。品饮龙井，沁人心脾，回味无穷。龙井茶的营养特别丰富，人赞“其贵如金”。

（2）黄山毛峰

黄山毛峰，产于安徽黄山风景区和周围地区，分特级毛峰和普通毛峰，是历史名茶。特级黄山毛峰又称黄山云雾茶，其特点是芽叶肥壮均匀、绿中透黄，滋味醇厚甘甜，香气馥郁持久，耐冲耐泡。

（3）洞庭碧螺春

洞庭碧螺春，产于我国著名风景名胜区江苏省苏州市吴县太湖边上的洞庭山区，所以又叫太湖碧螺春。洞庭碧螺春，原名“吓煞人香”，即其香煞人，意指其芳香扑鼻，令人惊奇。康熙皇帝于1675年饮后称好，但觉名称不雅，便根据茶叶的外形和颜色赐名为“碧螺春”。其特点是条索纤细，卷曲成螺，幼嫩匀齐，茸毛遍布；茶汤具花果香味，鲜清甘甜，幽香芬芳，饮后味醇回甘，使人心旷神怡。

### 3.2.2 红茶

红茶出现于清朝年间，是在绿茶的基础之上经发酵创制而成。

1. 特色

红茶是以适宜的茶树新芽叶为原料，经过萎凋、揉捻、发酵、干燥等典型工艺过程精制而成。因叶片及汤均呈红色，故名红茶。其特点是红叶红汤，香甜味醇，耐泡，具有水果香气和醇厚的滋味。

2. 代表名品

中国著名的红茶有安徽祁红、云南滇红、湖北宣红、四川川红等。

（1）祁门红茶

祁门红茶是我国传统工夫红茶的珍品，有百余年的生产历史，在国际上与印度大吉岭茶、斯里兰卡乌什茶并称为世界三大高香名茶，在国内外享有盛誉。以高香著称，具有独特持久的香味。祁红工夫茶条索紧秀，锋苗好，色泽乌黑泛灰光，俗称“宝光”，内质香气浓郁高长，似蜜糖香，又蕴藏有兰花香，汤色红艳，滋味醇厚。

（2）滇红红茶

滇红红茶，属大叶种类型，主产于云南临沧、保山等地，是我国工夫红茶的后起之秀，以外形肥硕紧实，金毫显露和香高味浓的品质著称于世。滇红工夫红茶外形条索紧结，肥硕雄壮，干茶色泽乌润，金毫特显，内质汤色艳亮，香气鲜郁高长，滋味浓厚鲜爽，富有刺激性，叶底红匀嫩亮，在国内独具一格。

### 3.2.3　白茶

白茶是我国的特产，加工时不经发酵，亦不经揉捻，直接干燥。因其白色绒毛多，色如白银，故名白茶。主要产于福建的政和、福鼎等地，是我国茶类中的特殊珍品。

1. 特色

白茶性清凉，具有防癌、抗癌、防暑、解毒、治牙痛，退热降火之功效，尤其是陈年的白毫银针可用作患麻疹幼儿的退烧药，其退烧效果比抗生素更好，海外侨胞往往将银针茶视为不可多得的珍品。其特点是天然香味，色泽光润，汤色浅淡、素雅，清淡醇和，素有“绿妆素裹”之美感。

2. 代表名品

著名的白茶有白毫银针、白牡丹、贡眉、寿眉等。

（1）白毫银针

白毫银针，采自大白茶树的肥芽制成，因其全身披满白色茸毛的芽尖，形状挺直如针故名。其香气清新，汤色淡黄，滋味鲜爽，是白茶中的极品。

（2）白牡丹

白牡丹，因其绿叶夹银白色毫心，形似花朵，冲泡后绿叶托着嫩芽，宛如蓓蕾初放，故得美名。白牡丹是采自大白茶树或水仙种的短小芽叶新梢的一芽一二叶制成的，是白茶中的上乘佳品。

### 3.2.4　黄茶

黄茶属于轻发酵茶，制作与绿茶有相似之处，但多一道闷堆工序，即用鲜茶叶进行杀青、揉捻、闷黄、干燥等工序加工而成，称之为“闷黄”、“闷堆”等。按其鲜叶的嫩度和芽叶大小，分为黄芽茶、黄小茶和黄大茶三类。黄芽茶，原料细嫩，采摘单芽或一芽一叶加工而成，主要有湖南的“君山银针”，四川的“蒙顶黄芽”和安徽的“霍山黄芽”；黄小茶，是采摘细嫩芽叶加工而成，主要有湖南的“北港毛尖”，湖南的“沩山毛尖”，湖北的“远安鹿苑”和浙江的“平阳黄汤”；黄大茶，指采摘一芽二三叶甚至一芽四五叶为原料制作而成，主要有安徽的“霍山黄大茶”和广东的“广东大叶青”。

1. 特色

黄茶的特点为黄叶黄汤，芽叶细嫩，显毫，香味鲜醇。

2. 代表名品

黄茶中的名茶有君山银针、蒙顶黄芽、北港毛尖、鹿苑毛尖、霍山黄芽、沩江白毛尖、温州黄汤、皖西黄大茶、广东大叶青、海马宫茶等。

（1）君山银针

君山银针产于湖南省岳阳洞庭湖君山，外形茁壮挺直，重实匀齐，银毫披露，芽身金黄光亮，内质毫香鲜嫩，汤色杏黄明净，滋味甘醇鲜爽，在国内外市场上都久负盛名。

（2）霍山黄芽

霍山黄芽亦产于安徽霍山，从唐代起即有生产，明清时即为宫廷贡品。

### 3.2.5 黑茶

黑茶属于后发酵茶，是我国特有的茶类，生产历史悠久，以制成紧压茶边销茶为主，主要产于湖南、湖北、四川、云南、广西等地，分为湖南黑茶、湖北老青茶、四川边茶、广西六堡散茶，云南普洱茶等。其中，云南普洱茶古今中外久负盛名。

1. 特色

黑茶主要供边区少数民族饮用，所以又称边销茶。黑毛茶是压制各种紧压茶的主要原料，各种黑茶的紧压茶是藏族、蒙古族和维吾尔族等兄弟民族日常生活的必需品，有“宁可一日无食，不可一日无茶”之说。黑茶由于其原料粗老，加工制造过程中，一般堆积发酵时间较长，因此叶色多呈暗褐色，乌黑状，故称黑茶。特点为色泽黑褐，汤色橙黄至暗褐色，有松烟香。

2. 代表名品

（1）湖南黑茶

湖南黑茶，主要集中在安化生产，条索卷折成泥鳅状，色泽油黑，汤色橙黄，叶底黄褐，香味醇厚，具有松烟香。黑毛茶经蒸压装篓后称天尖，蒸压成砖形的是黑砖、花砖等。

（2）湖北老青茶

湖北老青茶。采割的茶叶较粗老，含有较多的茶梗，以老青茶为原料，蒸压成砖形的成品称“老青砖”，主销内蒙地区。

（3）四川边茶

四川边茶，分为南路边茶和西路边茶两类，四川雅安、天全、荥经等地生产的南路边茶，压制成紧压茶——康砖、金尖后，主销西藏，也销青海和四川甘孜藏族自治州；四川灌县、崇庆、大邑等地生产的西路边茶，蒸后压装成方包茶或圆包茶，主销四川阿坝藏族自治州及青海、甘肃、新疆等省（区）。

（4）广西六堡茶

广西六堡茶，因产于广西苍梧县六堡乡而得名。已有200多年的生产历史。制造工艺流程是杀青、揉捻、沤堆、复揉、干燥，制成毛茶后再加工时仍需潮水沤堆，蒸压装篓，堆放陈化，最后使六堡茶汤味形成红、浓、醇、陈的特点。

（5）云南普洱茶

云南普洱茶，是历史以来形成的云南特有的地方名茶，因集散地为云南普洱县，故称作“普洱茶”。以优良品种云南大叶种的鲜叶制成，也叫做普洱散茶。其包括两个系列，即直接再加工为成品的生普和经过人工速成发酵后再加工而成的熟普，形制上又分散茶和紧压茶两类。普洱茶成品后都还持续进行着自然陈化过程，具有越陈越香的独特品质。

普洱茶外形条索粗壮肥大，汤色橙黄，色泽乌润，带有特殊的陈香，有“美容茶”之声誉。以这种普洱散茶为原料，可蒸压成不同形状的紧压茶——饼茶、紧茶、圆茶（七子饼茶）。

普洱茶和六堡茶是特种黑茶，品质独特，香味以陈为贵，在港、澳、东南亚和日本等地有广泛的市场。中国人一般不太热衷于陈茶，据说日本更倾心于新茶，但近来日本人开始对“普洱茶”青睐起来，大概是受到香港惯饮陈茶的习俗的影响。

### 3.2.6　青茶

青茶又称乌龙茶，出现于清代，是一种半发酵茶。特征是叶片中心为绿色，边缘为红色，俗称绿叶红镶边。主要产于福建、广东、台湾等地。一般以产地的茶树命名，如铁观音、大红袍、乌龙、水仙、单枞等。

1. 特色

青茶有红茶的醇厚，而又比一般红茶涩味浓烈；有绿茶的清爽，而无一般绿茶的涩味，其香气浓烈持久，饮后留香，并具提神、消食、止痢、解暑、醒酒等功效。品尝后齿颊留香，回味甘鲜。清初就远销欧美及南洋诸国。当今最受日本游客的欢迎。

2. 代表名品

（1）武夷岩茶

武夷岩茶。因产于福建省武夷山岩崖之间而得名。特点是汤色橙黄透亮，香气馥郁醇厚，饮后留香。武夷岩茶性和不寒，具有提神、解暑、醒酒、消食、止痢等功效。武夷岩茶的主要品种有大红袍、武夷水仙和武夷奇种。其中，大红袍最为名贵，是武夷岩茶的王者，具有“茶中状元”之称。武夷岩茶素以陈为贵，久藏的茶叶味道更浓。

（2）安溪铁观音茶

安溪铁观音茶产于闽南安溪，“铁观音”既是茶名，又是茶树品种名。此茶外形条索紧结，有的形如秤钩，有的状似蜻蜓头，由于咖啡碱随着水分蒸发，在表面形成一层白霜，称作“砂绿起霜”。此茶冲泡后，异香扑鼻，乘热细啜，满口生香，喉底回甘，称得上七泡有余香。

（3）台湾乌龙茶

台湾乌龙茶条形卷曲，呈铜褐色，茶汤橙红，滋味纯正，天赋浓烈的果香，冲泡后叶底边红腹绿，其中以南投县的“冻顶”乌龙茶最为名贵。

### 3.2.7 花茶

花茶又称熏花茶、香花茶、香片，是我国特有的一种再加工茶。是以绿茶、红茶、乌龙茶茶胚及符合食用需求、能够散发出香味儿的鲜花为原料，采用窨制工艺制作而成的茶叶。一般根据其所用的香花品种不同，划分为茉莉花茶、桂花茶、玫瑰花茶、玉兰花茶等不同种类，以福建、江苏、浙江、安徽、四川为主要产地，其中以茉莉花茶产量最大。苏州茉莉花茶，是花茶中的名品；福建茉莉花茶，属浓香型茶，茶汤醇厚，香味浓烈，汤黄绿，鲜味持久。

1. 特色

花茶是集茶味与花香于一体，茶引花香，花增茶味，相得益彰。既保持了浓郁爽口的茶味，又有鲜灵芬芳的花香。冲泡品啜，花香袭人，甘芳满口，令人心旷神怡。它不仅有茶的功效，而且还有良好的药理作用，裨益人体健康，被誉为“众花之冠”。宋代诗人江奎的《茉莉》赞曰：“他年我若修花使，列做人间第一香”。

2. 代表名品

（1）茉莉花茶

茉莉花茶是花茶的大宗产品，既是香味芬芳的饮料，又是高雅的艺术品。特点是条形条索紧细匀整，色泽黑褐油润，香气鲜灵持久，滋味醇厚鲜爽，汤色黄绿明亮，叶底嫩匀柔软。也有用龙井、大方、毛峰等特种绿茶作茶坯窨制花茶的，则分别称为龙井、花大方、茉莉毛峰等。近年来畅销京、津市场的苏萌毫、茉莉春风、银毫、龙都香茗、雾都花茶就属这类产品，统称特种茉莉花茶。

（2）桂花茶

桂花茶，以广西、湖北、四川、重庆等地产制最盛。广西桂林的桂花烘青、福建安溪的桂花乌龙、四川北碚的桂花红茶均以桂花的馥郁芬芳衬托茶的醇厚滋味而别具一格，成为茶中之珍品，深受国内外消费者的青睐。

总之，中国茶的品类很多，据不完全统计，全国名优茶多达千种，其中获得省级以上名茶称号的有四百多种。名优绿茶品种最多（产量占名优茶总产量的80%以上），其次是青茶和白茶，再次为黄茶，黑茶最少。

**小思考**：列举生活中接触到的茶叶，结合本章内容，说明其属于哪种类型。

知识拓展

## 中国十大名茶

（1）杭州龙井

龙井，本是一个地名，也是一个泉名，而现在主要是茶名。龙井茶产于浙江杭州的龙井村，历史上曾分为“狮、龙、云、虎”四个品类，其中多认为以产于狮峰的老井品质为最佳。龙井属炒青绿茶，向以“色绿、香郁、味醇、形美”四绝著称于世。好茶还需好水泡。“龙井茶，虎跑水”被并称为杭州双绝。

（2）苏州碧螺春

苏州碧螺春产于江苏吴县太湖之滨的洞庭山。碧螺春茶叶用春季从茶树采摘下的细嫩芽头炒制而成；炒成后的干茶条索紧结，白毫显露，色泽银绿，翠碧诱人，卷曲成螺，故名“碧螺春”。此茶冲泡后杯中白云翻滚，清香袭人，是国内著名的名茶，常被作为高级礼品。

（3）黄山毛峰

黄山毛峰产于安徽黄山，由于山高林密，日照短，云雾多，自然条件十分优越，茶树得云雾之滋润，无寒暑之侵袭，蕴成良好的品质。黄山毛峰采制十分精细。制成的毛峰茶外形细扁微曲，状如雀舌，香如白兰，味醇回甘。

（4）庐山云雾

庐山云雾产于江西庐山，其气候温和，山水秀美，十分适宜茶树生长。庐山云雾芽肥毫显，条索秀丽，香浓味甘，汤色清澈，是绿茶中的精品。

（5）六安瓜片

六安瓜片产于皖西大别山，以六安、金寨、霍山三县所产最佳。六安瓜片每年春季采摘，成茶呈瓜子形，因而得名，色翠绿，香清高，味甘鲜，耐冲泡。此茶不仅可消暑解渴生津，而且还有极强的助消化作用和治病功效。

（6）恩施玉露

恩施玉露产于湖北恩施，是我国保留下来的为数不多的一种蒸青绿茶，其制作工艺及所用工具相当古老，与陆羽《茶经》所载十分相似。恩施玉露对采制的要求很严格，芽叶须细嫩、匀齐，成茶条索紧细，色泽鲜绿，匀齐挺直，状如松针；茶汤清澈明亮，香气清鲜，滋味甘醇，叶底色绿如玉。

（7）白毫银针

白毫银针产于福建。冲泡时，“满盏浮茶乳”，银针挺立，上下交错，非常美观；

汤色黄亮清澈，滋味清香甜爽。由于制作时未经揉捻，茶汁较难浸出，因此冲泡时间应稍延长。白茶味温性凉，可健胃提神，祛湿退热，常作为药用。

（8）武夷岩茶

武夷岩茶产于福建崇安县武夷山。品质独特，未经窨花，茶汤却有浓郁的鲜花香，饮时甘馨可口，回味无穷。18 世纪传入欧洲后，备受当地群众的喜爱，曾有“百病之药”的美誉。

（9）安溪铁观音

安溪铁观音产于闽南安溪。制作工艺十分复杂，制成的茶叶条索紧结，色泽乌润砂绿。上好的铁观音，在制作过程中因咖啡碱随水分蒸发还会凝成一层白霜；冲泡后，有天然的兰花香，滋味纯浓。用小巧的功夫茶具品饮，先闻香，后尝味，顿觉满口生香，回味无穷。近年来，发现乌龙茶有健身美容的功效后，铁观音更风靡日本和东南亚。

（10）普洱茶

普洱茶产于云南西双版纳等地，因自古以来即在普洱集散而得名。普洱茶是采用绿茶或黑茶经蒸压而成的各种云南紧压茶的总称，包括沱茶、饼茶、方茶等。主要供藏族同胞饮用。普洱茶的品质优良不仅表现在它的香气、滋味等饮用价值上，还在于它有可贵的药效，因此，海外侨胞和港澳同胞常将普洱茶当作养生妙品。

在其他的“中国十大名茶”说法中，一般常见到的还有产于安徽屯溪等地的“屯绿”，产于安徽祁门县的“祁红”，产于云南的“滇红”等。

## 3.3 中国茶艺茶俗

中国茶艺是包括茶叶品评技法和艺术操作手段的鉴赏以及品茗美好环境的领略等整个品茶过程的美好意境，其过程体现形式和精神的相互统一，是饮茶活动过程中形成的文化现象。茶艺包括茶具艺术、选茗、择水、烹茶技术、环境的选择创造等一系列内容。

### 3.3.1 茶具艺术

在中国的传统茶艺中，茶具是使饮茶富于艺术性的重要条件，是代表着各个时代特色的工艺美术品，也是饮茶艺术整体中不可分割的一部分。其包括茶壶、茶船、茶漏斗、茶匙、茶杯等。

1. 茶具的生产与种类

中国茶具的生产和制作历史较长，各时代因生产工艺和饮茶习俗的不同又有所区别。人类最初煮饮茶叶，都用当时的饮食器具，没有专用的茶具。当饮茶成为专门嗜好时，人们开始设计与饮茶有关的储茶、煮茶和饮茶的专门器具。唐代时期因朝野上下嗜好饮茶，使饮茶成为一种“雅道”，茶具也因此成为一种雅器。

中国茶具的种类繁多，造型优美，质地讲究，既有实用价值，又富艺术之美，驰名中外，为历代饮茶爱好者所青睐。主要包括陶瓷、玻璃、金属和竹木等。

（1）陶土茶具

传热不快，造型简练大方，色调淳朴古雅。佼佼者首推宜兴紫砂茶具。

（2）瓷器茶具

有白瓷茶具、青瓷茶具和黑瓷茶具之分。质地细腻，造型优美。

（3）漆器茶具

具有多姿多彩的特点，特别是创造了红如宝石的“赤金砂”和“暗花”等新工艺以后，更加鲜丽夺目，令人喜爱。

（4）玻璃茶具

质地透明，光泽夺目。特别是冲泡各类名茶时，茶具晶莹剔透，杯中轻雾缥缈，澄清碧绿，芽叶朵朵，亭亭玉立，观之赏心悦目，别有风趣。

（5）金属茶具

用金、银、铜、锡等金属制作的茶具，尤其是锡作为储茶器具材料有较大的优越性。但造价较昂贵，一般老百姓无缘使用。

（6）竹木茶具

价廉物美，经济实惠，但现代已很少采用。作为艺术品的黄阳木罐和二簧竹片茶罐，既是一种馈赠亲友的珍品，也有一定的实用价值。

中国历史上还有用玉石、水晶、玛瑙等材料制作的茶具，但总体来说，在茶具史上仅居于很次要的地位。因为这些器具制作困难，价格高昂，并无多大实用价值，主要作为摆设，用来显示主人富有而已。

2. 茶具与茶的搭配

中国饮茶讲究茶具与茶的协调搭配。饮茶时，选择的茶具，要将其功能、质地、色泽三者协调统一，才称得上是完美的茶具。传统饮茶中，各种茶类适宜选配的茶具为：名优绿茶，宜选用透色玻璃杯，应无色、无花、无盖，或用白瓷、青瓷、青花瓷无盖杯；花茶，宜选用青瓷、青花瓷等盖碗、盖杯、壶杯具；黄茶，宜选用奶白或黄釉瓷及黄橙色壶杯具、盖碗、盖杯；红茶，宜选用内挂白釉紫砂、白瓷、红釉瓷、暖色瓷的壶杯具、盖杯、盖碗或咖啡壶具；白茶，宜选用白瓷或黄泥炻器壶杯及内壁有色黑瓷；乌龙茶，宜选用紫砂壶杯具或白瓷壶杯具盖碗、盖杯，也可用灰褐系列炻器壶杯具。

### 3.3.2 茶饮艺术

中国的茶艺，是茶与水的艺术配对和组合，即冲茶的技艺，品茶的艺术。

### 1. 分茶和斗茶

（1）分茶

分茶是从点茶引申而来，是一种比试点茶技艺的游戏。所谓“分茶”，指在点茶时搅动茶盏中已融成膏状的茶末，边注汤边搅动，令水茶彼此交融，并使泛在汤面上的汤花形成各种图案。分茶虽为小艺，却能体现出分茶者的心灵手巧。

（2）斗茶

斗茶又称“茗战”，即品茗比赛。始于唐而盛于宋。斗茶茶品以“新”为贵，用水以“活”为上。胜负的标准，一斗汤色，二斗水痕。斗茶是一门综合艺术，除了茶本身、水质和火候外，还必须掌握冲泡技巧，宋人谓之“点茶”，唐代人煮茶已讲究“三沸水”：陆羽在《茶经·五之煮》中说，一沸水，气泡如鱼眼，微微有声；二沸水，涌泉连珠；三沸水，腾波鼓浪。第三沸时就要烹茶。再沸，“水老，不可食也”。泡茶强调水要烧得恰到好处。水不开，茶叶中的水溶性物质不能浸出，香气就会不足；水烧过头，溶于水中的气体不断逸出，泡出的茶汤就缺乏鲜爽味。

分茶与斗茶两者既有联系，又相区别：斗茶是一种茶俗，分茶则主要是茶艺，二者共同表现了中国茶文化丰富的内容和文化意蕴。

### 2. 传统茶艺泡法

传统茶艺泡法道具简单，泡法自由，十分适合大众饮用。步骤如下。

（1）烫壶

将沸水冲入壶中至溢满为止。

（2）倒水

将壶内的水倒出至茶船中。

（3）置茶

这是比较讲究的置茶方式，是将一茶漏斗放在壶口处，然后用茶匙拨茶入壶。

（4）注水

将烧的水注入壶中，至泡沫溢出壶口。

（5）倒茶

先提壶沿茶船逆行转圈，用意在于刮去壶底的水滴，俗称“关公巡城”，注意磨壶时的方向，右手执壶，欢迎喝茶时要逆时针方向磨，送客时则往顺时针方向磨；如是左手提壶，则反之。然后将壶中的茶倒入公道杯，可使茶汤均匀。

另一种均匀茶的方法是用茶壶轮流给几杯同时倒茶，当将要倒完时，把剩下的茶汤分别点入各杯中，俗称“韩信点兵”。应注意的是倒茶时不能一次倒满一杯，至七分满处为好。步骤如下。

（1）分茶

将茶中的茶汤倒入茶杯中，以七分满为宜。

（2）奉茶

自由取饮，或由专人奉上。

（3）去渣

用渣匙将壶中茶渣清出。

（4）以备后用

客人离去后，洗杯、洗壶以备下次用。

我国地域辽阔，人口众多，民族众多，其饮茶习俗千姿百态，各呈风采。安溪是乌龙茶的故乡，是我国著名的茶都。安溪乌龙茶的代表——铁观音茶的泡饮方法别具一格，自成一家。

### 3. 安溪乌龙茶艺

安溪茶艺是安溪茶文化的精华，是一种示范性的表演，极具浓郁的地方特色，它传达的是“纯、雅、礼、和”的茶道精神理念。“纯”指茶性之纯正，茶主之纯心，化茶友之净纯，乃为茶道之本；“雅”即沏茶之细致，身韵之优美，茶局之典雅，展茶艺之流程；“礼”则感恩于自然，敬重于茶农，诚待于茶客，为茶主之茶德；“和”是人、茶与自然的和谐，清心和睦，属于心灵之爱，为茶艺之“道”也！在茶叶的冲泡过程中，严把用水、茶具、冲泡三道关，讲究“水以石泉为佳，炉以炭火为妙，茶具以小为上”，其程序为下面几个步骤。

（1）白鹤沐浴（洗杯）

用开水洗净茶具。

（2）观音入宫（落茶）

把茶放入茶具，放茶量约占茶具容量的五分。

（3）悬壶高冲（冲茶）

把滚开的水提高冲入茶壶或盖瓯，使茶叶转动。

（4）春风拂面（刮泡沫）

用壶盖或瓯盖轻轻刮去漂浮的白泡沫，使其清新洁净。

（5）关公巡城（倒茶）

把泡一、二分钟后的茶水依次巡回注入并列的茶杯里。

（6）韩信点兵（点茶）

茶水倒到少许时要一点一点均匀地滴到各茶杯里。

（7）鉴尝汤色（看茶）

观尝杯中茶水的颜色。

（8）品啜甘霖（喝茶）

乘热细啜，先闻其香，后尝其味，边啜边闻，浅斟细饮。饮量虽不多，但能齿颊留香，喉底回甘，心旷神怡，别有情趣。

4. 佛门品茶

佛门尚茶古来有之。陆羽在《茶经》中就有两晋时僧人饮茶的记载。在幽静、雅致、清寂、古朴的禅堂里，寺僧受传统文化的影响，佛文化与茶文化相结合，形成了“茶禅一体”的“茶礼规范”。

（1）跑禅

展现佛茶的手印。每一种手势都是一种语言，它传递的是茶与佛、佛与僧的关系。

（2）拜香

既是一种礼法，又是一种手法。三拜香表达了佛在心中的思想。

（3）献器

佛茶追求的是回归自然的境界，在茶器的选择上追求朴实无华的风格。一般使用木质茶盒，独枝高香，紫砂煮水炉、壶，竹制茶杓以及佛门使用的茶盏“蝴蝶杯”等。

（4）涤器

用沸水将茶盏洗涤干净，同时起到受热升温的效果，这样泡茶，香气会又香又远。

（5）净手

以表达洁净之意，同时也传达对来宾的尊重。

（6）擦拭

把杯子、杯具擦拭干净。

（7）投茶

投茶所选用的茶叶，是僧人自种的粗茶，所谓“粗茶淡饭”一词就是由此而来的。

（8）煎茶

煎茶的时间为 1 分钟左右。煎茶时进行匀盏，匀盏时要用双手四指，指不压沿，柔柔地旋动。

（9）点茶

讲究水流如注，一点三回，越细越长越好，不能间断。告诫人们应该过那种细水长流的好日子。

（10）敬茶

以茶敬客，祝愿茶客养生有道！福寿同存！阿弥陀佛！

中国饮茶的艺术，萌芽于唐，发展于宋，改革于明，极盛于清，可谓有相当的历史渊源，自成一体，充分展示了人们的饮茶真趣。俗语说：春饮花茶，夏饮绿茶，秋饮青茶，冬饮红茶。不同的季节有不同的茶，不同的茶有不同的茶具及不同的茶艺。在悠久的历史生活中，茶与中国民族相结合，受着中国人一贯的哲学思想和生活方式支配，简言之即“顺其自然”及“致中和”，是中国茶艺的真髓。

小资料

### 弄茶小技

茶除了饮用外，生活中还可以有其他用途。

（1）用茶除铁锅腥味

用点茶叶放到铁锅内水煮一下，铁锅的腥味就会除掉。

（2）茶水煮饭

煮米饭的时候，如果不用开水而用茶水，你会发现煮出来的米饭更香，口感更好，而且不会破坏米中的维生素。当然不要用太浓的茶，那样会使米饭发黄、发苦。

（3）茶水煮肉

牛肉好吃但难做，煮半天也煮不软。如果在煮牛肉的锅里放进一个纱布茶叶包，那牛肉不仅烂得快，而且味道还清香。

（4）茶水除膻

羊奶是一种营养价值高，又容易被吸收的好食品，但人人都怕羊膻味。如果在煮羊奶时加入一小撮茉莉花茶，奶煮开后，再滤去茶渣，羊奶的膻味会大减。

### 3.3.3 茶的礼俗

茶俗是民间风俗的一种，它是民族传统文化的积淀，也是人们心态的折射，它以茶事活动为中心贯穿于人们的生活中，并且在传统的基础上不断演变，成为人们文化生活的一部分，它内容丰富，各呈风采。

#### 1. 客来敬茶

“茶”作为民俗礼仪的使者，千百年来为人们所重视。它上达国家间的礼仪活动，下渗入到人与人之间的交往，成为与人们日常生活切切相关的礼俗。以茶待客，历来是有数千年文明史的礼仪之邦——中国的最普及、最具平民性的日常生活礼仪。客来宾至，清茶一杯，可以表敬意、洗风尘、叙友情、示情爱、重俭朴、弃虚华，体现中华民族重情好客的美德和传统礼节，成为人们日常生活中的习俗。

同时，饮茶的环境应尽可能打扫得干净，选择的茶具和用水也必须清洁卫生；茶叶的选择亦必须是家中所存茶叶中的上品。泡茶时不宜将水冲得过满，可分两次冲水。敬茶时，主人必须将茶双手捧上。主人陪客饮茶，边饮边叙情谊，客人所饮茶汤只剩1/3左右时，主人宜起身为客人茶杯里添水。饮茶时，主人有时亦可配上一些糖果点心，以助雅兴。

#### 2. 以茶会友

中国自古以来就有以茶会友、以茶联谊等形式。由古代沿袭下来的饮茶习俗至今在我国许多农村或各地茶艺馆还依然可见，形成了独特的饮茶文化。如在繁喧的都市，许多人喜欢与好友迈步中国传统的茶楼，在极具怀古思幽的品茶小包房内，在鸟语花香、奇石根雕、古朴清雅、令人心旷神怡的大厅里，在富有民族特色和诗情画意的古色古香的走廊中，边饮茶，边交谈，让人得以片刻的悠闲放松，仿佛忘记了现代生活工作的紧张烦躁，沉浸于园林景色的情怀中，增添了生活情趣，增进了友谊。

3. 喜庆茶礼

茶的礼俗还表现于冠礼、婚礼、寿礼等重大喜庆典礼中。中国各族人民长期以来，把茶形象地看作是至性不移、长命百岁、早生贵子的吉祥珍品，如我国许多农村至今仍把订婚、结婚称为“受茶”、“吃茶”，把订婚的定金称为“茶金”，把彩礼称为“茶礼”等。从迎亲到成礼的仪式中，不论是祭祖、拜见长辈等都要献茶、敬茶。长辈馈赠的见面礼也称“茶包”。藏族婚姻也以砖茶作为聘礼。云南边区少数民族新婚夫妇有饮“合欢茶”的礼俗。贵州、广西、湖南、江西等毗邻地区少数民族间流行的打油茶、女儿茶，更是婚姻中新婚夫妇合欢和敬客的必备品。

4. 茶与祭祀

把茶用作丧事祭品，只是祭礼的一种。我国以茶为祭，大致是在南北朝时逐渐兴起的。古代用茶作祭，一般有这样三种形式：一是在茶碗、茶盏中注以茶水；二是不煮泡只放以干茶；三是不放茶，久置茶壶、茶盅作为象征。我国许多少数民族，也有以茶为祭品的习惯。如布依人的祭土地活动，每月初一、十五，由全寨各家轮流到庙中点灯敬茶，祈求土地神保护全寨人畜平安；云南丽江的纳西族，无论男女老幼，在死前快断气时，都要往死者嘴里放些银末、茶叶和米粒，他们认为只有这样死者才能到“神地”。

祭祀活动中的以茶作祭品，可以说是茶文化发展过程中衍生出来的一种带封建迷信的副文化，但真实地反映了人类的历史现象。

在中国，重情好客的传统美德在饮茶上可谓表现得淋漓尽致。

## 3.4 少数民族茶俗

“千里不同风，百里不同俗”，中国是一个多民族的国家，在生活中，我国各少数民族依据自己的生活内容、生活方式和自然条件，创造出了许多具有浓郁民族特色的茶俗。

### 3.4.1 北方地区少数民族的茶俗

1. 藏族的“酥油茶”

藏族人民生活中爱好喝酥油茶，而且还喜欢以酥油茶待客。

藏族喝酥油茶的茶具很讲究，有一个专打酥油茶的金属长筒和精致茶具。藏族喝茶，不喜欢沏泡而爱熬煮，偏好汤浓味醇的紧压茶。制作时先捣碎茶叶，倒入茶壶，煮沸半小时后，倒入已配好佐料和酥油的打茶筒内，通过筒内的拉杆，有节奏地上下舂打，让酥油、茶、佐料混为一体，滋味多样。

喝酥油茶有一定礼节，主妇先把装有糌粑的木盒放在桌中间，主人依次为客人倒酥油茶，热情地请客人喝茶。客人边喝茶，边用手指拈起糌粑，丢入口中。喝酥油茶不可一饮而尽，否则被认为是不礼貌。一般应留下一点儿，意思是还想再喝一碗，以表示主人手艺不凡。喝上两、三碗后，如果不想再喝，可把茶脚泼到地上，表示喝足，主人也就不给倒茶了。

### 2. 蒙古族的“奶茶”

蒙古族喜爱喝奶茶，尤其喜欢喝与牛奶、盐巴一道煮沸而成的咸奶茶。

煮咸奶茶时，应先把砖茶打碎，并将洗净的铁锅置于火上，用牛油将粟米炒香，加水至沸腾时，放上捣碎的砖茶，再沸腾后掺入牛奶，少顷加适量盐巴。等锅里茶水开始沸腾时，咸奶茶便煮好了。在煮咸奶茶时只有器、茶、奶、盐、温五者相互协调，才能煮出咸甜相宜、美味可口的咸奶茶。

蒙古族可谓是一日三茶。每日清晨起来，主妇们先煮上一锅咸奶茶，供全家一整天喝。蒙古族人民喜欢喝热茶，早上一边喝茶，一边吃炒米。早茶后，将其余的咸奶茶放在微火上暖着，以便随需随取。通常一家人只在晚上放牧回家后才正式用一餐，但早、中、晚三次喝咸奶茶一般是不能少的。如果晚餐吃的是牛羊肉，那么，睡觉前全家还会喝一次茶。至于中、老年男子，喝茶的次数就更多了。

### 3. 回族的盖碗茶

盖碗茶是西北回族一种独特的饮茶方式，相传始于唐代，颇受回族人民喜爱。它由托盘、茶碗和茶盖三部分组成，故称“三炮台”。每到炎热的夏季，盖碗茶便成为回族最佳的消渴饮料；到了严寒的冬天，农闲的回族人早晨起来，围坐在火炉旁，或烤上几片馍馍，或吃点馓子，总忘不了刮几盅盖碗茶。

回族人还把盖碗茶作为待客的佳品，每逢家里来了客人，热情的主人都会给客人递上一盅盖碗茶，端上馓子、干果等，让客人下茶。敬茶时主人要当着客人的面将碗盖打开，放入茶料，冲水加盖，双手捧送，表示这盅茶是专门为客人泡的，以示尊敬。如果家里来的客人较多，主人还根据客人的年龄、辈分和身份，分出主次，先把茶奉送给主客。

喝盖碗茶时，不能拿掉上面的盖子，也不能用嘴吹漂在上面的茶叶，而是左手拿起茶碗托盘，右手抓起盖子，轻轻地“刮”几下，其作用是一则可滗去浮起的茶叶等物，二则是促使冰糖融解。刮盖子很有些讲究，一刮甜，二刮香，三刮茶露变清汤。每刮一次后，将茶盖呈倾斜状，用嘴吸着喝，不能端起茶盅接连吞饮，也不能对着茶碗喘气饮吮，要一口一口地慢慢饮。主人敬茶时，客人一般不要客气，更不能对端上来的茶一口不饮，那样会被认为是对主人不礼貌、不尊重的表现。

### 3.4.2 南方地区少数民族的茶俗

#### 1. 拉祜族的“烤茶”

“烤茶”又称“爆冲茶”，在拉祜族中是一种古老而普遍的饮茶方法。饮前先将小陶罐置于火塘上烤烫，随即取一把丽青茶叶放入罐内抖烤，待茶叶烤成黄色、散发出焦香并伴有爆声时即冲水煎熬。茶“烤”成后先倒少许自尝，试其浓度，确认为适宜时，便注入茶盅品饮。

“烤茶”色泽清润微黄，带有焦香味，醇和中略有甜味，久饮会使人精神倍增并“上瘾”。当地居民至今仍保持着用浓茶治病的传统习俗。

#### 2. 白族的“三道茶”

云南白族民间，不仅喜喝茶，而且讲究“茶道”。有待客饮“一苦二甜三回味”三道茶的习俗。

第一道茶，将肥茶叶放入小砂罐中，用大火烤，待茶叶发出“啪啪”声，散出焦香味时，注入沸水冲泡即成。茶色焦香扑鼻，味苦涩，称为“苦茶”；第二道茶，即将原小砂罐重新烤，再加入红糖、核桃肉之类，冲泡而成，这道茶味甜，寓意苦尽甜来，称为“甜茶”；第三道茶，主人先将一匙蜂蜜和几粒花椒放入茶杯中，然后冲入沸水，此茶颇有回味，客人饮茶时，必须晃动茶杯，使茶汤和佐料均匀混合，边品边饮，乘热喝下，称为“回味茶”。这三道茶寓意有做人和生活的哲理，表示白族人们对未来生活的美好祝愿。

#### 3. 土家族的“油茶汤”

油茶汤又名三生汤、擂茶，是土家族的风味茶，有悠久的制作饮用历史。将新茶茶叶、生姜和生米仁等三种料经混合研碎，加水后烹煮而成汤，故而得名。土家族认为擂茶既是充饥解渴的食物，又是祛邪驱寒的良药。制作擂茶时，通常用料除茶叶外再配上炒熟的花生、芝麻、米花等；另外，还要加些生姜、食盐、胡椒（粉）之类。倘有亲朋进门，在喝擂茶的同时，还必须备有几碟茶点。茶点以清淡、香脆食品为主，诸如花生、薯片、瓜子、米花糖、炸鱼片之类，既有“以茶代酒”之意，又有“以茶作点”之美，以增添喝擂茶的情趣。

土家族的茶道也别具一格。既可体验古老的饮茶乐趣，又有迷人的风味。头道称为“亲亲热热”，即用滚沸的开水冲泡一碗云雾茶，清淡素雅，意在热气腾腾待客；二道称为“香香喷喷”，即茶叶放有腊肉碎丁，其香无比；三道称为“甜甜蜜蜜”，即以鸡蛋代茶，意在良好的祝愿。土家族民谣有云：“客来不办苞谷饭，请到家中喝油茶。”

4. 傣族“竹筒香茶”

傣族人民喜爱就地取材，饮竹筒茶。将青毛茶倒入刚砍回的香竹筒内，放在火塘的三角架上烘烤，待烤软再经木棒冲压后继续装茶，如此边装边烤边冲直至竹筒填满。烤成后剖开竹筒取出茶叶，在大碗中冲开注入竹筒杯即可饮。竹子的清香与茶的芳香交织，很醉人。

5. 布朗族的“青竹茶”

布朗族喝的青竹茶，是一种方便实用，又贴近生活的饮茶方式。制作方法较为奇特，首先砍一节碗口粗的鲜竹筒，一端削尖，插入地下，再向内加上泉水，当作煮茶器具。然后，找些枯枝落叶，当作烧料点燃于竹筒四周。当竹筒内水煮沸时，随即加上适量茶叶，继续煮沸，经3分钟左右，即可将煮好的茶汤倾入事先已削好的新竹节罐内，便可饮用。

青竹筒茶将泉水的甘甜、竹子的清香、茶叶的浓醇融为一体，所以，喝起来别有风味，令人久久难忘。

6. 苗族“八宝油茶”

苗族有爱喝八宝油茶的习惯。在苗家，有“一日不喝油茶汤，满桌酒菜都不香”之说。所谓八宝油茶，是在油茶汤中放多种食物。其烹调比较复杂，先将玉米、黄豆、花生米、团散、豆腐干丁、粉条等分别用茶油炸好，分装入碗待用。待客时，主妇用双手托盘，盘中放上几碗八宝油茶汤，每碗放上一只调匙，彬彬有礼地敬奉客人。这种油茶汤，由于用料讲究，烹调精细，一碗到手，清香扑鼻，沁人肺腑。喝在口中，满嘴生香。它既解渴，又饱肚，还有特异风味，堪称中国饮茶技艺中的一朵奇葩。

总之，各民族在长期的生产生活中，形成了丰富多彩的饮茶习俗，具有浓郁的民族特色和地方文化色彩。

## 3.5 中国茶文化与旅游

茶在中国，不仅有解渴的功能，而且早已和华夏悠久而丰富的文化融为一体，直接或间接地渗透到人的精神之中。在数千年的饮茶历史中，随着历史、文化的不断发展和积淀，以及各民族自身的特点与习俗，饮茶已演变为一种有差异性的社会文化内涵的民族习惯，并形成了特有的茶文化。

### 3.5.1 品茶的文化内涵

中国人饮茶，注重一个“品”字，在百忙之中泡上一壶浓茶，择雅静之处，自斟自饮，可以消除疲劳、振奋精神，也可以细啜慢饮，达到美的享受，使精神世界升华到高尚的艺术境界。

品茶，重在意境，它是物质享受和精神享受高度统一的生活艺术。从唐代开始，我国古人已用细煎慢品代替了解渴式的粗放吞饮，并有意识地把品茶作为能显示高雅素养、寄托感情和表现自我的活动。一般地说，中国品茶艺术包括以下四个方面。

1. 观茶

从茶叶色泽的红与绿、明与暗、老与嫩几个方面观察茶叶的品质和风格。

2. 闻香

欣赏茶叶随热气散发出来的清香，以及留住杯盖上的“盖面香”。如绿茶应具有清香鲜爽的特点，红茶则浓烈馥郁，花茶应芳香扑鼻。

3. 冲泡（沏茶）

欣赏茶叶在冲沏时的舒展过程、茶叶的溶解状态，以及最终的姿形。

4. 品味

欣赏茶汤色泽，体会茶汤滋味。

在观茶、闻香、冲泡、品味的过程中，可获得美感并引发联想，因此，人们往往根据品茶的不同感受，从不同的角度抒发自己的情感。从某种意义上来说，“品茶”不但是鉴别茶的优劣，也带有神思遐想和领略饮茶情趣之意。真正的品茶高手，必戒骄狂、浮躁，心静如水，方能品出茶之高低。此与佛教的为人讲究同理：一般修为较高的僧人，对人对事怀宽容惜悯之心，不做过头事，他们所损失的常常不过是眼前的虚名小利，而得到的却是整个身心的自由自在。以此心态植茶、用茶，可深得茶理，深得茶味。能平和，能静心，这是修身之道，品茶之道，也是一种优雅的养身之道。

在中国，人们运用审美观对茶叶进行鉴评和欣赏，是中华民族纯洁清雅风尚的一种体现，是人们精神生活的一种追求。

### 3.5.2 茶道与茶德

中国人饮茶讲究茶道与茶德。

1. 茶道

茶道指的是在茶艺的操作过程中所追求的和体现的精神境界和道德风尚，经常和人生处世哲学结合起来，成为茶人的行为准则，是茶艺的精神境界。

中国古茶道讲究：原器、原汁、原味。中国茶道的基本精神为：“和、静、怡、真”。“和”是中国茶道哲学思想的核心；“静”是中国茶道修习的必由途径；“怡”是中国茶道追求的精神享受；“真”是中国茶道的起点和终极追求。

中国的茶道早于日本数百年甚至上千年，但遗憾的是中国虽然最早提出了“茶道”的概念，也在该领域中不断实践探索，并取得了很大的成就，却没有能够旗帜鲜明地以“茶道”的名义来发展这项事业，也没有规范出具有传统意义的茶道礼仪，以至于使不少人误以为茶道来源于他邦。随着改革开放，人们迫切希望挖掘出中国茶道这块瑰宝，弘扬中华茶文化。中国的台湾、香港等地经过多年努力，创出了具有地方特色的“茶艺”，并开始在大陆传播。目前，中国的茶道经过挖掘和研究已趋成熟并走向世界。

2. 茶德

中国素有“礼仪之邦”的美称。饮茶作为一种民俗习惯，体现着这种茶艺文化的渗透，人们把茶品与人品、茶德与人德联系起来，就是很好的例证。

茶德可概括为四个字“廉、美、和、敬”，即廉俭育德，美真康乐，和诚处世，敬爱为人。

“廉”——推行清廉，勤俭育德，以茶敬客，以茶代酒；“美”——品茗为主，共闻清香，共叙友情，康乐长寿；“和”——德重茶礼，和诚相处，与人为善；“敬”——敬人爱民，助人为乐。

茶作为“国饮”，随着历史、文化的不断发展和积淀而变为礼俗的一部分，体现了人们美善的心灵和高尚的道德品格。

### 3.5.3 中国茶文化的意蕴

茶，之所以具有文化内涵，首先在于国人把茶看作是一种素雅之物、圣洁之物。其次，饮茶是一种韵事，一种雅兴，一种“生活艺术”，为人民的生活增色不少。此外，由茶带来的许多风流佳话，更丰富了茶的文化内涵。

在历史岁月的反复“洗礼”过程中，饮茶由一种物质民俗行为，升华为精神（意识）民俗文化心理。例如，从茶汤清澈，升华为“清廉”、“清静”、“清心”；从茶香味的温和淡雅，引申出“和谐”、“谦和”、“中庸”、“幽雅”；从茶性的天然纯真，类比人性“纯正朴实”、“返璞归真”；以茶敬客，以茶会友，表示敬意、亲切、和气、淡雅的人情关系等，这一切都体现了中国文化的深厚意蕴。

中国人的饮茶方式及内涵，使品茶具有了一定的文化意蕴，即“酸甜苦涩调太和”的中庸之道；“朴实古雅去虚华”的行俭之德；“奉茶为礼尊长者”的明伦之礼；“饮罢佳茗方知深”的谦和之行。

### 3.5.4 中国茶文化与旅游文化

中国茶文化具有数千年的悠久历史，底蕴深厚、内容丰富，有很多靓丽之处吸引着广大游客，是现代旅游业可以利用的重要资源，在旅游文化中具有重要地位。

1. 茶文化与旅游的关系

茶文化与旅游自古以来就是密切相关，互为依存，相得益彰。茶文化与旅游相结合可以促进旅游业的发展，也有利于茶文化的普及与提高。

茶文化是中国传统文化的重要组成部分，其深厚的文化底蕴是旅游业的重要资源，其丰富多彩的茶类、千姿百态的茶形、色香味各异的名优茶品对游客具有很大的吸引力。再加上茶区的山水风光、名寺名泉，各民族的茶俗风情、泡茶饮茶艺术、茶书茶画茶诗词、茶歌茶舞、工艺精湛的各种茶具，以及茶文化遗迹等都可开发为独具特色的茶文化旅游项目，使人们旅游的内容更加丰富多彩，推动旅游业的繁荣。

旅游业的发展亦会促进和弘扬茶文化的进一步开发，在旅游活动中充分利用当地的茶文化资源，把茶文化的知识性、观赏性、可参与性很好地与旅游结合起来，既可丰富旅游活动的内容和文化内涵，同时也宣传和普及了茶文化知识，弘扬了茶文化。如观赏茶艺表演、品名茶、观看茶歌茶舞、观赏选购茶具、品尝茶餐茶菜、自己动手学制茶学泡茶、参观和考察茶文化遗迹等，都会给游客带来新鲜感、愉悦感，既增长了知识，又愉悦了心情，还达到了探奇求知的目的。

2. 茶文化旅游

茶文化旅游是将茶业资源与旅游资源有机结合，进行综合开发和深度开发的新型项目，是以得到茶业物质享受和茶文化精神享受为主要目的的一种文化旅行。中国茶文化旅游的靓丽之处在于下面几个方面。

（1）茶产地的名山名寺

中国历来有名山名寺出名茶的说法，中国南方茶区很多历史名茶都与名山名寺有关，如产“黄山毛峰”的安徽黄山等。而且这些名山中有不少名寺，历史上都盛产名茶，如峨眉山的万年寺等。此外，中国的江河湖海之畔，不少也盛产名茶，如苏州太湖湖畔产“碧螺春”等。中国的这些名山名寺名湖，不少本身就是旅游胜地，再加上盛产名茶，使这些地方的旅游文化更是锦上添花。

（2）茶文化的历史遗迹

中国茶文化历史悠久，有很多地方经发掘保存着一批非常珍贵的茶文化历史遗迹。如云南的千年古茶树，四川蒙山的汉代皇茶园，浙江杭州的老龙井、虎跑泉等，这些珍贵的茶文化历史文物和遗迹，都是旅游文化的重要资源，如能很好地加以利用，必能使文化旅游的内容更加丰富多彩。

（3）茶区的美丽风光和怡人的气候环境

中国产茶区域辽阔，风光秀丽，气候环境宜人，是旅游休闲的理想境地，如杭州的西湖、桂林的漓江等。这些旅游胜地中的茶园，多数海拔较高，森林植被条件较好，云雾缭绕，气候宜人。尤其是春暖花开的采茶季节，满山满园的绿色茶芽，加上采茶姑娘的巧手跳动，风光迷人。如果能身临其境，并让游客参与学习采茶，这将是一种放飞心情的旅游休闲活动。

（4）各种名茶及其采制技巧

中国传统名茶有数百种之多，具有特异品质和风味的各种名茶是重要的旅游商品。此外，中国很多传统名茶的制作技艺也十分独特，如扁平的“西湖龙井”、曲螺形的“碧螺春”、兰花形的“黄山毛峰”、松针形的“南京雨花茶”等，都会吸引游客的好奇，使其探个究竟。如果在茶区旅游活动中，能适当安排一些制茶工场参观并亲自动手制茶，更将会调动游客的积极性。

（5）各具特色的饮茶技艺

中国茶道历史悠久，泡茶已形成一门艺术。中国又是一个多民族的国家，各民族的饮茶习俗各有不同。如杭州的杯泡龙井茶、福建广东的小壶小杯泡饮的乌龙茶、甘肃长嘴壶冲泡的八宝茶、西藏的酥油茶、蒙古族的奶茶、土家族的打油茶、云南白族的三道茶等，都各具特色。游客观赏并亲自品尝，会更好地体验其中的风情和风味。此外，还有精彩的茶艺表演，在旅游活动中，让游客一边休息、一边饮茶，同时观看各式各样的茶艺表演，可谓是既符合休闲要求，又能愉悦心情的一种文化享受。

（6）各地相继建立的一些以茶文化为内容的旅游参观点

近些年来，随着茶文化的发展，在不少地方已建立了一些以茶文化为内容的旅游参观点。如设在杭州的中国茶叶博物馆、陕西法门寺的唐代茶文化陈列馆等都在不同层面上展示了中华茶文化的内容。此外，有一些茶产地利用茶山、茶园，配套一些必要的旅游设施，建成了以茶文化内容为主的休闲旅游景点。如四川永川的“茶山竹海”、福建安溪的“茶叶大观园”和“茶叶公园”等，还有一些地区建立了观光茶园，供游客观赏田园风光，学习采茶、制茶和泡茶品茶，都很有创意。

总之，茶文化内容广泛，既有物质的东西，也有精神的内涵。发展茶文化旅游事业前景广阔。茶已成为中国人生活不可或缺的一部分，成为中华文化和文明的一个缩影。

## 小结

茶又名“茗”，是茶树、茶叶的总称。中国是茶树的原产地，亦是最早发现茶叶功效、栽培茶树和制成茶叶的国家。由于茶的品种繁多，因此从不同角度，有不同的分类方法，各类茶又有各自著名的代表名茶。随着历史、文化的不断发展和积淀，以及各民族自身的特点与习俗的传承，在中国，饮茶已演变为一种有差异性的社会文化内涵的民族习惯，并形成了特有的茶文化。当今茶文化与旅游相结合，既可以促进旅游业的发展，也有利于茶文化的普及与提高。

## 练　　习

1. 为什么说茶会成为“国饮”？

2. 中国茶文化旅游资源有哪些？

3. 列表说明中国茶叶的类型、特点及代表名茶。

4. 我国饮茶的历史悠久，积累了哪些独特的茶文化？

5. 对身边的茶庄、茶楼，或在旅游过程中所见的茶艺表演，留心观察，感受不同类型茶叶的性状、特点和口味，并在茶艺表演过程中体会其中蕴含的文化内涵。

# 第4章

# 中国酒水民俗

## 概　述

中国是世界上三大酒文化古国之一，是酒的王国，酒的制造可谓源远流长，品种繁多，名酒荟萃，享誉中外。在长期的发展过程中，酿造出了许许多多被誉为“神品”、“琼浆”的酒类珍品。

## 学习目标

1．了解酒的起源和发展；

2．熟悉中国酒的种类及代表名酒；

3．掌握我国的饮酒习俗及酒文化旅游的相关内涵。

## 学习任务

深刻体会中国的酒文化并使之与旅游有机融合。

## 任务描述

理解民间和少数民族的饮酒习俗，提炼中国酒文化的意蕴，构建酒文化与旅游的有机联系。

# 4.1 酒的起源与发展

中国关于酒的历史十分久远，可追溯到远古时代。据考证，在遥远的上古新石器时期，我们的祖先就已学会酿酒。最原始的酒，是野果自然发酵生成的。随着生产发展和烹调技术的进步，特别是农耕业的发展，人们从野果自然发酵生酒中得到启发，逐渐学会了谷物酿酒技术。

## 4.1.1 酒的起源

据我国考古资料显示，在仰韶文化遗址中，出土了许多形状和甲骨文、金文的“酒”字十分相似的陶罐。这一点说明了早在距今6000多年前，中国的酒就已经产生了。但是，究竟是谁发明了酒，自古以来，众说纷纭，很难断定。

### 1. 民间关于酿酒起源的传说

在我国民间有许多关于酒的起源的说法，我们的先民在创造了酒的同时，也给我们后人留下了一段段令人心驰神往的美丽传说，如“上天造酒说”、“仪狄制酒说”、“杜康作酒说”、“黄帝造酒说”等。

（1）“上天造酒说”

自古以来，我们的祖先就有酒是天上“酒星”所造的说法。如“天有酒星，酒之作也，其与天地并矣。”我国有很多古籍都给后人记载下了这带有神话色彩的传说。

（2）“仪狄制酒说”

相传夏禹时期的仪狄是我国最早的酿酒人。汉代刘向的《战国策》记载：“昔者，帝女令仪狄作酒而美，进于禹。禹饮而甘之，曰‘后世必有饮酒而亡国者。’遂疏仪狄而绝旨酒”。东汉人许慎在撰《说文解字》“酒”条中，也记载了“古者仪狄作酒醪，禹尝之而美，遂疏仪狄”。到三国时，学者谯周著《古史考》也说“古有醴酪，禹时仪狄作酒”，将仪狄奉为酒的发明人。

（3）“杜康作酒说”

汉代许慎著有《说文解字》中记载：“矿者少康初作箕帚、秫酒。”少康即杜康，秫即高粱，这段话的意思是杜康最早发明的箕帚和高粱酒。还有一种说法是杜康“有饭不尽，委之空桑，郁绪成味，久蓄气芳，本出于代，不由奇方”。意思是说，杜康将未吃完的剩饭，放置在桑园的树洞里，剩饭在树洞中发酵，有芳香的气味传出。从这以后，我国远古时候的酿酒事业开始出现了。后世人为了纪念杜康，便将他尊为酿酒始祖。

一种观点认为“仪狄作酒醪，杜康作秫酒”，在这里并无时代先后之分，只是他们作的是不同的酒。“醪”，是一种糯米经过发酵加工而成的“醪糟儿”，是一种江米酒；“秫”，高粱的别称。因此我们可以认为，杜康造酒所使用的原料是高粱，是高粱酒的创始人，而仪狄则可能是黄酒的创始人。

（4）“黄帝造酒说”

古代人们给后人留下的很多传说表明，在黄帝时代我们的祖先就已开始酿酒。当时中华民族的始祖黄帝发明了“酒泉之法”，并曾有“汤液酒醪”之论，因此，后人也曾尊他为酒的创始人。西汉人所著《孔丛子》有“尧酒千盅”之句。汉代成书的《黄帝内经》中提到一种古老的酒——醴酪，即用动物的乳汁酿成的甜酒。显然，他们认为，酒的发明并不是由杜康、仪狄所作，而是要早得多。据说《神农本草》已著酒之性味，也就是说酒在神农时代已经发明了。黄帝是中华民族的共同祖先，是华夏民族智慧的化身，很多发明创造以及许多美丽的传说都可能出现在黄帝时期。

此外还有“猿猴造酒说”等，这些传说尽管各不相同，但大致都说明了酿酒早在夏朝或者夏朝以前就存在了，只不过当时造的都是粮食酒。

2. 现代学者对酿酒起源的看法

现代学者认为，酒是天然产物。最近，科学家发现，在漫漫宇宙中，存在着一些天体，就是由酒精所组成的。这说明酒是自然界的一种天然产物。酒里的最主要的成分是酒精，许多物质只要具备一定的条件，就可以通过多种方式转变成酒精。大自然完全具备产生这些条件的基础。人类不是发明了酒，仅仅是发现了酒。

我国晋代的江统在《酒诰》中写道：“酒之所兴，肇自上皇，或云仪狄，又云杜康。有饭不尽，委空桑，郁积成味，久蓄气芳，本出于此，不由奇方。”在这里，古人提出剩饭自然发酵成酒的观点，是符合科学道理及实际情况的。江统是我国历史上第一个提出谷物自然发酵酿酒学说的人。

现代科学对这一问题的解释是：剩饭中的淀粉在自然界存在的微生物所分泌的酶的作用下，逐步分解成糖分、酒精，自然转变成了酒香浓郁的酒。另外在远古时代人们的食物中，采集的野果含糖分高，无须经过液化和糖化，也最易发酵成酒。人们不断接触并逐渐接受了天然酒这种饮料，久而久之，就发明了人工曲蘖和人工酒。

### 4.1.2 酒的发展

我国是世界上最早以制曲培养微生物酿酒的国家，早在3000多年前的殷商时期就已掌握了“霉菌”生物繁殖的规律，运用麦芽、谷芽制成蘖，使用谷物发霉制成曲，把糖化和酒精发酵结合起来，作为糖化发酵剂开始酿酒。并独创了酒曲复式发酵法，开始大量酿制黄酒，且制造方法日趋完善。

周代，由于酒曲的发展，曲蘖的含义也有了变化。曲，专指酒曲，种类也增加了，并有了专门机构负责酿酒，设酒正、酒人、大酋等官职和专职酒匠，从管理到酿造技术均已相当发达。

春秋战国时期，酿酒成了重要行业，酒可以自由买卖。

秦朝，由于政治上的统一，社会生产力得到了迅速发展，农业生产水平得到了大幅度的提高，为酿酒业的兴旺提供了物质基础。

两汉时期，随着经济的发展，科学与迷信的并行，饮酒逐渐与各种节日联系起来，形成了独具特色的饮酒日，如腊日饮酒、节日饮酒、婚礼饮酒等。而且酒曲的种类也更多了，特别是当时除了散曲外，还出现了制成块状的曲，叫饼曲，而且不止一种。从散曲到饼曲，是酒曲发展史上一个重要的里程碑。

魏晋以来，一些士族、文人对酒情有独钟，酒的地位得到了提高。同时又出现了一种新的制曲法，即在酒曲中加入草药。用这种曲酿出的酒，也别有风味。

唐代，伴随着酒的普及，酒肆日益增多，酒令、拇战风行，酒文化融入了中国人的日常生活中。

宋代，中国人发明了蒸馏法，从此，白酒成为中国人饮用的主要酒类。

元代，蒸馏酒在文献中已有明确的记载。

明清以后，中国酒的制作及种类更加多样，酒已成为人们生活中不可缺少的饮品。

中华人民共和国成立以后，为了鼓励和促进酿酒工业的发展，国家定期组织举行全国评酒会议，中华名酒更如雨后春笋般涌现，累计评选出全国名酒 30 多种，极大地满足了广大人民群众的物质文化生活的需求。有些名优酒还在世界评酒会上获奖，不仅深受国内人民群众的喜爱，而且蜚声海外，远销世界各地，为弘扬中华民族酒业，做出了重要的贡献。

当今在中国，酒已渗透于整个中华 5000 年的文明史中，从文学艺术创作、文化娱乐到饮食烹饪、养生保健等各方面在中国人生活中都占有重要的位置。

## 4.2 酒的种类及代表

中国是酒的王国，在漫长的发展历程中，形成了具有百十个品种的中华酒系。由于酒的品种繁多，风格各异，划分标准也多种多样：如按生产工艺或酿酒的方法，酒可分为蒸馏酒、发酵酒（压榨酒）、配制酒；按照酒精的含量划分，酒有高度酒（40°以上）、中度酒（20°～39°）和低度酒（20°以下）；民间常用的是按商业习惯来划分，有黄酒、白酒、啤酒、果酒、配制酒和乳酒。

### 4.2.1 黄酒

黄酒是我国最古老的传统酒，又称老酒、米酒。属于酿造酒，酿酒技术独树一帜，为东方酿造界的典型代表和楷模，在世界三大酿造酒（黄酒、葡萄酒和啤酒）中占有重要的一席。主要采用稻米、玉米、小麦等谷物为原料，经过蒸料，拌以麦曲、米曲或酒药，进行糖化、发酵、压滤酿造而成。含有丰富的蛋白质、氨基酸、维生素，营养价值高，可促进消化、活血通络，对身体有滋补作用，是中华民族的瑰宝。

黄酒酒度较低，具有“香气浓烈、醇厚稍甜、入口清爽、酒味柔和、澄清透明、无沉淀”的特点。冬天宜热饮，放在热水中烫热或隔火加热后饮用，会使黄酒变得温和柔顺，更能享受到黄酒的醇香，驱寒暖身的效果也更佳；夏天在甜黄酒中加冰块或冰冻苏打水，不仅可以降低酒精度，而且清凉爽口。

1. 黄酒的类型

由于黄酒产品种类繁多，又可分为不同的类型。

（1）按照黄酒的生产方法划分

1）淋饭法黄酒。淋饭法黄酒是指蒸熟的米饭用冷水淋凉，拌入酒药粉末，搭窝，糖化，最后加水发酵成酒。口味较淡。这种酒有的工厂是用来作为酒母的，即所谓的“淋饭酒母”。

2）摊饭法黄酒。摊饭法黄酒是指将蒸熟的米饭摊在竹篦上，冷却后再加入麦曲、酒母（淋饭酒母）、浸米浆水等，混合后直接进行发酵而成。

3）喂饭法黄酒。酿酒时，米饭不是一次性加入，而是分批加入。

（2）按照黄酒的味道或含糖量划分

1）干黄酒。“干”表示酒中含糖量少，糖分都发酵变成了酒精，故酒中的糖分含量最低。该酒属稀醪发酵，总加水量为原料米的3倍左右。发酵温度控制得较低，搅拌的时间间隔较短。酵母生长较为旺盛，故发酵彻底，残糖很低。口味醇和鲜爽，浓郁醇香，呈橙黄至深褐色，清亮透明，有光泽。

2）半干黄酒。“半干”表示酒中的糖分还未全部发酵成酒精，还保留了一些糖分。在生产上，这种酒的加水量较低，相当于在配料时增加了饭量，故又称为“加饭酒”。酒质厚浓，风味优良，口感醇厚柔和鲜爽，浓郁醇香，呈橙黄至深褐色，清透有光泽，可以长久贮藏，是黄酒中的上品。我国大多数出口黄酒，均属此种类型。

3）半甜黄酒。该酒工艺独特，是用成品黄酒代水，加入发酵醪中，使糖化发酵的开始之际，发酵醪中的酒精浓度就达到较高的水平，在一定程度上抑制了酵母菌的生长速度，由于酵母菌数量较少，发酵醪中产生的糖分不能转化成酒精，故成品酒中的糖分较高。该酒酒香浓郁，酒度适中，味甘甜醇厚，为黄酒中之珍品。缺点是不宜久存。

4）甜黄酒。这种酒一般采用淋饭操作法，拌入酒药，搭窝先酿成甜酒酿，当糖化至一定程度时，加入米白酒或糟烧酒，以抑制微生物的糖化发酵作用，酒中的糖分含量最高。由于加入了米白酒，酒度也较高。口感鲜甜醇厚，酒体协调，浓郁醇香，呈橙黄至深褐色，清亮透明，有光泽。

5）浓甜黄酒。含糖量极高，口感蜜甜醇厚，酒体协调，浓郁醇香，呈橙黄至深褐色，清亮透明，有光泽。

6）加香黄酒。以黄酒为酒基，经浸泡（或复蒸）芳香动、植物或加入芳香动、植物的浸出液而制成的黄酒。

2. 代表名酒

黄酒主要产于长江下游一带，以浙江绍兴黄酒为代表的麦曲稻米酒是黄酒历史中最悠久、最有代表性的产品；山东即墨老酒是北方粟米黄酒的典型代表；福建龙岩沉缸酒、福建老酒是红曲稻米黄酒的典型代表。

（1）绍兴黄酒

绍兴黄酒，是中国黄酒的杰出代表，简称“绍酒”，产于浙江绍兴，酿造历史悠久，营养丰富，含多种氨基酸，曾被列为贡品。其具有色泽橙黄莹澈、香气馥郁芬芳、滋味鲜甜醇厚的独特风格。品种繁多，各具特色。其主要名品有元红酒、加饭酒、善酿酒、香雪酒、花雕酒等。

1）元红酒。元红酒又称状元红，因过去在坛壁外涂刷朱红色而得名，是绍兴黄酒的代表品种和大宗产品。此酒发酵完全，含残糖少，色泽澄黄清亮，有独特芳香，味爽微苦，受到嗜酒者的普遍喜爱，是干黄酒的典型代表。

2）加饭酒。绍兴黄酒中之最佳品种。加饭，顾名思义是与酒相比，在原料配比中，加水量减少，而饭量增加。由于醪液浓度大，成品酒度高，所以酒质特醇，俗称“肉子厚”。此酒酒液像琥珀那样深黄带红，透明晶莹，郁香异常，味醇甘鲜，是半干黄酒的典型代表。

3）善酿酒。以存储 1～3 年的陈年元红酒代水酿成的双套酒，即以酒制酒。“善”是良好之意。深黄色，其香芳郁，质地特浓，口味甜美，为绍兴黄酒之高档品种，是半甜黄酒的典型代表。

4）香雪酒。以陈年糟烧代水用淋饭法酿制而成，是一种双套酒。酒液淡黄清亮，芳香幽雅，味醇浓甜，是甜黄酒的典型代表。

5）花雕酒。花雕酒又名“女儿酒”。它是一种具甜、酸、苦、辛、鲜、涩六味于一体的丰满酒体，具有“澄、香、醇、柔、绵、爽”兼备的综合风格，是送礼的佳品。

（2）山东即墨老酒

山东即墨老酒，产于山东即墨县，古称“醪酒”。它是我国北方黄酒的主要代表，与南方的绍兴加饭酒齐名，素有“南绍兴，北即墨”之说。它以大黄米为原料，利用优质水，吸取“古遗六法”传统工艺酿制而成，是中国古典名酒之一。风味别致，香型独特，营养丰富。酒液清亮透明，深棕红色，酒香浓郁，口味醇厚，微苦而余香不绝。适量常饮能增强体质，加快人体新陈代谢，有“滋补健身之佳酿”的美称，并被中医选为“药酒”。

（3）福建黄酒

福建黄酒，是我国黄酒类中的优质黄酒，它采用糯米、大米为主要原料，红曲和白曲混合使用酿造而成。代表为福建老酒和龙岩沉缸酒等。

1）福建老酒。具有“中华老字号”之称，采用百年传统工艺，以糯米为主要原料和以红曲为糖化发酵剂，精酿而成，经 3 年以上贮存，香气浓郁，酒味醇厚。

2）龙岩沉缸酒。产于福建龙岩，是一种特甜型酒。采取“三浮三沉”的传统工艺酿造而成。有不加糖而甜，不着色而艳红，不调香而芬芳三大特点。酒质呈琥珀光泽，甘甜醇厚，风格独特。

此外，在全国较有影响的黄酒品牌还有：绍兴的古越龙山、会稽山、兰亭和安徽宣丰黄酒、上海和酒、九江封缸酒、丹阳黄酒、兰陵美酒等。

### 4.2.2 白酒

白酒是以各种含淀粉或糖分的原料如大米、玉米、高粱、小麦等，配以其他辅料、酒曲酵母等，经过糖化、发酵后，用蒸馏法制成的高浓度酒。作为世界六大蒸馏酒之一的中国白酒（其他是白兰地、威士忌、朗姆酒、伏特加和金酒），其制造工艺远比世界各国的蒸馏酒复杂，原料也是各种各样，特点各有风格，特殊的风味则更是不可比拟的。

#### 1. 白酒的类型

中国白酒的酿造发展至今，生产出的白酒酒色洁白晶莹，无色透明，香气宜人；香型齐全，风格多样；其爽口尾净、变化无穷的优美味道，能给人以极大的欢愉和幸福之感。

主要有酱香型、浓香型、清香型、米香型以及其他香型。

（1）酱香型

酱香型又称茅香型，属大曲类酒。其特点为酱香突出、酒体醇厚、色泽微黄、回味悠久。这类香型的白酒香气香而不艳，低而不淡，醇香幽雅，不浓不猛，回味悠长。倒入杯中过夜香气久留不散，且空杯比实杯还香，令人回味无穷。代表名酒为贵州茅台酒、四川郎酒。

（2）浓香型

浓香型也叫窖香型、泸香型、五粮液香型，属大曲类酒。特点为“窖香浓郁、清冽甘爽、绵柔醇厚、香味协调、尾净余长”。而且“入口甜，落口绵”。代表名酒为四川泸州老窖特曲、四川宜宾五粮液。

（3）清香型

清香型也叫汾香型、醇香型，以山西汾酒为代表，属大曲类酒。特点是“清香纯正、醇甜柔和、自然协调、余味爽净”。清香型风格基本代表了我国老白干酒类的基本香型特征。代表名酒为山西汾酒。

（4）米香型

米香型又称蜜香型，属小曲类酒。其是以各种谷物及其他含有丰富淀粉的农副产品为原料，以酒曲为糖化发酵剂，经发酵蒸馏而成的高酒精度酒。风格特点为米香纯正，清雅，入口绵甜爽冽，回味怡畅。代表名酒为桂林三花酒。

（5）其他香型

其他香型也叫兼香型、复香型、混合香型。其特点是“绵柔、醇甜、味正、余长”，酒味特别醇香，令人陶醉。代表名酒为董酒、西凤酒。

2. 代表名酒

（1）茅台酒

茅台酒，酱香型代表名酒。产于贵州，由当地得天独厚的自然条件与优质的小麦、高粱精心酿制而成。它以酱香突出、幽雅细腻、酒体醇厚、回味悠长、空杯留香持久的完美风格而冠盖群芳。有“风来隔壁千家醉，雨过开瓶十里香”的赞颂，被称为“国酒”、“酒中明珠”，多次获国际金奖。与法国科涅克白兰地、英国苏格兰威士忌同被评为世界三大（蒸馏）名酒。

知识拓展

**茅台酒的历史和文化**

茅台酒是我国大曲酱香型酒的鼻祖，被誉为国酒、礼品酒、外交酒。它具有酱香突出、色清透明、酒体醇厚丰满、回味悠长、空杯留香持久的特点。人们把茅台酒独有的香味称为“茅香”，其优秀品质和独特风格是其他白酒无法比拟的。

茅台酒因产于黔北赤水河畔的茅台镇而得名。由于茅台镇地处河谷，风速小，十分有利于酿造茅台酒微生物的栖息和繁殖。二十世纪六七十年代全国有关专家曾用茅台酒工艺及原料、窖泥，乃至工人、技术人员进行异地生产，所出产品均不能达到异曲同工之妙。也充分证明了茅台酒是与产地密不可分的关系和茅台酒的不可克隆，为此茅台酒2001年成为我国白酒首个被国家纳入原产地域保护产品。

据史书记载，公元前135年，汉武帝令唐蒙出使南越，唐蒙饮到南越国（今茅台镇所在的仁怀县一带）所产的构酱酒后，将此酒带回长安，受到汉武帝的称赞。据清代《旧遵义府志》所载，道光年间，“茅台烧房不下二十家，所费山粮不下二万石。”可见茅台酒酿造历史的悠久和延续。

1915年，茅台酒荣获巴拿马万国博览会金奖，享誉全球；此后多次荣获国际金奖，蝉联历届国家名酒评比金奖，畅销世界各地。

1949年，周恩来确定茅台酒为开国大典国宴用酒，从此每年国庆招待会，均指定用茅台酒。在日内瓦和谈、中美建交、中日建交等重要历史事件中，茅台酒都成为融化历史坚冰的特殊文化媒介。党和国家领导人无数次将茅台酒当作国礼，赠送给外国领导人。

（2）五粮液

五粮液，浓香型代表名酒。产于宜宾，有“三杯下肚浑身爽，一滴沾唇满口香”的赞誉。选用优质大米、糯米、玉米、高粱、小麦五种粮食，以特别的配方酿制而成。具有香气久远、味醇厚、入口甘美、入喉净爽、各味协调、恰到好处、酒味全面的独特风格，被誉为“酒林奇葩”、“国之瑰宝”。曾在巴拿马万国博览会上获金奖，有中国白酒业销售龙头的美誉。

（3）泸州老窖特曲

泸州老窖特曲，浓香型代表名酒。产于泸州，酒液晶莹清澈，酒香芬芳飘逸，酒体柔和纯正，酒味协调适度。特点为“窖香浓郁、清洌干爽、饭后尤香、回味悠长”。其明代老窖池被称为“中国第一窖”。

（4）全兴大曲

全兴大曲，浓香型大曲酒，产于四川成都，拥有“中华老字号”、“中国名酒”和“中国驰名商标”等荣誉。曾获国际食品展金钟奖。采用传统老窖分层堆糟法工艺，选用四川红高粱为原料，以小麦制成中温大曲，经陈年老窖发酵，分坛贮存，精心勾兑而成。酒质无色透明，清澈晶莹，窖香浓郁，醇和协调，绵甜甘洌，落口净爽。

（5）汾酒

汾酒，清香型代表名酒。产于山西汾阳，以晋中平原所产的“一把抓”高粱为原料，取优质水，采用二次发酵法酿造而成。酒液无色透明，清香雅郁，入口醇厚、绵柔而甘洌，余味清爽，回味悠长，酒度高而无强烈刺激之感。曾获巴黎国际名优酒展评会特别金奖。专家称誉其“色、香、味”被视为酒中“三绝”。

（6）桂林三花酒

桂林三花酒，米香型名酒代表，以历史悠久、工艺独特、品质优良而备受中外游客的青睐。酒质清澄透明，酒味醇厚芳香，饮后回甜，独具一格。具有“蜜香清雅，入口柔绵，落口爽洌，回味怡畅”的特点。适量饮用，可提神、活血，有益健康。其被誉为“酒之王”。

（7）西凤酒

西凤酒，产于陕西，中国凤香型白酒的典型代表，已有3000年历史。以当地特产高粱为原料，用大麦、豌豆制曲，采用续渣发酵法，蒸馏得酒后，经3年以上贮存、勾兑后出厂。曾获法国巴黎国际食品博览会金奖。酒液无色、清亮透明，醇香芬芳，清而不淡，浓而不艳，集清香、浓香之优点于一体，风格独特。

（8）董酒

董酒，产于贵州遵义。曾获美国国际酒类展评交流会华盛顿金杯奖。该酒选用优质高粱为原料，以大米加入中草药制成的小曲和大曲为糖化发酵剂，采用两小两大，双醅串蒸工艺，经分级陈贮1年以上勾兑酿成。酒体无色，清澈透明，香气幽雅舒适，既有大曲酒的浓郁芳香，又有小曲酒的柔绵、醇和，还有淡雅舒适的药香和爽口的微酸，入口醇和浓郁，饮后甘爽味长。由于酒质芳香奇特，被誉为其他香型白酒中独树一帜的“药香型”或“董香型”典型代表。

（9）剑南春

剑南春，产于四川。曾获德国莱比锡秋季博览会金奖。选用高粱、大米、糯米、玉米、小麦为原料，采用“红糟盖顶，回沙发酵，去头斩尾，清蒸熟糠，低温发酵”，双轮底发酵等工艺酿制而成。酒质无色，清澈透明，芳香浓郁，酒味醇厚，醇和回甜，酒体丰满，香味协调，恰到好处，清冽净爽，余香悠长。

目前，市场占有率较高的中国白酒品牌主要有五粮液、茅台酒、泸州老窖、剑南春、全兴大曲等。

### 4.2.3 啤酒

啤酒是以大麦和啤酒花为原料制成的一种有泡沫和特殊香味，味道微苦，含酒精量较低的酒。其营养非常丰富，素有“液体面包”的美誉。在1972年举行的第九届营养食品大会上，啤酒被确定为营养食品，是当今世界销量最大的低酒精度的饮料。

据史书记载，我国早在3200年前就有一种用麦芽和谷芽作谷物酿酒的糖化剂酿成的称为“醴”的酒，这种滋味甜淡的酒虽然当时不叫啤酒，但类似于现在的啤酒，只是由于后人偏爱用曲酿的酒，嫌“醴”味薄，使这种酿酒法逐步失传并消亡了。近代中国人自己建立和经营啤酒厂是在20世纪初期，由于当时人们对啤酒的生疏与不习惯，产、销数量很少。

中华人民共和国成立以后，啤酒工业得到迅速发展。1990年的统计数字显示：全国啤酒生产厂总数已达800多家，产量800多万吨，其中不少品牌的优质啤酒已远销港澳地区和欧洲、北美国家。近年来由于人们日益重视饮品的保健作用，啤酒的发展也有着品种味形多样化、口味清淡、低糖、少酒精或无酒精的趋势。

#### 1. 啤酒的分类

（1）按照啤酒的麦汁浓度和酒精含量划分

可分为低浓度啤酒（麦汁浓度7°～9°，酒精含量2%左右）、中浓度啤酒（麦汁浓度11°～12°，酒精含量3%～3.8%）、高浓度啤酒（麦汁浓度14°～20°，酒精含量4.9%～5.6%）。

（2）按照啤酒是否经过杀菌的程序划分

可分为熟啤酒和鲜啤酒。

（3）按照啤酒的颜色划分

可分为淡色啤酒（又称黄啤酒、浅色啤酒）和浓色啤酒（又称黑啤酒、绿色啤酒）。

近年来，我国出现了许多新型的啤酒，有黑啤酒、小麦啤酒、果味啤酒、奶酿啤酒、营养啤酒、保健啤酒、葡萄啤酒、猴头啤酒、木薯啤酒、矿泉啤酒、甜啤酒、三鞭啤酒、高粱啤酒、荞麦啤酒、蜂蜜啤酒、人参啤酒、“增维”啤酒、玉米啤酒、强力啤酒、灵芝啤酒、芦笋啤酒等多个品种。

#### 2. 代表名酒

目前，我国啤酒的名牌产品主要有青岛、燕京、金星、哈尔滨、金龙泉、金威、珠江、雪花（SNOW）等。

### 4.2.4 果酒

果酒是以各种果品和野生果实，如葡萄、梨、桔、荔枝、甘蔗、山楂、杨梅等为原料，采用发酵酿制法制成的各种低度饮料酒，可分为发酵果酒和蒸馏果酒两大类。其中，以葡萄酒最为著名。

果酒的历史在人类酿酒史中最为悠久，史籍中就记录着“猿猴酿酒”的传说，但那只是依靠自然发酵形成的果酒；而我国人工发酵酿制果酒的历史则比较晚，一般认为是在汉代葡萄从西域传入后才出现的，东汉时期内地有酿造。它既是少数民族酒文化对汉族酒文化的影响，又是汉族酒文化对少数民族酒文化的发展，是中华民族酒文化融合的产物。

唐宋时期葡萄酿酒在我国已比较通行，此外还出现了椰子酒、黄柑酒、桔酒、枣酒、梨酒、石榴酒和蜜酒等品种，但其发展未能像黄酒、白酒和配制酒那样在世界酿酒史上独树一帜，形成传统的风格。直到清末烟台张裕葡萄酿酒公司的建立，标志着我国果酒类规模化生产的开始；中华人民共和国成立后我国果酒酿造业有了长足的发展，以最有代表性的葡萄酒为例：凡世界上较有名气的葡萄酒品种，我国均已能大量生产；生产企业则以张裕、长城和王朝最为著名。

#### 1. 葡萄酒的分类

葡萄酒的类型由于各具特色，因而划分方法多样。

（1）按二氧化碳的压力划分

可分为平静葡萄酒（含加香葡萄酒）、起泡葡萄酒、加气起泡葡萄酒。

（2）按色泽划分

可分为白葡萄酒、桃红葡萄酒、红葡萄酒。

（3）按糖分含量划分

可分为干葡萄酒、半干葡萄酒、甜葡萄酒、半甜葡萄酒（也可列入平静葡萄酒里细分）。

此外，按葡萄生长来源划分，可分为山葡萄酒（野葡萄酒）、家葡萄酒（以人工种植的酿酒葡萄酿制）。

#### 2. 代表名酒

曾被评为国家名酒的果酒有烟台红葡萄酒（葵花牌）、味美思（葵花牌）、中国红葡萄酒（丰收牌）、长城干白葡萄酒（长城牌）、青岛白葡萄酒（青岛牌）、王朝半干白葡萄酒（王朝牌）、民权白葡萄酒（民权牌）、竹叶青酒（古井亭牌、长城牌）、园林青酒（园林青牌）、烟台金奖白兰地（葵花牌）等。

目前，市场占有率较高的我国葡萄酒品牌主要有长城（中国粮油食品进出口〈集团〉有限公司）、张裕（烟台张裕集团有限公司）、丰收（北京丰收葡萄酒有限公司）、王朝（中法合营王朝葡萄酿酒有限公司）、通化（通化葡萄酒股份有限公司）、威龙（烟台威龙葡萄酒股份有限公司）等。

#### 4.2.5 配制酒

配制酒是用白酒、葡萄酒或黄酒为酒基，配以中药材、花果、芳香原料和糖，采用浸泡、蒸馏等不同工艺调配而成，在酿酒科学史上属世界极珍贵的酒类之一。当今我国市场上配制酒的种类繁多，但总的来说可分为保健酒和鸡尾酒两大类。

1. 保健酒

保健酒又叫药酒，是利用酒的药理性质，遵循“医食同源”的原理，配以中草药及有食疗功用的各色食品调制而成，民族特色、文化特色最浓，有治疗性药酒与滋补性药酒两大类，具有治病、强身、延年、美容之功效。产品以山西汾阳竹叶青、味美思、金波酒、北京虎骨酒等为代表。

2. 鸡尾酒

鸡尾酒是以两种或两种以上的酒，掺入果汁、香料等调制而成的混合酒，在调制过程中还要考虑到颜色、酒度、糖度、香气、口味等诸多因素。以往我国多数鸡尾酒从配方、制作方法到原料都是由国外引进的，不但价格昂贵且难以普及消费。后经实验发现我国的名酒，包括白酒、黄酒、啤酒和果露酒以及果汁、汽水等都可用以调配鸡尾酒，调好的酒一样有情调，同样风味卓绝。目前我国成功的鸡尾酒配方已达数十个。

#### 4.2.6 乳酒

乳酒又称奶酒，是以马、牛、羊的乳汁发酵加工而成的美酒，是我国北方游牧民族的智慧产物，也是这些民族自饮、飨客的主要酒种。一般来说，自然发酵而成的奶酒度数不高，不易醉，以蒸馏法制成的奶酒浓度较高，酒劲大。

奶酒中，以马奶酒最为著名，主要流行于蒙古、哈萨克、鄂伦春等民族，其中蒙古族的马奶酒性温，有驱寒、舒筋、活血、健胃等功效，被称为玉浆，是“蒙古八珍”之一。

## 4.3 饮酒习俗

在我国古代，酒被视为神圣的物质，其使用更是庄严之事，非祀天地、祭宗庙、奉嘉宾不用。随着酿酒业的普遍兴起，酒逐渐成为人们日常生活的用物，酒活动也随之广泛起来并逐渐程式化，反映在人们生产生活的各个方面，从而形成了较为系统的民间饮酒风俗。

### 4.3.1　民间的饮酒习俗

在我国，酒是人们日常生活、生产实践中不可缺少的日常饮品。经过漫长时间的沿用，逐渐形成了一种独特的饮酒风俗。

#### 1. 饮酒的风俗

（1）节日饮酒

中国人一年中的几个重大节日，都有相应的饮酒活动。除夕夜的“年酒”，人们以酒释怀，表达由衷的感慨以及对新一年的美好祝愿；清明节，枝绿草青，万物复苏，人们喜欢借酒来舒缓祭墓之后的悲痛心情；端午节，是我国夏季最重要的传统节日，人们为了辟邪、除恶、解毒，有饮菖蒲酒、雄黄酒的习俗；中秋节，在这个团圆的节日里，无论家人团聚，还是挚友相会，人们都离不开赏月饮酒；重阳节，民间有饮“菊花酒”的习俗。

（2）人生礼仪的饮酒

在农耕社会，人们对生命的繁衍、家庭的亲和十分重视。一朝分娩，要喝“报生酒”；孩子满月要喝“满月酒”、百天要喝“百日酒”、周岁要喝“周岁酒”；订婚要喝“订婚酒”；结婚要喝“喜酒”；婚礼上新婚夫妻要喝“交杯酒”；新婚夫妇回门要喝“回门酒”；人们过生日要喝“寿酒”；走到生命尽头，也须置酒席，既是答谢吊唁者，又是洗涤心中对逝者的哀伤。

（3）民间往来、酬谢、欢庆也离不开酒

有亲朋外出远行，要喝“饯行酒”；回来要喝“接风酒”；勇士上战场，要喝“壮行酒”；民间盖房上梁要喝“上梁酒”；店铺作坊开工要喝“开业酒”；乔迁新居要喝“进屋酒”等。酒可以帮助人们沟通感情、抒发情怀。

在一些地方，如江西民间，春季插完禾苗后，要欢聚饮酒，庆贺丰收时更要饮酒，酒席散尽之时，往往是“家家扶得醉人归”。

#### 2. 饮酒的情趣

在我国饮酒的习俗中，为了增加饮酒的情趣，人们还创造出了多种形式的饮酒游艺。

饮酒行令，是我国特有的宴饮助兴的艺术，是我国酒文化的独创。它起着活跃气氛、调节感情、促进交流、斗智斗巧的作用。

酒令兴于两汉，盛于唐宋，沿传至今，形式多样，五花八门。

（1）古令、雅令、通令、筹令

古令，即古代遗传下来的酒令；雅令，即须引经据典，分韵联吟的酒令；通令，即游戏性较强，借助牙牌的器具的通行之令；筹令，是只能用筹（令签）才能行的令。

（2）游戏令、赌赛令、文字令

游戏令包括击鼓传花、猜谜语、说笑活、对酒等；赌赛令包括投壶、射箭、划拳等；文字令包括嵌字联句、字体变化、辞格趣引等。

（3）划拳和拇战是酒令的通俗表现形式

在大多场合，以划拳定输赢，由胜者定“酒底”，输者说“酒面”（酒令词）。拇战一般是由两人对手，以猜测双方所伸手指的数目之和而计算胜负。拇战时，多伴有高声呼叫，且花样繁多。令辞往往通行南北，只是在用词上略有差异。

（4）击鼓传花

击鼓传花是一种既热闹又紧张的罚酒方式。在酒宴上宾客依次坐定位置。由一人击鼓，击鼓的地方与传花的地方是分开的，以示公正。开始击鼓时，花束就开始依次传递，鼓声一落，如果花束在某人手中，则该人就得喝酒。

行酒令的一般规程是：与席者中推选出一人为“令官”，负责行令，其余者听令；违令者或不能应令者，均罚酒。

在宴席上，酒令虽属游戏，但玩起来还是很认真的。“酒令如军令”，其直接作用是以酒助兴，延长饮酒时间，提高饮酒的乐趣与兴致，同时也能调动与宴者的参与意识，逼人思考，提高思维反应能力，反映人的文化水平，显示中华民族的文化积淀。

### 3. 饮酒的礼俗

自古以来，中国人饮酒就非常讲究礼仪，古代饮酒的礼仪与习俗，是在酒的发展过程中形成、完善和发展的。随着时间的推移，一套为世人认可并遵从的饮酒礼俗出现在酒肆、酒楼中和宴会、酒席的餐桌上。

（1）敬酒的礼仪

中国酒礼中，敬酒讲究“先干为敬”，受敬者也要以同样的方式回报。在饮酒中，客人敬酒，要从长者开头；接受主人敬酒要双手扶杯；接受长者斟酒，要一边扶杯，一边微微欠身；与人碰杯时要注意比对方酒杯端得矮一些，以示尊敬；如实在酒量不济，要事先婉言声明，并稍饮表示敬意。

敬酒要适可而止，意思到了就行。不要成心把别人灌醉。具体敬酒方式包括以下几种。

1）文敬。文敬是传统酒德的一种体现，也即有礼有节地劝客人饮酒。酒席开始，主人往往在讲上几句话后，便开始了第一次敬酒，将杯中的酒一饮而尽，并将空酒杯口朝下，说明自己已经喝完，以示对客人的尊重。客人一般也要喝完。

2）回敬。回敬即客人向主人敬酒。

3）互敬。互敬这是客人与客人之间的“敬酒”，为了使对方多饮酒，敬酒者会找出种种必须喝酒的理由，若被敬酒者无法找出反驳的理由，就得喝酒。在这种双方寻找论据的同时，人与人的感情交流得到升华。

4）代饮。代饮既不失风度，又不使宾主扫兴的躲避敬酒的方式。请人代酒，代饮的人一般与其有特殊的关系，酒量要大。

5）罚酒。罚酒这是中国人“敬酒”的一种独特方式。“罚酒”的理由五花八门。最为常见的是对酒席迟到者的“罚酒三杯”。有时也不免带点开玩笑的性质。

（2）拒酒的礼仪

拒绝他人敬酒通常有三种方法：第一种是主动要一些非酒类的饮料，并说明自己不饮酒的原因。第二种方法是让对方在自己面前的杯子里稍许斟一些酒，然后轻轻以手推开酒瓶。按照礼节，杯子里的酒是可以不喝的。第三种方法是当敬酒者向自己的酒杯里斟酒时，用手轻轻敲击酒杯的边缘，这种做法的含义就是“我不喝酒，谢谢”。当主人或朋友们向自己热情地敬酒时，不要东躲西藏，更不要把酒杯翻过来，或将他人所敬的酒悄悄倒在地上。

此外，为了劝酒，酒席上有许多趣话，如“感情深，一口闷，感情厚，喝个够”，“感情浅，舔一舔”等。

现代的酒礼多偏重于宴会规矩，将礼仪规范融注在觥筹交错之中，如发柬、恭迎、让座、斟酒、敬酒、祝酒、致谢、道别等，使宴会既欢愉又节制，既洒脱又文雅，不失秩序和分寸。

### 4.3.2 少数民族饮酒习俗

中国历史悠久，地域辽阔，文化构成复杂，在不同的风俗人情影响下，各地方、各民族的酒俗有着不同的表现形式和特点。

#### 1. 北方少数民族的饮酒习俗

（1）蒙古族饮酒习俗

蒙古族喜喝马奶酒。当你踏上草原走进蒙古包后，热情好客的蒙古人便会将美酒斟在银碗或金杯中，托在长长的哈达上，唱起动人的敬酒歌，款待远方的贵客，以表达诚挚之情。在夏季的内蒙草原上，凡是有牧民的地方，就有马奶酒的飘香，只要有节日活动或亲友聚会，就会有马奶酒宴和敬酒的歌舞。

（2）满族饮酒习俗

满族人喜欢喝酒，与东北的气候有着直接的关系。主要有清酒、黄酒、汤子酒、松苓酒等，其中松苓酒最为有名。酿造时把白酒装入酒坛中，埋入古松树下，数年后取出，酒色如琥珀。满族故乡还盛产名贵药材，其中著名的人参酒、鹿茸酒已畅销世界。待客时，喝酒用小盅，由主人给客人斟第一杯酒，没有碰杯干杯的习惯。客人喝酒要在杯底剩点底儿，俗称“福底”，预祝主客都总有富足的生活。

（3）朝鲜族饮酒习俗

朝鲜族大年初一要喝“岁酒”，多在过“岁首节”前酿造，以大米为主料，配以桔梗、防风、山椒、肉桂等多味中药材，类似于汉族的“屠苏酒”，但药材配方有所不同。用于春节期间自饮和待客，民间认为饮用此酒可避邪、长寿，故又称“长生酒”；正月十五上元节，清晨要空腹喝“聪耳酒”，可使人耳聪目明，一年不得耳病；

长辈“花甲宴席”上，晚辈要依次斟酒向老人跪拜祝福，感谢老人的辛苦操劳及养育之恩。

（4）土族饮酒习俗

青海土族有酿青稞酒窖藏于羊圈的习俗，招待贵客时，讲究“三杯酒”，即客人进门饮“洗尘三杯酒”，客人上炕就坐入席饮“吉祥如意三杯酒”，客人告辞饮“上马三杯酒”。有酒量的一饮而尽，表现出豪爽真诚，主人很高兴；不胜酒力的，只需以左手无名指蘸酒向空中弹三次，表示敬神、领情和致歉，主人绝不勉强，可谓体察入微。

（5）柯尔克孜族饮酒习俗

柯尔克孜族，除马奶酒外，还自制“孢孜酒”。“孢孜”是柯尔克孜语，译为黄米，即以黄米为原料而制成的酒。此酒酸甘相兼，有补血和助消化的功能，很受群众欢迎。目前，在柯尔克孜自治州的一些县城里，开有一些“孢孜馆”，类于内地的茶馆，不经营菜肴，顾客只喝些“孢孜酒”，吃些烤馕即可，非常便利。

2. 西南少数民族的饮酒习俗

（1）藏族饮酒习俗

藏族喜好饮用青稞酒，酒色黄绿清淡，味甘酸微甜，度数较低，有青稞啤酒之称，但无泡沫。到藏族家做客，讲究“三口一杯”，客人接过酒杯后，先喝一点，主人斟满；再喝一点，主人又斟满；至第三口时干杯。若客人确实不能饮酒，可按藏族习惯以右手无名指蘸酒向右上方弹酒三次，表示敬天地神灵、父母长辈和兄弟朋友。主人不再勉强，并会表示欢迎。一般喝完三口一杯之后，客人便可随意饮用。客人起身告辞时，最后得干一杯方合礼节。

（2）门巴族饮酒习俗

门巴族喜好喝“鸡爪谷酒”，主要以当地特产的鸡爪谷为原料酿制而成。饮用时，将发酵后的鸡爪谷酒装进大竹筒里，加入凉水，稍候拔出塞子，以酒具接盛即可饮用。来客时，男的陪客，女的敬酒，客人喝一口，女主人添一点，客人喝醉了，主人很高兴，被视为看得起主人。“鸡爪谷酒”具有提神消暑的性能，夏季尤为群众喜好。

（3）水族饮酒习俗

水族以用猪胆汁注入米酒中制成的“肝胆酒”待客，表示主人愿与客人肝胆相照，苦乐与共。宰猪时将附着苦胆的那片猪肝一起割下，以火烧结胆管口，防止胆汁流出，然后将其煮熟，再与猪肉一起祭供祖神。客人入席酒过三巡后，主人拿起猪肝，剪开胆管，当众将胆汁注入酒壶，为在座者各斟一杯肝胆酒，依长幼客主之序分先后干杯。猪胆能消炎灭菌、清火明目、降低血压。常饮肝胆酒有益健康，故在水族群众中流传成俗。

（4）彝族饮酒习俗

彝族普遍嗜酒，常常是“有酒便是宴”，还有“饮酒不用菜”的习惯。饮酒时不分场合地点，也不分生人熟人，席地而坐，围成一个一个圆圈，端着酒杯，依次轮流品饮，所以又叫饮“转转酒”。

（5）傈僳族饮酒习俗

傈僳族无论男女都喜欢饮用包谷、高粱等自制的“水酒”，味道甘醇，清香扑鼻，度数不高，非常爽口。待客时，有饮“双人酒”的习惯，也叫“贴面酒”或“同心酒”。即主人斟一木碗酒，主宾各出一手捧起，同时喝下这碗酒，表示主宾之间亲密无间、情同手足。

（6）土家族饮酒习俗

土家族喜好饮酒，待客时用自制的甜酒和“咂酒”，度数不高，味道纯正。“咂酒”用糯米、包谷或高粱加曲酿成，用坛藏好，一般至少储存七八个月或一年、数年不等。品饮时将坛取出，冲上凉水，插上一支竹管，轮流吸喝，边吸边冲水，味甜又香，场面十分热烈。现在许多人，已用土碗盛包谷或大米酿成浓度较高的烧酒，因为烧酒倒在碗里，冲起的泡沫经久不散，土家就把这种酒取名“堆花酒”。

（7）羌族饮酒习俗

羌族主要饮用以玉米等自制的“蒸蒸酒”，味道香甜，营养丰富，并含多种维生素。有去淤血和下奶等作用，是羌族产妇哺乳期间的常备饮料，也是喜客临门，招待客人的必备饮品。

（8）布依族饮酒习俗

布依族男子爱饮米酒，妇女爱吃糯米甜酒。逢年过节要饮年节酒，婚姻娶嫁要饮双喜酒，送往迎来要饮“迎客酒”和“送客酒”。酒用坛子装，饮酒多用碗。待客时，喜欢唱酒歌为客人祝酒。

### 3. 中东南少数民族的饮酒习俗

（1）傣族饮酒习俗

傣族普遍嗜好饮酒，节庆宴会，必痛饮尽醉而后快，且饮酒不限于吃饭时，凡跳舞、唱歌、游乐，必皆以酒随身，边饮边歌舞。所饮之酒为自家用谷米酿制，一般度数不高，味香甜。也有度数较高的，酒味香醇，倾入杯中，能起泡沫，久久不散，称为堆花酒，远近驰名，被誉为“十二版纳”之佳酿。客人光临，必以佳肴款待。若是男客，先酒后饭；若是女宾，先饭后酒。饮酒分为三段：一是相互敬酒，属一般的感情交流；二是开怀畅饮，以酒酣微醉为度；三是主客对歌饮酒，感情融洽，烂醉亦无妨。给客人酒，主人则感到自己的礼数已到；让客人喝醉，则表示亲密到了不拘泥礼节的程度。

（2）哈尼族饮酒习俗

哈尼族，每年农历十月第一个龙日为新年的第一天。哈尼族居住的村寨都要在村寨中心摆上长长的酒宴，全村同乐，轮流喝酒，共庆佳节。这种酒独树一帜，恰似一条长龙，因在街心，故被人们称为“街心酒”。

云南元江一带的哈尼族每年秋收之前要举行一次丰盛的喝“新谷酒”的仪式，以欢庆五谷丰登，人畜平安。喝“新谷酒”选定在一个吉祥的日子，家家户户置办丰盛的饭菜，全家老少都无一例外地喝上几口“新谷酒”。这顿饭人人都要吃得酒酣饭饱。

（3）怒族饮酒习俗

怒族喜好饮酒，也擅酿酒。主要有“咕嘟酒”、“浊酒”和高粱酒等。“咕嘟酒”用“咕嘟饭”（用玉米面和荞麦面制成，似年糕）酿制。吃时先用笊篱过滤，再兑上一点冷开水，加一点蜂蜜或甜味剂，略酿造几分钟，即可饮用。

（4）高山族饮酒习俗

高山族人一般都能自酿粟酒、米酒以及薯酒。喝酒时几乎没有什么禁忌，一般以两人共杯喝酒表示情意，持杯请人表示敬意。

（5）佤族饮酒习俗

佤族是个好客的民族，自酿的水酒清凉香甜，素有“无酒不成礼”之说。喝酒时，主人先喝一口，用右手插一下竹筒杯，以示谢意。客人喝一口后，照主人的样子递给别人，轮流共饮。不管有多少人，不论喝多少杯，使用的酒杯只有一个。客人在饮酒时须注意禁忌，千万不能用手去摸头或耳朵，也不要向主人家的女孩子送饰物或香烟，因为这会被看成是求爱的表示。

**小思考**：介绍一下自己家乡的美酒。

## 4.4 中国酒文化与旅游

自古以来，酒就是国人所喜爱的饮品之一。佳节庆贺、亲朋聚会、宴飨宾客、喜庆丰收、婚丧嫁娶皆少不了它。以酒为中心而折射出的物质和精神的方方面面，都可以映射出：在中国文化的范畴中，确实存在着一个相对独立、蕴涵丰富、完整而且系统的酒文化体系。当今世界，酒在政治、经济、文化、艺术、社交、旅游、医疗等诸多方面都起着直接或间接的作用。

### 4.4.1 中国酒文化鉴赏

从仪狄、杜康造酒，刘伶酒醉成仙的传说到李白“斗酒诗百篇”、“醉草吓蛮书”的佳话；再从苏轼“把酒问青天”的豪放到朱棣“醉里乐天真”的无奈……直到曲艺大师侯宝林先生的《醉酒》相声段子中的调侃，无不浸润着中国酒的文化底蕴。

#### 1. 酒道、酒德和酒礼

在中国的先哲看来，人的各种心理、情绪、意念、主张、行为皆有“道”。饮酒也就自然有酒道。

（1）酒道

中国古代的根本要求就是“中和”二字，无酒不思酒，有酒不贪酒。酒要饮到不影响身心，不影响正常生活和思维规范的程度最好，要以不产生任何消极不良的身心影响与后果为度。

对酒道的理解，不仅要着眼于饮后的效果，而且要贯穿于酒事的自始至终。“庶民以为饮，君子以为礼”，要合乎“礼”，这就是酒道的基本原则。但“礼”并不是超越时空永恒不变的，随着历史的发展，时代的变迁，礼的规范也在不断变化中。在“礼”的淡化与转化中，“道”却没有淡化，相反地，更趋实际和科学化。如今，由传统“饮惟祀”的对天地鬼神的诚敬已转化为对尊者、长者之敬，对客人之敬。儒家思想是悦敬朋友的。封建时代，是很讲尊卑、长幼、亲疏之分的，因此在宴会上不能乱了先尊长后卑幼的顺序。民主时代虽已否定等级，但中华民族尊上敬老的文化与心理的传统却根深蒂固，饮酒时礼让长者尊者仍成习惯。既是“敬”，便不可“强酒”，遂各人之所愿，尽各人之所能。酒事活动充分体现一个“尽其欢”的“欢”字，即“欢快”、“愉悦”之意，而非手舞足蹈的“轰饮”。无论是聚饮的示敬、贺庆、联谊，还是独酌的悦性，都遵从一个“饮不过量”的原则，这仍是传统的“中和”，可以理解为一个“宜”字。

这样，源于古“礼”的传统酒道，便可用“敬”、“欢”、“宜”三个字概括之了。

（2）酒德

历史上，儒家的学说被奉为治国安邦的正统观点，酒的习俗同样也受儒家酒文化观点的影响。儒家讲究“酒德”两字。

“酒德”两字，最早见于《尚书》和《诗经》，其含义是说饮酒者要有德行，《尚书·酒诰》中集中体现了儒家的酒德，这就是“饮惟祀”（只有在祭祀时才能饮酒）、“无彝酒”（不要经常饮酒，平常少饮酒，以节约粮食，只有在有病时才宜饮酒）、“执群饮”（禁止民众聚众饮酒）、“禁沉湎”（禁止饮酒过度）。儒家并不反对饮酒，用酒祭祀敬神，养老奉宾，都是德行。

（3）酒礼

中国自古有“酒以成礼”之说。史前时代，酒产量极少，又难以掌握技术，先民平时不得饮酒，只有当崇拜祭祀的重大观庆典礼之时，才可依一定规矩分饮，又必先献于鬼神。在先民看来，酒与祭祀活动本身一样，都具有极其神秘而庄严的感觉。

随着经济文化的发展，关于酒的观念和风气也发生了很大的改变，约束和恐惧都极大地松弛淡化了。饮酒逐渐演变成一套象征性的仪式和可行性的礼节，即“拜”而后饮，表示饮者不忘先王圣训的德义，仍遵从那“无醉”的先诫。至于是否真的“无醉”，就另当别论了。

### 2. 酒文化典故

在中国，关于酒的专著，有关酒的诗词歌赋，与酒有关的民间故事都很多，酒文化的内涵非常丰富。

（1）酒与诗

酒与诗可以说自古连理缔结，相从相随。千百年来多少文人墨客饮酒吟诵，借酒明志，留下佳作无数，赐予酒文化浓厚的生活气息。不管是酒使诗生辉，还是诗使酒成名，酒与诗正如一对孪生兄弟一样，相依相附，比肩而行。我国著名诗人李白、白居易、杜甫、杜牧等都有脍炙人口的关于酒的诗篇流传至今，构成了丰富多彩、千姿百态的酒文化。如酒仙李白的“弃我去者昨日之日不可留，乱我心者今日之日多烦忧……抽刀断水水更流，举杯消愁愁更愁。”用抽刀断水来比喻举杯消愁，实在是再恰当不过了。

（2）酒与艺术

中国有着几千年的音乐史，其中，音乐与酒结下了不解之缘，情深意笃。凡大型饮宴，几乎都有音乐相伴。酒还被当作是书法家、画家借以激发灵感的源泉。借助酒兴，可以使他们淋漓尽致地表现个性，展现生活的趣味，创造出独具特色的作品来。

（3）酒典佳话

沧海桑田，中国酒文化源远流长，折冲樽俎，狂傲不羁，酒文化典故纷繁多趣。如“曲水流觞”、“沈园题壁”等。

1）曲水流觞。东晋永和九年，王羲之邀谢安等名士41名，在兰亭举行曲水流觞活动。他们承传古法，在清溪两旁席地而坐，将盛了酒的觞放入溪流中，由上游徐徐浮水而下，若觞在谁的面前打转或停止，谁就要即兴赋诗，作不出者要罚酒。共得诗37首。王羲之乘着酒兴，一气呵成，写下了举世闻名的《兰亭集序》。

2）沈园题壁。陆游20岁那年，初娶表妹唐婉为妻。两人志趣相投，非常和好。但陆母怕陆游因儿女情长荒废仕途进取，便决定遣唐。迫于封建礼教的压力，陆游被迫与唐婉分离。11年后的一个端午节，两人在绍兴城中的沈园偶然相遇，此时唐婉早已改嫁他人，陆游也另有新娶。两人相见，勾起了他们对往日的回忆。在征得夫君的同意后，唐婉摆酒款待陆游，此时多少心事涌上心头，陆游酒醉之后，情不自禁，便在墙上留下了数百年来为人传颂的《钗头凤》。

3）酒谋。宋太祖的“杯酒释兵权”，可谓“夫不出樽俎之间，而折冲于千里之外”。曹丕设酒宴以甘蔗作剑胜邓展将军，秦昭王之“平原十日饮”，项羽之“鸿门宴”，曹孟德“青梅煮酒论英雄”，张献忠与李自成之“双雄会”，均于饮酒中施行计谋。这些计谋至今还有人仿效之，且多有成功者。可见酒谋的作用之大。

小资料

**杯酒释兵权**

宋代第一个皇帝赵匡胤自从陈桥兵变，一举夺得政权之后，开始担心从此之后他的部下也效仿他，便想解除手下一些大将的兵权。于是在公元961年，安排酒宴，召集禁军将领饮酒，叫他们多积金帛田宅以遗子孙，歌儿舞女以终天年，从此解除了他们的兵权。公元969年，又召集节度使宴饮，解除了他们的藩镇兵权。宋太祖的做法后来一直为其后辈沿用，主要是为了防止兵变，但这样一来，兵不知将，将不知兵，能调动军队的不能直接带兵，能直接带兵的又不能调动军队，虽然成功地防止了军队的政变，却削弱了部队的作战能力。以至宋朝随后在与辽、金、西夏的战争中，连连败北。

4）酒战。战国时期，楚国令合诸侯时，鲁国和赵国都给楚王献了酒。赵国的酒醇厚，鲁国的酒淡薄。楚国主管酒的官吏私自向赵国要酒吃，赵国不给，酒官羞怒之，偷换了两国进献的酒，并说赵国不献好酒。楚王动怒而下令进攻赵国，把赵国的邯郸城围困起来。这场“鲁酒薄邯郸城围”的酒战，在中国历史上可谓绝无仅有。

中国酒的发展已有数千年的悠久历史，酒文化是我国的政治、经济、历史文化等发展的缩影。

### 4.4.2 酒与旅游

酒作为一种消费品，在中国是重要的商品。酒文化底蕴深厚，为旅游业的发展提供了丰富的资源。

#### 1. 与酒相关的名胜古迹

中华神州大地，幅员辽阔，山川壮丽，自然风光，千姿百态，美不胜收。孔子曾说：“智者乐水，仁者乐山。”南朝陶弘景也说：“山川之美，古来共谈。”在这些人文景观中，关于酒的名胜古迹，也占据着一个重要地位，是中国人文景观的一个不容忽视的组成部分。

（1）诗人遗迹

太白楼有一副对联：“公昔登临，想诗境满怀，酒杯在手；我来依旧，见青山对面，明月当头。”是的，诗人们对着青山明月，自然要酒瘾大发，诗兴大作，由是，留下了说不完道不尽的轶闻趣事。这些文人雅士，早已仙逝，但是“翁去八百载，醉乡犹在”，他们又留下了多少令人神往的遗迹。以李白为例，在四川就留下了太白故里、匡山书院、太白楼、月爱寺等一连串古迹，构成了以李白为中心的一批文化景点。在安徽马鞍山，又留下了捉月台等古迹，流传着李白醉后捞月的故事。

（2）历史故事

甘肃酒泉，是霍去病打击匈奴，汉武帝赐御酒捞军的故事。由于汉武帝所赐御酒仅一坛，霍去病将酒倾注到泉中，与将士共饮，这个故事，表现了霍去病与士卒同甘苦的作风。再如鸿门，只留下了一点遗迹，但面对鸿门遗迹，也不禁使我们感受到当年鸿门宴上的紧张气氛。

（3）神话传说

在中国民间，流传着许多神话传说，也在名胜古迹中留下了它们的踪迹。如湖南的江南第一楼——岳阳楼，就留下了吕洞宾三醉岳阳楼的传说，给这座名楼平添了几分神秘的色彩。

在这些景观中，有的融自然景观与人文景观于一体，相得益彰，使自然景观的内涵更加丰富。如岳阳楼、醉翁亭、沧浪亭、东坡赤壁等。这些名胜古迹，本来就景色宜人，具有极高的观赏价值，而由于有了这些酒人酒诗酒文的点缀，就更加使人流连忘返了。不仅如此，这些文化名胜古迹，也展示了中华民族文化积淀的丰厚。

当然，也有一些名胜古迹，由于历史久远，或由于天灾人祸，已经毁坏殆尽，或仅留遗迹，可是，由于这些故事早已深入人心，所以人们仍然更怀念它，凭吊它。即使仅存一木一石，也极为珍贵。正所谓“山不在高，有仙则名；水不在深，有龙则灵”。

2. 产酒基地成为旅游景区

过去，人们外出旅游时，有的途中就餐喝酒，有的购买当地的名酒带回来馈赠亲朋好友；而如今，除了游人就餐喝酒和购买旅游地名酒外，一些大的产酒集团的生产基地也已经成了旅游景区。例如，世界上最大的酒文化博物馆茅台“国酒文化城”已成为酒乡旅游的一道亮丽的风景线；共分为九大景区的五粮液酒城，2003 年就接待了 50 多万游客；而泸州老窖股份有限公司拥有的全国重点文物保护单位——建于明代的 1 ～ 4 号窖池，以及其他历史久远的窖池群也已成为游客一睹为先、一睹为快的景胜；青岛市作为我国啤酒生产的龙头基地，已成功地举办了 23 届中国青岛国际啤酒节，吸引了数以百万计的旅游者，给青岛地区带来了巨大的利益。

酒，既是饮品，也是艺术佳作。有酒的地方就有酒文化，地域风光、人文景观、民俗风情皆为酒文化提供了丰富的源泉。从远古以来，酒便是祭祀天地、祖先的必备用品之一。在我国各民族中，无论是种种仪式习俗或是宴请宾客，酒在其中都是不可或缺的，酒已逐渐成为了中华民族的一种特殊文化的象征。在旅游业飞速发展的今天，充分利用酒文化的深厚底蕴，挖掘旅游资源，可丰富旅游文化的内涵，增加旅游的吸引力。

## 小　结

中国酒的历史源远流长，最早可追溯到远古时代。在漫长的发展历程中，中国逐步产生了众多的酒类及代表名酒。中国饮酒的习俗丰富多彩，风格各异，极具民族特色。酒文化意蕴深厚，关于酒的文化典故数不胜数。随着当今旅游业的深入发展，关于酒的文化旅游将成为一个新的方向。

## 练　　习

1. 列表指出我国酒的分类、特点及代表名酒。
2. 列表指出我国各民族饮酒的风俗习惯。
3. 谈谈你对中国酒文化的理解。
4. 了解当地或你在旅游过程中体验到的旅游目的地的饮酒习俗。

# 第5章

# 中国服饰民俗

## 概　述

服饰，是一种流动的艺术、走动的文化，代表着时代的进步和观念的更新，是一个民族文化的象征，也是人民思想意识和精神风貌的体现。中国地域辽阔，民族众多，历史悠久，服饰民俗既有历史的传承性，又有丰富多彩的地域性。

## 学习目标

1．了解中国服饰民俗的起源与发展；

2．熟悉我国各具特色的民族服饰；

3．掌握服饰民俗的旅游开发。

## 学习任务

寻找服饰民俗与旅游的有机结合点。

## 任务描述

了解中国服饰民俗的发展历史，把握丰富多彩的民族服饰，深刻体会服饰民俗蕴含的旅游价值。

# 5.1　服饰民俗概述

服饰代表着一个国家和民族政治、经济、文化的发展水平。服饰民俗是消费民俗的重要方面，最活跃、最具时代特征的民俗事象之一。

## 5.1.1　服饰民俗的构成及体现

服饰是指人们穿戴在身上的服装与饰物的组合，包括服装本身及与服装并存的有关饰物。服饰民俗是指人们有关穿戴衣服、鞋帽、佩戴、装饰的风俗习惯。

### 1. 服饰民俗的构成

在中国传统服饰中，其构成一般可分为首服、衣裳、足衣和其他饰品四大类别。

（1）首服

首服又叫帽子或头巾，种类繁多，是服饰民俗的重要组成部分，有覆盖、保护头部的功用。历来用于头饰的有巾、帻、幞头、帽、冠、笠、抹额、钗簪、围巾、斗篷等。

（2）衣裳

古时服装分两大类型：一为分体制，即上身为衣，下身为裳。上衣有襦、袄、半臂等，下身为胫衣、裤、裙、蔽膝等。另一是衣裳合二为一制，即深衣、袍、衫、褂、褶子等。

（3）足衣

足衣是指鞋、袜之类。袜子早期为平头、无跟，袜筒后有带以便扎于踝上；履是鞋子的总称，有丝履、麻履、葛履和皮履；屐是木底鞋，也叫木屐，是拖鞋的前身。

（4）饰品

饰品包括衣饰、首饰、鞋饰等。衣饰一般多为领口、袖口、襟沿、下摆加边；腰带除用彩绸制作外，还有绣花腰带、皮腰带等；首饰包括耳环、项链、戒指、手镯等；鞋饰一般要求美观、实用，妇女的鞋面上常绣以各种花卉和图案，男式皮靴，如藏靴、蒙古靴的缝制，在款式上也很讲究。

### 2. 服饰民俗的体现

在传统的中国社会中，服饰民俗体现着人们的社会观念。

（1）中国人崇宗敬祖，强调礼仪伦常的思想

如生日、成年礼、结婚、丧礼的四次重大礼仪的装束，体现了不同的礼仪伦理和敬祖观念。

（2）人们的求吉心理

在婚礼、节日等喜庆场面时喜用红色服饰。

（3）民族自我意识的表现

在中国各民族中，由于生活环境和习俗的不同，服饰也不同，每一种民族服饰都有本民族的各自特点和民族意识。

（4）可成为某种政治观念的载体

服饰的改制在社会的巨大变革时代常常起到移风易俗的作用。例如，辛亥革命推翻清政府之后，中山装、剪辫子成了革命的符号。

（5）显示一定的历史特色

如辛亥革命后，我国从清代继承发展下来的长衫，一直到中华人民共和国成立之后的20世纪50年代初才逐渐被淘汰，如今，除农村极少数老人和演员演出穿用外，生活中已经不常见了，这便是长衫所显示出来的历史特色：从上衣下裳连接起来构成长袍起到长衫在生活中基本消失，正是我国封建礼服制从盛到衰的全过程。

（6）服饰的时代特色

历史上各时代服色不同，如夏尚黑，商尚白，周尚赤，秦复夏尚黑，汉复周尚赤，到了唐代，服色尚黄等。

今天，广大汉族地区传统服饰已基本消失。在民族地区，居住在城镇的年轻人也逐渐选择了社会上流行的服饰，如西服、牛仔服等。

### 5.1.2 服饰民俗的惯制及表现

服饰民俗是反映人们生活习惯的一个重要因素，是民俗文化的重要组成部分，它起着族徽的作用。

#### 1. 服饰民俗的惯制

服饰民俗的惯制，反映了服饰在消费生活中的重要特征。在我国，除去封建时代宫廷规定的官方服制外，通常有四种服饰习俗惯制。

（1）实用的惯制

实用的惯制即服装的使用价值，如原料、做工的经久耐穿，规格式样的舒适合体，生产生活的方便适用，气候冷暖的适应等习惯。

（2）观赏的惯制

观赏的惯制是从实用的基础上发展而来的。在社会交往中，服饰材质的不同、服装素艳的对比、色调与花纹的配合、服饰整体的协调等，往往不是出于实用的要求，大多数情况下是从自觉的美感和社会交往的观赏方面形成的一系列习惯。

（3）礼仪的惯制

服饰的礼俗惯制完全出自社会礼俗的要求，并不一定考虑服装的实用性和某些观赏性，即使有的和观赏需要结合起来，也仍然以礼仪为主。如结婚礼服，虽有观赏的因素，但主要是结婚仪式的需要，几乎只用于婚礼当时，过后不再穿用。

（4）信仰的惯制

信仰的惯制即把实际生活中的服饰习俗转移到信仰习俗中的某些惯制。如人死后所穿的“寿衣”，完全没有实用和观赏的意义，甚至礼仪上的意义也不占主要地位，只是作为“亡灵”消费生活的延续，纯属信仰的需要，是迷信中亡灵未死观念在服饰生活上的表示。服饰在信仰上的习俗，随着物质生活的现代化发展、人们觉悟的提高、科学文化的进步将日渐消失。

2. 服饰民俗的表现

服饰民俗的表现主要在以下六个方面。

（1）制作表现

在中国民间，特别是一些少数民族地区，妇女们喜欢用土机纺织、土法纺织、印染各种花布。如苗族、侗族、布依族、瑶族的蜡染，久负盛名。蜡染布的用途很广，妇女的衣裙、被面、装饰品等都少不了它。云南大理白族的扎花印染，是用针线将成匹白布按一定的花式缝扎起来，浸染后拆去缝线，结扎之处染料不能浸透，形成一色花纹，十分雅致。目前，有些印染服饰以其工艺的独特和花样的新颖，已经打入国际市场，受到外国客人的欢迎。

（2）性别年龄表现

造成服饰民俗男女差异的原因是多方面的。除性别关系外，年龄阶段、生理特点、社会地位、社会分工的不同，对服饰均有重要影响。首先，男女服饰在样式和质料的选择上明显不同。男式服装讲究实用，质料以结实为上乘，款式变化较少；而妇女的服饰不仅式样多，而且增加许多装饰，质料以轻柔为主。其次，随着年龄的不断增长，在不同的年龄阶段，服饰民俗也不相同。幼儿期，穿开裆裤，是普遍风俗，而且在这一阶段，男孩和女孩的服装几无差异，甚至可以混穿；稍大一点，女孩子开始留长发，服饰样式和色彩上都有不同；等到成年时，要举行一定的仪式，服饰上相应地加以标志，表示可以参加男女之间的社交活动；结婚后以及中、老年服饰款式也都各有区别。

（3）季节表现

服饰民俗的形成，与自然气候有着密切的关系。在日常生活中，人们总是按季节不同，将所穿衣服分为春秋、夏、冬服装。这几类衣服中，还分为内衣和外衣。季节不同，服装的样式、颜色也不同。如冬季穿毛皮衣服，夏季穿真丝服饰等。

（4）职业表现

在现代社会中，职业服装已成为不同职业人群的标志。工人、医生、军人、学生等各行各业都可以穿自己特制的服装，体现出不同的社会分工。在民间也有用不同的服饰来区别职业特征的民俗。如猎装，是猎人的装束，由于穿山越岭、寻踪围猎，猎装既要结实，又要便于行动和伪装。

（5）地域表现

中国地域辽阔，民族众多，生活在不同地域的各个民族，创造和形成了各自不同的服饰习俗。民族服饰习俗的不同，首先取决于各民族的经济生活；其次反映了各民族不同的审美观念。在装饰上，各民族亦充分发挥了想象和才智，其头饰、腰饰、胸饰等方面可谓各民族异彩纷呈。

（6）节日表现

在中国各民族中，每逢佳节来临，男女老幼都要穿上节日的盛装，走亲访友或参加庆祝活动。所以，各民族人民都备有节日服饰，供节日那天穿戴。节日服饰和平常的穿着不同，近似于礼服，有着强烈的节日色彩。

### 5.1.3 服饰民俗的作用及影响因素

中国各民族的传统服饰有着深刻的文化内涵，对外区别于其他民族，对内是互相认同的旗帜，其发展深受多方面因素的制约。

#### 1. 服饰民俗的作用

（1）传统服饰起着族徽的作用

在我国少数民族中，传统服饰成为民族的重要形象特征。例如，蒙古族的蒙古袍和蒙古靴，满族的旗袍、高底花鞋，朝鲜族的交领短衣和长裙，鄂温克与鄂伦春族的狍皮衣，维吾尔族的袷袢（对襟长袍）与绣花小帽，彝族的披毡，藏族的藏袍和氆氇围腰等。它们都给人们留下了深刻的印象，为人们所认同。

（2）服饰与节日有着密切关系

传统的民族节日是重大的民俗活动之一，人们常把最好的服饰当作节日盛装，在供人们欣赏的同时，自己也得到心理的满足。

（3）服饰与自然环境有着密切关系

各个民族的传统服饰，因自然环境、从业情况不同，形成了各自的特点。如蒙古族传统服饰适应了草原牧业活动，藏族传统服饰适应了高原气候，南方一些民族的传统服饰适应了平坝、水田生产的活动等。

#### 2. 服饰民俗的影响因素

（1）经济条件的影响

服饰民俗的演变受经济基础的驱动。古代由于生产力水平不高，服装的制造比较简单，以实用为主。当代随着经济的发展，对服饰的追求日趋美化，服装的款式、花色品种不断翻新，色彩丰富，造型新颖，流行迅速。经济大潮驱动了服饰民俗的极大发展。

（2）历史传统的影响

中国传统文化的一个重要的人生处世观念是中庸之道，凡事不冒尖、不后人，对人包涵、大度，处事沉稳。这种中庸思想体现在服装审美上就是讲究“中和”，在色彩上，不像非洲服装那样大红大紫，强调对比与色调跳跃，而是讲究色彩和谐；在款式上，推崇含蓄，不像美国牛仔式那样包裹和比基尼式那样暴露，因而服饰格调显得含蓄、沉稳、端庄与大方。

（3）地理环境的影响

服饰的产生和服饰民俗的形成、发展和人们生活的地理环境有着密不可分的关系。地理环境对服饰民俗的影响主要表现在两方面：一是服饰的形制，二是服饰的质料、品质与数量。中国版图广阔，南北温差大，仅大陆部分就纵跨亚热带、暖温带、中温带、寒温带，再加上地形复杂，气候更加复杂多样，气候与自然环境的多类型造就我国极为丰富多彩的服饰印记。例如，东北地区冬长夏短，人们的服饰以冬装为主，注重保暖；华南、西南地区，夏天长达8个月之久，气候温热。所以，蓑衣、斗笠、竹帽、长裤、对襟短衣、筒裙、赤脚最能标示这些地区的服饰形象。

（4）宗教信仰的影响

宗教信仰是影响服饰民俗发展的重要因素。如伊斯兰教民众喜欢穿白色衣服、戴白帽，这是因为教义要求他们在室外头部不可以直接对着天空。新疆地区各少数民族都信仰伊斯兰教，他们男女头上都戴小帽，不戴帽就是对真主的亵渎。另外，民间原始宗教在服饰上的表征也很鲜明。如苗族有鸟崇拜的传统，苗族妇女就爱穿“鸟衣”，用白色鸟羽毛装饰衣边。四川凉山的彝族以黑虎为图腾，崇尚黑色，男女老少一身黑衣，男服襟边绣上“虎”字，小孩戴虎头帽等，这些都与宗教信仰有关。

（5）社会风尚的影响

20世纪80年代以来，追求衣着时髦作为一种风尚在青年中相当流行。当一种时髦流行一段时间失去新意后，社会不再崇尚，这时又一轮新的时髦开始风行起来。从牛仔服、背带裙到踏脚裤，从绒线衫到羊毛衫、羊毛内衣裤、羊绒衫，从金戒指、金项链到金手链、金足链、白金戒指等，无不是社会风尚所致服饰民俗发展变化的标识。

（6）文化交流的影响

服饰是民族或区域文化的载体，体现了该民族或地区人民的文化心理素质和价值观念。不同民族和地区间的长期文化交流，不可避免地产生服饰民俗的相互渗透、相互影响。例如，魏晋南北朝是我国第二次民族大融合时期，少数民族服饰（史称胡服）不断汉化，中原汉人的服饰也从少数民族服饰中吸取了不少精华，更加适体。民国时，因西方服装的传入，旗袍出现了时装化的风尚：袍袖收小，甚至无袖露臂，袍长缩短，衣边改窄，收腰，突出女性的曲线美，并能与西装、背心、绒线衫搭配。从此，旗袍成为中国女性的国服，并走向世界。

总之，服饰民俗是一种综合性的文化遗产，当我们研究它时，不能把它看作是单一的服饰样式的传承。实际上服饰本身包含了广泛的社会内容，它往往和众多的文化事象相联系，既反映了经济发展水平，也反映了人们复杂的社会意识。

## 5.2 中国服饰民俗的发展

服饰是人类社会生产力和生产关系发展的产物，中国服饰民俗在历史上的基本特点是阔袖长袍、温文尔雅，深受封建礼教的熏陶与约束，但每个朝代又都有各自相应的特点。

### 5.2.1 先秦时期

早在旧石器时代，人们主要以树叶、蔓草遮体。到了新石器时代，先民们发明了纺轮、骨针，纺造粗衣麻布，揭开了我国服饰发展的序幕。

商周时期服饰较为俭朴。多为粗布、毛褐，质料为麻、兽毛、兽皮。服制为上衣、下裳。上衣长至膝、紧窄、袖小；下裳分两片，一片蔽前，一片蔽后，衣裳间束带。

女服与男子基本相同，但多了一条长过膝的襜（围裙）。

首服，男子扎巾、戴帽；女子插笄，冬用帽、巾。

足衣为舄屦——以木为底，葛、麻布为面，冬用兽皮。

春秋战国时期，我国的服饰民俗发生了很大变化。服饰形制一改上衣下裳的两段式，形成一体围裹全身的深衣。上至国君，下及婢奴无不穿着。

### 5.2.2 秦汉时期

秦汉时期，男子多用袍衫。袍衫原本内衣，穿时外加罩衣。秦始皇规定庶人着白袍。

汉承秦制，袍由内衣变为外衣，并在领、袖等部位缀边缘，至东汉还被当做礼服。有的以粗帛制，有的以纱縠做。禅衣也是这时男子的常服，多用麻布制成。士宦在家燕居时袍衫脱掉，常穿此服，又可作袍衫之衬衣。

秦汉普通男子爱穿大襟窄袖短衣、长裤，裤脚卷起或扎裹腿肚以便劳作。夏日裸上身，下穿犊鼻裤。

汉代妇女服装以深衣、袿衣、襦裙为主。深衣宽袍大袖，腰身裹紧，下摆肥大而拖地，胸前绕襟层数普遍增加。袿衣似深衣，因衣服底部有两个形如刀圭的装饰，故名。襦裙即襦与裙。襦为长至腰间的短上衣，下必配裙。汉裙以绢、布四幅、五幅至八幅连接，每幅上窄下阔，不修边缘。穿时围裹腰身，成为围裙。妇女以梳髻为尚。贵妇人家髻上还插有“步摇”等金银饰物，下垂珠宝花饰。奴婢、庶女则不用或少用步摇，髻上多系帻巾。男子首服多用方巾包扎，时称巾帻。

足衣形制很多，有皮履、帛履、齿屐等。先秦的履，在汉时已称鞋，多为皮革制造。皮履有点像皮筒子，做成宕口，鞋口施带，穿入系带。

总地来说，秦汉服饰除首服外，男女服装差异不大，但服装图饰之典雅，色彩之丰富已大大超越前代。

### 5.2.3　魏晋南北朝时期

魏晋南北朝是我国第二次民族大融合时期，这种交流与融合对我国服饰民俗的发展起到了很大的推动作用。

魏晋仍承汉制，男子上穿袍衫、短襦，下穿裤。一般是短襦穿在里面，下穿裤，外面仍裹以袍，这些都属秋冬男服，这时的裤已经有裆。春夏则以衫为主。因衫为对襟直领，衣身宽松，袖口宽敞，袖体垂直，单层，天热时衫襟既可用带子系缚相联，又可不系带子任其自然敞开，比袍更为方便，不分男女都爱穿，尤得读书人喜爱。另外，北朝地区的男子还流行穿叫裤褶的便服。其形制上身窄袖短衣，下体合裆长裤，并用带子在膝部束缚起来，合成为“裤褶”。在南方，裤褶也较多见，但仅作为戎服和行旅之服，这显然是受北方少数民族的影响。

女子上衣着襦、衫，下体着裤、裙。衣衫领、袖、襟等均施边缘，胸前多采用对襟直裾。裤子已发展为满裆裤，可以单独穿在外面。

首服有巾、冠、帽三型，但以幅巾为主。戴帽子很流行。这时的帽子不限于御寒，春夏之季也戴。

### 5.2.4　隋唐时期

隋唐时期，国家统一，经济发达，对外交往频繁，是一个兼收并蓄、开放发展的时代。服饰作为物质与精神文明的双重产物，不仅在质材、印染纺织技术上达到很高的水平，同时也在款式、纹彩方面达到空前发展的高度。

这个时期男子着装是袍、衫、短袄、长裤，上戴幞头，下着皮履。不论是袍、衫，下体已一律配穿裤子。首服流行幞头、纱帽。

妇女服饰宽大华丽，奇异纷繁，风雅大度。有短襦、长裙、衫子、半臂等。发型多样，面妆也十分丰富，佩饰博采各族，令人目不暇接。襦是这一时期妇女最普通的上装，盛唐后，襦服趋于宽松，袖子变阔，而领式变多，有圆领、方领、交领、直领、鸡心领等，在年轻妇女中流行袒领，并且不穿内衣，胸脯露外。与短襦配套的是长裙。隋长裙曳地，唐裙更长，上提至胸口、腋下，下摆拖至脚面。唐裙以宽为尚，多褶，色彩丰富。红裙的染料系从石榴花中提取，因而又称红裙为石榴裙，后来石榴裙被当作妇女的代称。

唐时还出现了两种新女装——半臂、披锦。半臂如今日短袖衫，对襟，衣长齐腰，袖身宽大，长不过肘。披锦有两类，一叫“帔子”，如披风，巾幅较阔，但长度较短，使用时围于肩背，为出嫁女专用；一叫“披帛”，为未婚女用，幅窄、长度很长，由后至前披手臂间，犹如两条飘带，十分飘逸潇洒。

唐代服饰的一个重要特点是胡服流行。公元七至八世纪，中国是世界上经济、文化最发达的国家，是各国人民向往的地方。西域各族及波斯、阿拉伯等国商人、使者云集长安，出入中原。他们的奇异服饰深深吸引了中原士庶，使之竞相效仿。

### 5.2.5 宋元时期

宋元服饰虽不如隋唐那样缤纷，但更趋于多样化；各民族服饰虽有融合，但仍按各民族自己的特点发展。

汉族男子以襕衫、短袄、布袍、道服、裤子、乌纱帽、幅巾为主要服饰。襕衫，即无袖头的长衫，圆领、交领，下摆有一横襕，以示遵“上衣下裳”的祖制，多白色，腰束带。道服（道袍），为平民与士人常穿之服。以绫罗或细布为之，大襟交领，两袖宽大，衣长过膝，袖口缀黑边。因与道士服相近，故称为道服。幅巾，即头巾，庶民多用一块布裹住头发，不同的行业，其头巾样式各不相同，使人一望便知其职业、身份。

汉族女子除唐时有的襦、袄、衫、半臂、裙、裤以外，背子、背心、抹胸、裹肚都是这时新流行的服装。背子，直领对襟，衣长有齐膝、膝上不等，窄袖，两腋不开衩，色彩丰富，上至官妃，下至奴婢、优伶乐人甚至燕居男子均喜穿着。背心，对襟直领，无袖，不分男女都可穿用。妇女多罩在襦、袄之上。裙式也有明显变化，虽为长裙，但裙头已从唐代的胸、腋下降至腰间，并系腰带，同时款式兴“百褶裙”乃至“千褶裙”。

上层妇女已有缠足之习，多穿“弓鞋”，鞋头很尖，鞋底内陷，形似弯弓，俗称“三寸金莲”，到元朝，江南妇女“扎脚”蔚然成风。

契丹族、女真族、蒙古族由于地理与文化背景非常接近，服饰也大同小异。女真族与契丹族服装基本一致：袍衫、直领、左衽，质料以皮、裘为主。蒙古族以长袍为主，式样较为阔大，都是窄袖袍、圆领、宽下摆，腰部有宽围腰。

总之，这一时期男子尚襕衫，女子尚背子。女服已由唐代的宽大雍容气度转变为典雅清秀的内敛。随着“程朱理学”影响的逐步加深，服饰的款式转向保守，色彩一反唐代的新奇浓艳而转向质朴、清净、自然、淡雅。

### 5.2.6 明清时期

1. 明代服饰

朱元璋建立明朝后，十分重视冠服制度，制定了一套符合汉族传统和审美习惯的服饰制式，这套制度对民间服饰习俗有巨大的影响。

明代士庶男子仍以传统的袍衫类为主，但做了改进，称为道袍、曳撒、褶子、罩甲等。曳撒为男子便衣，大襟，长袖，衣身前后形制不一，后背制成整片，前身分为两截，腰上与后背同，腰下折有细裥，裥在两侧，中留有空隙；褶子，圆领、交领并存，两袖宽大，下长盖膝，腰部以下折有细裥，状如女裙；罩甲，圆领，大襟，短袖，衣身紧窄，长过膝。

女子常服有衫、襦、袄、背子、裙子等，另外还有“水田衣”及“主腰”等新创品种。比甲是明代最流行的女子服饰，以紫花粗布为料，形制是无袖的背子，对襟镶边绣花，长至小腿。比甲之下就是长裙曳地。明代仕女已少穿裤子，下裳以裙为主，而且裙色浅淡，纹样微露，温文尔雅。

明代服饰的款式搭配、长短比例、色彩对比都达到很高的美学水平：大凡衣短则裙长，衣长则裙阔；衣长至膝下，离地仅五寸，袖阔四尺，裙子不多加装饰；衣短显露裙身，则需裙带、裙色、裙花等装饰裙身。这种对立统一的和谐美学原则至今仍有实用价值。另外，明末妇女首创的“水田衣”，是以各种零碎布片拼缀而成，纹露交错形如水田，这种不规则龟裂纹的衣服也具有较高的艺术品位。

女子以梳髻或包头为尚。男子流行“四方平定巾”（方巾）、网巾、六角巾、绒巾、瓜皮帽等。其中网巾如渔网状，罩形，缘布边，顶部开圆口以便发髻穿过，并有系带。

总地来讲，明代服饰民俗崇尚汉唐风韵，由初期的俭朴趋于华丽，纹饰丰富多彩，面料不断推陈出新，尤其是棉布迅速成为主料。

2. 清代服饰

满清入关后，为巩固政权，强制推行满族的民俗习惯。表现在服饰方面，就是要汉人剃发易服。在整个清朝的268年中，虽然官场服饰以满式为主，但因满汉混居，交往频繁，潜移默化，互为渗透，民间服饰特别是女服仍以汉式为主。

士子头戴瓜皮帽，身着长袍、马褂、长裤，束腰带，挂钱袋、扇套、小刀、香荷包，脚着白布袜、黑布鞋。劳力者头戴毡帽或斗笠，着短衣、长裤，扎裤脚，罩马甲，或加套裤，下着蓬草鞋。

清代男服以袍、褂、袄、衫、裤为主。袍衫一律改宽衣大袖为窄袖筒身，衣襟用纽扣代替绸布带系扎，男子一律穿裤，不再裤外着裙了。马褂，是清朝新装，长不过腰，袖有长至腕，有短仅掩肘。圆领或立领，大襟或对襟，下摆开衩，穿着舒适、简便。另还有一种长褂，一般用在袍服外。

女子服饰在“男从女不从”的规范下，满汉都各自保留自己的民族服饰。满族旗女的典型服饰是旗袍，系围巾，梳二把头。汉族女子留牡丹头、荷花头。未婚女子梳长辫或双丫髻、二螺髻。光绪后，原来为未嫁女专用的刘海，已为所有妇女所采用。北方妇女喜插银簪于髻上，南方妇女喜横插木梳一把。

旗女脚着木底鞋，底厚一两寸甚至四五寸，跟装于中部位。汉女缠足，穿尖头弓鞋。

### 5.2.7 民国时期

随着辛亥革命的胜利，结束了2000年的封建帝制，服饰也跟着社会潮流变动而迅速剪辫易服，废弃了旧时的烦琐衣冠服饰制度，废除了封建时代官民服饰的严格等级与服装禁例，废除了强加给妇女的缠足恶习，废除了历史上不便生产的宽衣大袖，从而改变为轻便适体、方便劳作、讲究美学的现代服饰。

长袍、西裤、礼帽、皮鞋在20世纪三四十年代非常流行，中西合璧的着装既有西装的潇洒英俊又具传统风韵。

洋务者、留洋者、趋新青年爱穿西装、礼帽、皮鞋。

进步人士、青年学生爱穿学生装、西裤，是清末从日本引进的日本制服，是西服的派生品。

中山装是按孙中山意愿创制的新国服。遵从儒教礼、义、廉、耻为国之四维设四个口袋，按照五权（行政、立法、司法、考试、监察）分立而确定前襟五个扣纽，又据三民主义而在袖口排三粒扣子，把西服融入中国传统意识中，减少了西装的飘逸，减去了传统服装的臃肿。

衫、马甲、瓜皮帽，扎裤管、着布鞋，这些是城镇居民乃至力农者的常用元服式。

女子服装常见高领、窄身短袄和黑色长裙相配，不施纹饰，不戴簪钗，也不戴手镯、耳环、戒指。其多风行于20世纪30年代，简便而清新，时称“文明新装”，玲珑娴雅。旗袍也是常服。20世纪20年代后受西方影响，首先在上海出现改良旗袍：衣领紧扣，斜拉右襟，腰身收紧，曲线玲现，从而表现、衬托出东方女性文静、端庄、优雅的风姿，并因经济情况，可绸可缎，可粗可细，贫者适体，富者华贵，异彩纷呈，很快成为社交场合或重大典礼中女性的首选国服。

### 5.2.8 中华人民共和国成立以后

中华人民共和国成立后，人们普遍喜爱穿中山装、工作服等。改革开放以后，人们在服饰上也很快与国际接轨。在婚礼、节庆，西服成了汉族不同年龄层次许多人的选择。夏天女性多着裙装。此外，像休闲服、运动服、牛仔服等也很流行。进入21世纪，中国已成为世界第一服装生产大国和服装市场国，各种流行的服装均可见到。

总之，中国服饰文化璀璨华美，丰富多彩。中国古代的先民们从服饰起源之始，就已将其生活习俗、审美情趣、色彩爱好，以及种种文化心态、宗教观念，都积淀于日常生活的服饰穿戴之中，构筑成了中国服饰文化的物质文明和精神文明的双重内涵，开创了中华民族服饰文化的先河。

**补充阅读 5-1**

#### 从成语看服饰的演变发展

（1）冠冕堂皇

据史籍记载，周代已形成了完整的冠服制度，凡有祭祀之礼，帝王百官皆穿礼服。当时的礼服系由冕冠、玄衣等组成。其中，冠是贵族男子的首服，与现代帽子不同的是，冠只是加盖在发髻上的一个小罩子，并不覆盖整个头顶。戴冠的目的并非为了保暖，而是出于礼仪的需要。戴上礼冠之后，才能做到容貌体态端正，颜容和悦，言辞顺达。所以，后来人们常用“冠冕堂皇”来形容人的仪容。

（2）黄袍加身

古代统治者信奉“五行”、“五方”、“五色”等理论，认为青、赤、黄、白、黑这五种颜色分别代表木、火、土、金、水五行，而黄色正代表构成万物的基础元素土；青、赤、黄、白、黑又分别象征东、南、中、西、北五方，而黄色正好象征中央，因此也就天经地义地成了代表华夏的正色。“黄袍加身”就意味着登上龙座。这一服色制度一直延续到清朝灭亡为止，黄袍始终是皇权的象征。

# 5.3　丰富多彩的民族服饰

我国有55个少数民族，各民族在大自然的慷慨与恩惠中，就地取材，创造出风姿绰约、姹紫嫣红的民族服饰。

## 5.3.1　东北及北部地区少数民族服饰

中国东北及内蒙古地区主要分布着满族、朝鲜族、蒙古族、达斡尔族、锡伯族、赫哲族、鄂温克族、鄂伦春族等少数民族。

### 1. 满族服饰

满族服饰继承了女真人的传统，最大特点是束装紧袖，具有典型的民族特色和地方色彩。男子平时普遍穿长袍马褂、白袜、青鞋。长袍上下衣合为一体，按季节不同分为单、夹、皮、棉四种。特点是左衽、无领、四面开楔、束带、窄袖。由于袖子口附有马蹄状的护袖，又称马蹄袖。马褂是穿在长袍外面的上衣，高领，对襟，四面开楔，长及腰部，两袖较短。头顶后部留发梳辫于脑后，戴圆顶帽，下穿套裤。

女子的服饰是旗袍，与男子长袍相同，但更讲究装饰，领子、前襟和袖口都绣有花边装饰，着花鞋。在脑后梳髻，称“如意头”和“两把头”，戴颇具特色的扇形冠（姑娘时代，只简单地把头发在脑后挽一下，长到快出嫁时，就要把头发梳成辫子并挽成单发髻），戴耳环，腰间挂手帕。不缠脚，鞋子绣有漂亮花饰，鞋底中央垫有10公分高的木质鞋跟，走起路来，可保持昂首挺胸的身姿和腰肢摇曳的步态。

此外，还有坎肩（背心）、兜肚等。满族入关后，其服装与汉族服装趋于一致，但旗袍却以其独特的魅力流传下来，成为中国妇女的传统服装。

### 2. 朝鲜族服饰

朝鲜族爱穿白衣素服，因而有“白衣民族”之称。

朝鲜族男子通常穿短款上衣，斜襟、左衽，宽型袖筒，外加坎肩，下身穿宽腿、肥腰、大裆的长裤，裤脚结扎，俗称“跑裤”。外出时喜欢穿斜襟长袍，无纽扣，以长布带打结。青年男子戴鸭舌帽，中老年人戴毡帽。

女服则为短衣长裙，喜欢选用黄、白、粉红色衣料，斜襟，用长布在右肩下方打蝴蝶结。长裙过膝，婚后更长至足。朝鲜族“阿妈妮”更喜欢盛装打扮，以表示对生活的乐观追求，而年轻姑娘则着重素雅美。

男女足蹬船形鞋。鞋从木屐、草履到草鞋、麻鞋，直至近代男子宽大的长方形胶鞋、妇女鞋头尖面跷起的船形胶鞋，别具一格。

### 3. 蒙古族服饰

蒙古族服饰包括首饰、长袍、腰带和靴子等。男女老少一年四季都喜欢穿长袍，夏季着单袍，冬季穿棉袍或皮袍。男袍一般比较宽大，尽显奔放豪迈。女袍则比较紧身，以展示女性的苗条和健美。男装多为蓝、棕色，女装则喜用红、粉、绿、天蓝色。腰带是蒙古族服饰的重要组成部分，用长三四米的绸缎或棉布制成。男子通常在腰带两边佩挂吃肉用的刀，还有挂火镰和鼻烟壶，俗称“三不离身”。靴子分皮靴和布靴两种，蒙古靴做工精细，靴帮等处都有精美的图案。佩挂首饰，玛瑙、翡翠、珍珠、白银等珍贵原料使蒙古族的首饰富丽华贵。平时不戴帽子，但敬酒时一定要戴上，赤头拜见长者和参加宴会，被视为不敬。

蒙古摔跤服也是极为夺目的服装。上身为革制坎肩、嵌银制铆钉，坎肩背后为一银镜或吉祥文字，腰围是特制嵌银钉的粗皮带和绸腰带，坎肩领口还有五彩飘带；下身是多格的白长裤，外套吊膝，仍有沿边绣花。

### 4. 达斡尔族、鄂温克族、赫哲族、鄂伦春族服饰

（1）达斡尔族服饰

达斡尔族服饰以袍为主。男子往往头戴皮帽，身穿皮袍，下着皮裤，脚蹬皮靴。帽子多用狍、狼或狐狸的头皮做成，毛朝外，双耳、犄角挺立，形象逼真，出猎时，既防寒又护身。靴子多选用狍、牛等皮。除皮质服装外，达斡尔族还穿布制的袍子和裤子。冬天穿棉袍，天冷时外套背心，春秋穿夹袍，夏季穿单袍。妇女早期着皮衣，清朝以后以布衣为主。服装的颜色多为蓝、黑、灰，老年妇女还喜欢在长袍外套上坎肩。达斡尔族妇女擅于手工刺绣，服饰、鞋、荷包等多绣着各种花纹及图案。

（2）鄂温克族服饰

鄂温克族，生活在内蒙古与黑龙江交界的大森林里。大毛长衣斜对襟、衣袖肥大，束长腰带。无论男女衣服，衣边、衣领等处都有用布或羔皮制作的装饰品镶边，穿用时束上腰带。喜爱蓝、黑色的衣服。皮套裤制作讲究，外面还绣着各种花纹，既美观大方，又防寒耐磨，天冷时穿在皮裤的外面。男子夏戴布制单帽，冬戴圆锥形皮帽，顶端缀有红缨穗。妇女普遍戴耳环、手镯、戒指，或镶饰珊瑚、玛瑙。已婚妇女还要戴上套筒、银牌、银圈等。

（3）赫哲族服饰

赫哲族的重要标志是鱼皮衣。善用胖头、鲑、鲩、鲤鱼等皮制成衣、裤、腰带、

绷腿、围裙、手套、口袋等。男女喜欢穿大襟长袍，外套坎肩或短褂。男子的裤子多用狗、鱼皮制成，腰上端为斜口。妇女的裤子多为齐口并镶有或绣有各种花边。男女都穿鱼皮靰鞡，以适应狩猎或捕鱼。制作鱼皮服饰时，先将鱼皮剥下晒干，然后用特制的熟皮工具反复捶打、揉搓，直至柔软，再用各色野花染成彩色。赫哲族的鱼皮服饰不仅面料为鱼皮，连缝衣服的线也用鱼皮线。鱼皮服饰具有抗寒、抗湿、耐磨、防水、美观等特性。

（4）鄂伦春族服饰

鄂伦春族在游猎生活中创造了狍皮服饰文化，无论衣服与鞋帽，还是生活用品，都以狍皮为原料。服装以袍式为主，男女冬季皆穿长袍，女袍长及脚面，两侧开衩，以方便骑射，所有边沿都镶边并加云纹，腰束宽大腰带，脚蹬绣花皮靴。都戴动物头形帽，佩短刀剑；皮帽用狍头皮精制而成。制作时，把耳朵剁掉，换上狍皮缝制的假耳朵，把眼圈用黑皮子镶上，毛、角、鼻、嘴仍然保留，猎人戴在头上，不仅防寒，还可伪装自己，诱惑野兽。女帽镶有花边，顶端缀着红绿线穗。鄂伦春人的装饰和服饰染色具有浓郁的民族风格。皮袍开衩处及手套上多喜欢用红、绿、黄色缝绣出色彩艳丽的花纹图案。年轻人穿用的衣服、裤子和手套，多用柞树煮水揉染成黄色。

### 5.3.2　西北地区的少数民族服饰

我国西北地区的少数民族有维吾尔族、回族、哈萨克族、柯尔克孜族、裕固族、撒拉族、塔吉克族、东乡族、保安族、土族、塔塔尔族、俄罗斯族等少数民族。

#### 1. 维吾尔族服饰

维吾尔族人十分讲究衣着打扮，男子传统服装为条绒无领黑色或花条布袷袢，黑长裤。脚穿套鞋，冬天高寒地区则穿毡筒。腰系质地不同的方形腰带，头戴小花帽。女子无论春夏秋冬，都喜欢穿色彩绚丽、图案别致的宽袖连衣裙，外罩黑色金丝绒对襟绣花小坎肩。

无论男女都喜欢戴花帽。花帽又名“朵帕”，是日常生活中的必备品，也是馈赠亲朋好友、贵客嘉宾的珍贵礼品。

#### 2. 回族、俄罗斯族服饰

（1）回族服饰

回族男子穿长裤、长褂或外罩深色背心，白衫外缠腰带，头戴白帽是他们的标志性服饰。女子着衫，穿长裤，或长衫对襟坎肩。一般把头裹得严严实实的，鞋子与汉人无异。

（2）俄罗斯族服饰

俄罗斯族男子着西装、戴领带，衬衫放入长裤之中，穿皮靴。女子多穿长到小腿的长裙、连衣裙，颜色、图案丰富大方。

3. 哈萨克、柯尔克孜、塔吉克等民族服饰

（1）哈萨克族服饰

哈萨克、柯尔克孜、塔吉克等民族集中居住于新疆维吾尔自治区，男子都是头顶戴小花帽，足蹬皮靴，身着绣花白衫，着坎肩；女子着长裙、连衫裙，外再套贴身深色坎肩，头包巾，极富西域风情。

哈萨克族是以草原游牧文化为特征的民族，服装便于骑乘。男子主要有皮大衣、皮裤、衬衣、长裤，多选用白布为原料制作而成，衬衣采用套头式，青年男子还喜欢在衣领处绣有花纹图案，五颜六色，十分漂亮。妇女多穿以绸缎、花布、毛纺织品缝制的连衣裙，喜欢选用红、绿、淡蓝色。姑娘和少妇的连衣裙，袖子绣花、下摆缝花边，十分艳丽。妇女的帽子、头巾颇为讲究。哈萨克传统的手工艺术是颇具盛名的刺绣，手法有挑、贴、补、钩、刺等，各种美丽图案处处可见，颜色五彩斑斓。

（2）柯尔克孜族服饰

柯尔克孜族男子传统服饰为白色绣花边的圆领衬衫，外套无领长衫，袖口用黑布沿边。短上衣的式样为竖领、对襟，衣外系皮带；下穿宽脚裤，适宜游牧骑乘。女子服饰为宽大无领，长不及膝，镶嵌银扣的对襟上衣，下端镶有皮毛的多褶长裙或下端带褶裥的各色连衣裙；皮或布制的坎肩。柯尔克孜族男女老少一年四季都戴圆顶小帽。妇女擅长刺绣；编织也技艺精湛，用染色羊毛、驼毛纺织的挂毯、地毯，用芨芨草、红柳枝编成的帘子、围子等都著称于世。

（3）塔吉克族服饰

塔吉克族男子平日爱穿衬衣，外着无领对襟的黑色长外套，冬天着光板羊皮大衣。妇女一年四季都喜欢穿连衣裙，冷天外罩大衣。男戴黑绒布制成的绣着花纹的圆形高统帽。妇女戴圆顶绣花棉帽，外出时再披上方形大头巾，颜色多为白色，新娘则一定要用红色。男女皆穿皮靴，皮靴制作讲究，舒适保暖。塔吉克族妇女最擅长的手工艺是刺绣。衣帽、腰带上大都绣有花纹。女帽的前沿绣得五彩缤纷，盛装时帽檐上还加缀一排小银链。同时，佩戴耳环、项链和各种银质胸饰。新娘在辫梢饰以丝穗，已婚少妇在发辫上缀以白纽扣，美丽的装饰把妇女装扮得如花似玉。

### 5.3.3 西南地区的少数民族服饰

我国西南地区的少数民族主要有藏族、白族、傣族、哈尼族、纳西族、布朗族、阿昌族、苗族、彝族、侗族、水族、布依族等。

1. 藏族服饰

藏族服饰的特点是肥大、右衽、宽腰、长袖。无论男女都喜欢蓄辫子，戴首饰。男子把头发编成独辫盘在头顶，也有的剪成短发。女子喜欢把头发梳成许多小辫披在背上，也有的梳成双辫。

藏袍是藏族的传统服装，特点是大襟、长袖、肥腰、无兜。这种服装的样式至今仍未改变。平时常常袒露出右肩，便于活动，或者袒露出两只手臂，并将两只长袖系在腰间。妇女还爱在腰间系一条漂亮的围裙。腰间有许多银佩饰与挂奶钩，并喜耳环、手镯等饰件。以颈、胸及腰部的佩饰最为精美，如佛珠、银牌、银链、银环等。男子腰间常佩短刀、火石等在山林原野生活的必需品。

藏靴的种类很多，名目不一，但都是牛皮底高两寸，腰高至小腿，不分左右，这样，夜间护理牲畜时穿着就比较方便。穿上藏靴走路时不沾沙而省力，底子穿破后可以换，既美观又实用，所以深受藏民喜欢。

### 2. 白族、傣族服饰

（1）白族服饰

白族服饰靓丽潇洒，民族特色鲜明。白族崇尚白色，以白色衣服为重，各地服饰略有不同。大理地区的男子多穿白色对襟衣，外套黑领褂，或数件皮质、绸缎领褂，俗称“三滴水”，腰系皮带或绣花兜肚，下着蓝色或黑色长裤。女子外套黑色或紫色丝绒领褂，下着蓝色宽裤，腰系缀有绣花飘带的短围腰，足穿绣花的“百节鞋”，手上喜戴银镯、戒指。已婚者挽髻，未婚者垂辫于后或盘辫于头，都缠以绣花、印花、或彩色毛巾的包头。露出侧边飘动的雪白缨穗，点染出白族少女头包布和发型所特有的风韵。

（2）傣族服饰

傣族有“旱傣”、“水傣”、“花腰傣”之分，不同的装饰代表着其支系的服饰文化。尤其是新平“花腰傣”服饰和金平清代傣族服饰很有文化价值。男服一般穿大襟或对襟短衣，小袖、无领，下穿长管裤，裤脚窄小，冬季寒冷时并不穿棉衣，只用一块毛毡披在身上，白天作披毡，夜里作被盖。用白、青、浅蓝、淡黄色的布包头。女子服饰因地域不同而有明显差异。西双版纳的妇女上穿白色或淡绿色紧身窄袖短衫，下着各种花样的长及脚面的筒裙，束银腰带。喜欢留长发，并挽髻于头顶，插上梳子或鲜花，典雅大方；也有用大布巾包头的。德宏和耿马的妇女上穿齐腰短衣，下着色彩艳丽的筒裙，发髻位于脑后，余发散拖一绺在背后。服饰衣料过去为土布，现多为丝绸、细花布，更显傣族女子亭亭玉立、婀娜多姿的身材。

### 3. 哈尼族、纳西族服饰

（1）哈尼族服饰

哈尼族崇尚黑色，擅长于用蓝靛染布，男子穿对襟上衣和长衣、长裤，用青布或白布包头。女子因地域不同而有明显差异。红河等地妇女上穿右襟圆领上衣，下着长裤；墨江等地妇女上衣外套一披肩，下穿及膝短裤，打绑腿；版纳和澜沧一带的妇女穿短裙，打护脚，也有着长筒裙或褶裙的。哈尼族盛行银饰，无论纽扣、耳环、项圈、手镯和胸饰，皆用银制。衣襟、环肩、袖口、裤脚、腰带等服饰上，多有镶嵌的彩色花边和刺绣的花纹图案。

（2）纳西族服饰

纳西族妇女上穿大面襟宽袖上衣和坎肩，下身着长裤，腰系黑、白蓝棉布缝制的百褶围腰。劳动或外出时还要披上羊皮披肩。其中，七星披肩俗称“披星戴月”，是纳西族民族心理的深层结构的体现，蕴含着纳西族丰富的历史和思想内涵，是古羌人游牧文化的一种遗迹。男子多穿黑色圆领对襟上衣，下身穿宽脚裤，裤长至膝，裤口宽约33厘米，拼裆，多用麻布、棉布缝制。老人用黑布包头，青年用白或花布包头。男子腰间系有用羊皮缝制的羊皮兜肚，外面饰有花纹图案，用来放零星杂物。

4. 苗族、彝族服饰

（1）苗族服饰

苗族的服饰款式多样，有性别、年龄及盛装与常装之分，且有地区差别。工艺独特，款式多达130余种以上，而且具有明显的民族特色。男装简朴，一般为对襟大褂和左衽长衫两大类，下穿长裤，头裹青色长巾，冬天腿上多缠裹腿。头饰大致有短发包头帕型，长发挽髻型，现大多已同于当地汉族。妇女较典型的装束是短上衣、百褶裙，配饰以头、颈、胸及手等部位的银饰为多见，苗族的银饰在各民族首饰中首屈一指。

苗族的服饰衣料过去以麻织土布为主，普遍使用独具特色的蜡染、刺绣工艺。裙子以白色、青色居多，服饰的用料、颜色、款式、刺绣等方面，都极具民族风格。绚丽多彩的服饰文化充分显示了苗族的聪明才智，至今仍保持自己的民族特色。

（2）彝族服饰

彝族传统的民族服装式样很多。男子穿黑色窄袖右斜襟上衣和多褶宽裤脚长裤，也有的地区穿小裤脚长裤。头顶留二三寸头发一小块，称为“子尔”（汉语称“天菩萨”），裹以青蓝布帕包头，在右前方扎成细长锥形“子帖”（汉语称“英雄结”），以示英武，无须为美，左耳戴黄、红大耳珠，珠下缀红丝线流苏。女子穿镶边或绣花大襟右衽上衣和多褶长裙，裙缘镶以多层色布，色调和谐，美观大方。

外出时男女都穿“擦尔瓦”，形如斗篷，下端缀以长穗，长可及膝，用羊毛线织成，多为黑色。冬天以领部有羊毛披毡套在擦尔瓦内，夜间又作被盖。

5. 侗族、水族、布依族服饰

（1）侗族服饰

侗族男子上衣有对襟、左衽和右衽三种，下着长裤，裹绑腿。缠头布为3米长的亮布，两端用红绿丝线绣着一排锯齿形图形。盛装时戴“银帽”，并佩戴其他银质饰物。女子穿裙时，上身以开襟紧身衣相配，胸部围青色刺绣的剪刀口状的“兜领”，裹绑腿穿裤时，以右衽短衣相配。盛装时，妇女多穿鸡毛裙。也有穿右衽无领上衣，以银珠为扣，环肩镶边，足蹬翘尖绣花鞋。妇女喜欢佩戴银花、银帽、项圈、手镯等银质饰物。侗族的衣料多为自织自染的“侗布”，有粗纱、细纱之分。妇女擅长刺绣，手工技艺精湛。

（2）水族服饰

水族男子过去多穿对襟上衣，戴马尾帽或遮阳帽。现多穿大襟长衫，长裤，青布包头，穿草鞋或布鞋。妇女过去多穿圆领宽袖的对襟上衣，饰以银扣，下配百褶裙，打绑腿，穿翘尖绣花鞋。现在多穿圆领大襟蓝色的宽大半长衫、长裤，系青色绣花围腰，绾发，头缠青布或白布帕，穿绣花鞋，盛装时戴各种银饰。

水族的纺织和印染技术有相当高的水平。闻名遐迩的“水家布”，质地细腻，纺织均匀，染工技艺纯熟，洗、磨都不退色。布的纹样有平纹、人字纹、斜纹、方格纹等多种，“豆浆印染”是水族700年前发明的工序复杂的独特技艺。

（3）布依族服饰

布依族服饰整体色调淡雅朴素，与自然界保持着天然的和谐。男子上穿对襟或大襟的短衣，下着长裤，也有穿长衫长裤，缠青色或花格头巾。色调以青蓝色或白色为主。妇女一般穿大襟短衣，下着长裤。衣襟、袖口等处镶着彩色花边，裤脚处也镶着花边，头缠青色或花格头巾，或将白色印花头帕搭在头上。青年女子的胸前还挂着绣有漂亮花纹图案的围腰。妇女喜欢佩戴银质的手镯、耳环、项圈，足蹬尖鼻绣花鞋。

### 5.3.4　中东南地区的少数民族服饰

我国中东南地区的少数民族有壮族、瑶族、土家族、畲族、黎族、高山族等。

#### 1. 壮族、瑶族服饰

（1）壮族服饰

壮族服饰一般都用自织的土布制成。男子多穿对襟上衣，纽扣以布结之。胸前缝一小兜，与腹部的两个大兜相配，下摆往里折成宽边；下裤短而宽大，有的缠绑腿；扎绣花纹的头巾。妇女穿藏青色或深蓝色矮领、右衽上衣，衣领、袖口、襟边都绣有彩色花边；下着黑色宽肥的裤子，也有穿黑色百褶裙，上有彩色刺绣，下有彩色布贴，色彩绚灿耀眼，扎布贴、刺绣的围腰，戴绣有花纹图案的黑色头巾。节日或赶圩歌场穿绣花鞋，披戴绣花垫肩。

（2）瑶族服饰

瑶族各支系服饰存在较大差异，男子以青蓝色为基本色调，以对襟、斜襟、琵琶襟短衣为主，也有的穿交领长衫，配长短不一裤子，扎头巾、打绑腿，朴实无华。妇女有穿大襟上衣，束腰着裤的；有穿圆领短衣，下着百褶裙的；还有穿长衫配裤的。头饰特点更为突出，有“龙盘”形、“A”字形、“飞燕”形等。服饰中的挑花构图风格独特，整幅图案均为几何纹。瑶族染织业发达，服装均用自染的土布制作，有一套完整的蓝靛印染技术。色彩常用红、绿、黄、白、黑五种，服饰制作采用挑花、刺绣、织锦、蜡染等工艺。

2. 土家族、畲族服饰

（1）土家族服饰

土家族男子过去穿琵琶襟上衣，缠青丝头帕。妇女着左襟大褂，滚二三道花边，衣袖比较宽大，下着镶边筒裤或八幅罗裙，喜欢佩戴各种金、银、玉质饰物。现在平日着装已没有民族特色，只有喜庆节日、隆重集会或边远山村，才有传统民族服饰的穿着。

（2）畲族服饰

畲族男子过去一般穿着色麻布圆领、大襟短衣，长裤。冬天套没有裤腰的棉套裤。老年男子扎黑布头巾，外罩背褡。结婚礼服为青色长衫，祭祖时则穿红色长衫。妇女服饰以象征万事如意的“凤凰装”最具特色，即在服饰和围裙上刺绣着各种彩色花纹，镶金丝银线。高高盘起的头髻扎着红头绳。全身佩挂叮叮作响的银器。畲族对蓝色和绿色具有特殊的爱好，红、黄、黑也是常用的颜色。服饰条纹图案排列有序，层次分明。

3. 黎族、高山族服饰

（1）黎族服饰

黎族男子一般穿对襟无领上衣和长裤，缠头巾插雉翎。妇女有些穿黑色圆领贯头衣，饰物较多，领口用白绿两色珠串连成三条套边，袖口和下摆以贝纹、人纹、动植物纹等装饰，前后身用小珠串成彩色图案，下穿紧身超短筒裙，花色艳丽。有些身着黑、蓝色平领上衣，袖口上绣白色花纹，后背有一道横条花纹，下着色彩艳丽的花筒裙，盛装时头插银钗，颈戴银链、银项圈，胸挂珠铃，手戴银圈。头系黑布。妇女擅长纺织。黎锦、筒裙等衣物，色彩斑斓，图案新颖，质地细腻，经磨耐用。

（2）高山族服饰

高山族服饰有一定的地区差异。台湾南部的男子穿对襟长袖上衣，外套坎肩式短褂，系宽腰带，垂其两端的作为前裙。衣袖、领、腰及下摆都镶上彩色花边，用黑布缠头。经常戴藤盔或木盔。喜欢面部胡须干净，也有些部族喜欢拔除额毛和眉毛。女子服饰分为短衣长裙、胸前挂一块斜方胸衣或上身只穿一个背心，下身横围一块腰布，冬天用一块方布自左肩围裹其身，喜欢新月形弯眉。男女都喜欢佩戴饰物，如贝料、兽牙、羽毛、兽皮、花卉、钱币、竹管等，全身上下被装点得五光十色。妇女刺绣享有盛名。流行戴耳环，俗称“贯耳”。

当今，在瞬息万变的世界服饰大潮中，中国少数民族服饰正以其独特的魅力和风格，散发着古朴的芳香，展示着各自民族的风姿，成为中国服饰民俗的一个重要组成部分。

**小思考：**介绍你家乡的富有特色的民族服饰。

补充阅读5-2

**福建惠安女服饰**

福建惠安县的汉族妇女，以“封建头，民主肚，解放脚，经济衫与浪费裤”而享誉海内外，成为汉族服饰中最具个性、最引人兴趣的风景线。

惠安女的服饰从头首、上身、下身到足部都有着与众不同的鲜明特色。大包头巾与低戴斗笠是惠安女头上必备的饰物。头巾有多种颜色和图案，从后脑勺往前捂住双颊下颌，把脸面几乎全包，只露出一双眼睛、一个鼻子和一张嘴。戴斗笠时做前倾状，把前额、脸面都遮住，因此一般难觅其芳容，给人留下极为神秘的想象空间。

上衣以短、窄、贴身为特点，短得把肚脐都露出来，窄得把上肢全包住，贴身使胸围紧束，身段玲珑，曲线毕露。上衣前后下摆是椭圆形、尖状，自由飘荡。由于省料省工，人们戏称它为“经济衫”。衣衫好尚蓝、绿、黑色，或白底柳条花纹等，且袖口、衣沿都嵌着花边。

下身多穿裤管宽大、裤裆很浅的深蓝色、深黑色的裤子，腰系银裤链，白裤腰。银裤链一般用色彩鲜艳，图案精巧的丝绳做成，少则一两股，多则达八九股，是结婚时男方必须赠送的定情物之一。由于上衣短紧，裤筒肥大，裤链扎紧裤腰，悬挂臀部，走起路来，裤筒飘动，腰肢、裤腰忽隐忽现，十分潇洒飘逸。

# 5.4 服饰民俗与旅游

服饰民俗是最能直接标识我国各地、各民族的文化风情和文化差异的民俗事象之一，理当成为重要的旅游资源。它是人类特有的劳动成果。

### 5.4.1 服饰民俗的旅游文化内涵

服饰民俗，是一个民族或地区在穿戴佩饰方面的物质创造，它既表现为“物”的文化形态，又体现了“精神”的文化形态，是该民族、该地区文化的重要载体。服饰民俗所保有的旅游文化内涵相当丰富。

1. 服饰民俗是旅游审美不可或缺的主要内容

旅游活动在相当程度上为一种审美活动，是旅游者对旅游景观、旅游资源进行观照、审视，从而获得美的享受与心灵愉悦的动态过程。服饰民俗的美是多方面的，不仅有色调美、装饰美，而且还有结构美、搭配美、神秘美，它能给旅游者带来多方面美的享受与满足。如云南大理白族生活在苍山洱海的白雪、霞光、碧波之间，妇女常着白色上衣，外罩红坎肩，或蓝色上衣黑坎肩，下穿深色长裤，围彩腰，色调明快，对比鲜明，映衬协调，使人感到非常醒目、适意。

2. 服饰民俗是一个民族或区域历史的缩影

服饰是时代的产物，透过服饰民俗可以看见不同民族或地区的历史发展轨迹，经济基础与宗教、文化对服饰民俗发展的驱动。如苗族服饰图案丰富，黔东南多以花鸟虫鱼为图，象征吉祥幸福；黔西北的服饰多反映民族的历史，有的表示居住过的城郭、田园、山水，有的表示祖先迁徙过的江河、平原。看到上衣下裳，必然想到那是先秦华夏族的服饰，“水田衣”为明代的女服，旗袍是清代满族的服装，中山装则为民国的国服。服饰民俗旅游就犹如阅读一部“无言的史诗”，给人以文化启迪。

3. 服饰民俗是民族的标记

服饰民俗是建立在每一个民族共同的民族心理和审美情趣基础上的，它一经形成，便被赋予强烈的感情，成为本民族的“族徽”。只要通过服饰，便能很快识别它属于哪个民族。如身穿藏袍，佩藏刀，戴藏帽的是藏族；头戴绣花帽，身着竖长条纹长衫的是维吾尔族；着蒙袍，穿船形月牙高筒靴的是蒙古族等。考察、观赏服饰民俗的过程，也就是旅游者增长见闻、丰富文化知识的过程。

### 5.4.2 服饰民俗旅游资源的开发

服饰民俗是一种重要的旅游资源。由于它形成的最主要条件为地理环境、历史传统与经济发展水平，因而是不同地区各民族独特的地理条件、历史文化传统的积淀，具有宏富的旅游文化内涵，是吸引国内外旅游者的重要因素。

在我国，服饰民俗旅游资源可以分为少数民族服饰民俗旅游资源与汉族传统服饰民俗旅游资源两大类。

1. 少数民族服饰旅游资源的开发

我国少数民族种类繁多，分布广阔，民族服饰多姿多彩、工艺精湛、色彩斑斓、图案丰富、寓意深刻、装饰点缀变幻无穷，富有浓郁的生活气息与深层次的文化含义，意蕴非凡。取之不尽的服饰资源，旅游价值弥足珍贵。同时，透过服饰的种种现象，可以领略到各少数民族一定时期的社会意识形态、社会风尚和社会面貌等深层次的东西，把握一个民族的民族意识、民族精神、民族性格和民族思维倾向。

但同时，由于某些少数民族服装用料多，装饰烦琐，工艺复杂，制作困难，穿着不便，难于洗涤，不少少数民族地区的青年人已改穿汉族服装，个别地区甚至已经见不到民族服装。为此，一方面要积极而紧迫地抢救少数民族服饰资源，以免出现某些富有特色的民族服饰文化的消失；一方面还要主动，有目的、有组织、有计划地引导少数民族群众进行服饰改革。

目前，在少数民族服饰民俗旅游资源的开发和利用上，少数民族服饰民俗旅游资源已得到了一定的重视，但深度还不够，还有待进一步提高。

2. 汉族传统服饰旅游资源的开发

在中国，汉族人数最多，分布极广，除极个别地区，如福建惠安妇女服饰外，服饰民俗虽然也有地域上的差异，但个性特征多不及少数民族鲜明。从景观旅游的角度分析，当代汉族服饰的旅游景观价值不是很大，即引起旅游兴趣、诱发旅游动机的内在动力不足。然而，汉族的传统服饰民俗却绚丽缤纷，不仅首服（头饰）、衣裳、足衣、饰品各有花样、款式，而且上下五千年中的各朝代又有各自不同的风格和特征。既有实用性的一面，又具备民俗旅游资源所必须富有的“新鲜感”、“奇特感”、“快乐感”、“美感”四性，它理当成为重要的旅游资源。遗憾的是，人们对这一重要旅游资源的认识不够，开发上大大滞后，这不能不说是民俗旅游的一大损失和民俗旅游资源开发的一大欠缺。

目前，已有部分汉族历史服饰的展示，但还不能从更广阔的角度进一步挖掘我国古代服饰民俗的文化内涵，展示古代服饰的底蕴与风采。因此，对旅游从业人员来讲，开发服饰民俗旅游资源，首先必须加强有关民俗旅游资源的理论学习，更新观念。凡是能激发旅游者的旅游动机的服饰民俗都是服饰民俗旅游资源，我们都应当认真研究和开发。

### 5.4.3 开发服饰民俗旅游资源的注意事项

服饰民俗是以人为载体的民俗，而人又有民族、文化素养等方面的差异。因此，开发服饰民俗旅游资源必须特别注意以下几点。

1. 与其他旅游资源组合开发

服饰民俗可以开发成为辅助型的旅游文化景观，但不能成为主体性的旅游吸引物，它一般须与其他民俗旅游资源或其他旅游资源一起构成一个独立的景观体系。

2. 与环境相协调

服饰民俗景观应当与周围的民俗环境相适应，也就是说服饰民俗景观与自然环境景观、民居景观在文化内涵上要有一致性。不能穿蒙古袍，居傣族的竹楼，如此会不伦不类。

3. 把握民族服饰的本质特点

要注意多样性与独特性的统一，不能张冠李戴。

4. 开发的方式要灵活

既可采用单一方式，也可以多种方式组合开发。

5. 要充分利用节庆，集中展示民俗服饰

节庆既是一次民族或地区的盛会，也一定是民俗服饰的盛会。节日里，人们会自觉不自觉地盛装打扮，使服饰民俗更加绚丽多彩。

总之，服饰内容的丰富，形式的优美，不仅具有工艺价值，而且具有重要的历史价值和认知价值。旅游，从本质上说，是一种认知文化活动，随着人们生活水平的不断提高，作为众多文化类型之一的服饰民俗自然会成为旅游者观光、游赏的重要目标。

## 小 结

服饰代表着一个国家政治、经济、文化的发展水平。服饰民俗是民俗事象中最活跃、最具时代特征的民俗事象之一。中国服饰民俗在历史的每个朝代都有各自的特点并不断继承发展。我国多民族的国情造就了各具特色的民族服饰，服饰民俗成为最能直接标识我国各地、各民族的文化风情和文化差异的民俗事象之一，理应成为重要的旅游资源。

## 练 习

1. 如何理解服饰民俗是“民俗事象中最活跃、最具时代特征的民俗事象之一”？
2. 列表说明各民族服饰的特征。
3. 如何发扬服饰民俗在旅游资源开发中的作用？
4. 如何保护濒危的少数民族服饰？
5. 调查学校所在地服饰民俗的相关特征。

# 第6章

# 中国居住民俗

**概　述**

中国民居具有古老而独特的魅力，是中华文明的宝贵遗产，体现了民族的智慧和深厚的文化底蕴。

**学习目标**

1．了解居住民俗的基本理论；
2．熟悉我国的居住民俗；
3．掌握我国民居的特色和旅游开发。

**学习任务**

能够领会居住民俗旅游开发的要点。

**任务描述**

把握我国汉族和少数民族民居的特色，明确居住民俗的旅游价值，能够因地制宜地进行居住民俗的旅游开发。

## 6.1　居住民俗概述

居住民俗是物质民俗的一个重要事象，是人类居住方面的行为模式，体现了多重因素的影响和人与自然的和谐观念。

### 6.1.1 居住民俗的概念及特征

居住，在人类生活中早就存在了，古文化遗址为我们提供了充分的证据。但居住民俗的形成，特别是人工住所的营建，却比人类早期的生活要晚些。

#### 1. 居住民俗的概念

居住民俗，顾名思义，就是平民百姓在居住行为上的民俗习惯。在社会发展过程中，每一个民族、每一地域、每一平民阶层的人们，都会在居住活动中形成属于本群体的独特模式，即他们的居住民俗。居住行为上的民俗习惯，包括人们的居住信仰、居住行为、居住礼仪、居住禁忌、定居惯制等内容。

#### 2. 居住民俗的特征

民居中的特征，主要是指民居在历史实践中反映出的本民族地区最具有本质和代表性的东西，特别是要反映出与各族人民的生产生活方式、习俗、审美观念密切相关的特征。

由于我国各民族的历史传统、生活习俗、人文条件、审美观念的不同，加之各地的自然条件和地理环境不同，因而，民居的平面布局、结构方法、造型和细部特征也就不同，呈现出淳朴自然、各具特色的特征。

由此可见，民居的特征主要是来自于民族的生活习俗、生产方式、宗教信仰、心理爱好和审美观念，而民居的经验则来自地方的自然环境和气候的地理条件。这两者是不可分割的，是密切联系的，它们共同组成了民居的民族文化特征和地方特色。

### 6.1.2 居住民俗的影响因素

居住民俗涉及的范围广泛，既涉及物质生活，又涉及精神生活，其形成受多方面因素的影响。

#### 1. 地域因素

居住是人类在一定的地理环境中寻求生存的首要条件。人类要想在自然环境中生存，首先要能够住下来。野蛮时代人们只能寻找自然生成的居所，因此生存范围较小。文明时代，人们发明了房屋，扩大了生存的空间，同时又要利用自然环境就地取材，使房屋和自然环境有一致的关系。

#### 2. 民族因素

一个民族的语言以及某些具有特定含义的符号，总会在居住民俗中出现。如汉族等喜欢张贴对联、窗花，在墙上画上各种彩画，不仅仅是显示他们的艺术才能和对生活的希望，而且也是民族性在居住民俗上的表现。

同时，一个民族的经济生活对居住民俗也有着的影响。如蒙古族以畜牧为主，其居住形式为适宜搬迁的蒙古包等。

另外，一个民族的宗教信仰是民族文化的重要组成部分，必然会影响他们的居住民俗。如我国藏族大多信奉喇嘛教，多在自己家中的第三层楼供奉菩萨，称为“经堂”，这是藏民住宅的核心部分。

3. 历史因素

居住民俗的大部分内容都是长年累月积淀而成的民风习惯。今天可见的居住民俗，事实上是几百年、几千年、甚至几万年前早就形成的事象。如“火”在民俗中的突出地位，许多民族迁入新居都有“火先迁入”的惯例，这是从旧石器时代人们对火的重要性的认识发展而来的。

居住民俗的某些部分可以因历史的发展而发生变化。如我国南北通行的庭院式房屋，在进入现代社会的城市中时，因地价日益昂贵、人口激增，不得不改为新式里弄乃至多层楼房等。这一切都是时代发展所带来的居住民俗的变化。

4. 社会因素

居住民俗受社会因素中的家庭、家族、宗族关系的影响很大。母系氏族和父系氏族时代的居室分配是不一样的。家庭和家族中的父子、母子、男女关系均可以在居室的分配中得到体现。

此外，居住民俗还受到社会经济关系等的深刻影响。

### 6.1.3　我国住室的造型

原始社会，人们居住在天然洞穴里或者过着“巢居”的生活，必然产生原始的居住惯例，这可以说是居住民俗的萌芽。进入文明时代，出现了人工营建的房屋，提高了人们的居住质量，这是人类从适应大自然到战胜大自然的发展过程中的一项创造。在我国，住室的创造在各种因素的影响下，逐渐形成了以下三种类型。

1. 利用自然物可居住的条件进行加工修造的固定生活空间

这类居室基本沿袭了古俗，即用挖掘窟穴的办法进行修造。其结构特点是利用地形、地势、地物等天然条件修成“窑洞”、“地窨子”形式的住房。如陕北窑洞，东北的地窨子、窝棚等。

2. 适应自然环境，根据生产生活的需要制造而成的生活空间

这种住屋不固定，经常拆卸迁移，处于游动状态。如游牧或游猎民族的帐幕（蒙古包）、“居家船”、“窝棚”、“组装的板房”等。

3. 有天棚、地基和四壁的固定生活空间，即“上栋下宇”式房屋

这类房屋已成为我国固定住宅最普遍的民间形式，时至今日，我国的村镇城郊仍以这种类型为主要住屋。

总之，居住民俗是人类适应自然与社会的产物。中国的民居结构简单，意蕴丰富，既体现了所在民族地区不同的气候、地形地貌等自然因素，又体现了民族、社会、经济等人文因素。

## 6.2 我国的居住习俗

居住习俗是各民族居住习惯长期积淀发展的结果，受到本民族物质、文化、精神及环境的制约。居住习俗的若干事象，多依据住室的功用，住室的造型、分布及有关入住的礼仪等产生。

### 6.2.1 住房的分布与坐落

中国人通常总是聚族而居，房屋式样也大体相同，城镇附近有长亭而无旅社，民房低于官府，讲究房屋的朝向与方位，体现着中国的哲学思想和神秘文化。

1. 住房的分布

人类居住的分布，与人类的社会属性分不开，同时也与人类的生产生活紧密联系。因此，人们很早就利用各种有利的自然因素，构成聚居的建筑群体，即村、镇、城市的居住结构。当然偏僻地区也有极少数独处人家，如北方俗称的“孤家子”式的分散居住点，但不能构成典型的居住习俗的特点。只有自然村落、乡镇、都市等不同类型的居住群体，才构成了村落环绕城镇的多元的民俗圈。

在居住上，长辈必住北房，即上房，不能住厢房，民间有“长辈住厢房，不孝的儿郎”的俗话。下面各房子孙也要长幼有序地按“东长西幼”礼制居住。火塘在中国许多民族居住中，占有重要位置，是家庭活动中心，是神圣的地方，环火而眠在中国西南许多民族中都有保存，是中国的古俗。如云南拉祜族家庭的住室是以公共房屋为主要形式，室内分格，和汉族的分间相似，每个格内住有家庭成员，通常是已婚夫妇各占一格，未婚子女再分别占格。室内设火炉，各家数量不等，为一个生活单位。住屋几乎都是木桩上盖房，楼上住人，楼下养猪和牛，堆放木材。这种上人下畜的竹木结构的集体住室在西南少数民族中几乎都有。

2. 民居的坐落

居住的坐向习惯为住屋的群体结构形成了整齐有序的布局。我国住室在采光取暖

方面多依据向阳背阴的原则，在适应气象方面采取避风方向，在选择地利方面多是靠山面水等。因此，我国各地出现了许多的向阳屯、靠山屯等。

### 6.2.2 住房的造型和工艺

住室除了具有实用价值以外，在长期发展中又形成了不同类型的建造艺术体系。

1. 住房的造型

在世界上，从民俗特点来看，房屋建造类型在我国常见的有下面几种。

（1）以古代原始的形式搭架住房，即原始系

如我国古代的“灯人”等用竹竿、芭蕉叶等搭架的棚屋等，还没有脱离古代夏“庐”的形态。

（2）以古代阿拉伯建筑艺术形式建成的房屋，称伊斯兰系

如我国新疆地区少数民族的建筑风格就深受伊斯兰教的影响。

（3）以印度及东南亚建筑艺术形式营造的住房，称南亚系

如我国藏族和傣族的住房就深受佛教的影响，与之相似。

（4）以西欧建筑艺术营造的住室，即欧美式

这种房屋建造类型深受基督教影响。在我国沿海大港口，如广州、上海、天津、青岛等地的原旧租借区的住房即是。

（5）以典型的中国式建筑艺术营造的上栋下宇、前后两坡、木架结构的大屋顶住房，属东亚系

我国目前绝大多数民间住屋均为此类。

2. 装饰的工艺

和整个造型艺术分不开的便是住室内外的装饰艺术。包括雕刻、绘画、室内装潢。我国的住房经常有砖雕坐兽的装饰，俗称“五脊六兽”，就是这种传统工艺。檐头的瓦当、檩椽的雕花图案、砖墙的大幅浮雕、门窗上的木雕、廊前的漆柱、椽头的彩绘、雕梁画栋，都标志着住室的民俗性格。同时也具有民族的、地方的特色。

旧时的民居中，以装饰砖雕和木雕为荣。通常在民间盛行在房檐、房山墙、门楣、窗框影壁、柱础、板墙、屋脊、地砖、抱鼓石等处以砖雕或木雕的方式装饰寓意深刻的吉祥图案。这些图案的构成多取“谐音”字，或以具有象征意义的动植物及其他物品的组合来说明吉祥寓意。这些砖雕和木雕的运用，主要起到装饰作用，增加了民居建筑的艺术美，也抬高了主人的身价，是一种财势的象征，同时，也反映了市民的生活情趣和精神境界。

### 6.2.3 居室的建筑和入住

在我国，修建房屋是一件重要的事情，地方特色浓郁。

1. 修建新屋

一家人建新屋，往往是惊动全村落的事情。在许多地方，修建房屋时都有全村人前来帮忙的惯例，房主则按惯例给帮忙的人准备饭食酒菜。这种惯例很可能是古代社会的遗风。淮河及长江中下游地区建房的东家招待工匠和帮工十分优厚，除了每天三餐的饭菜以外，还要摆“开工酒”、“上梁酒”、“完工酒”，总称为“待匠酒”；湖南等地的工匠营建新屋完毕后，主人办酒时还要先敬工匠的祖师鲁班，这席酒称为“鲁班酒”。

2. 居室的辅助性建筑

在我国调解室内寒暑、干湿、阴暗的部位，因地方民族习惯不同而各有差异。窗户的形式、采光的方法、炉灶的类型、火塘的部位等多种多样。如东北地区卧室以火炕为标志，火炕直通炉灶取暖。尤其是满族的“口袋房”，最能代表当地冬季御寒的居住特点。此外，居住的辅助性建筑布局也是居住习俗的有机组成部分。

（1）厕所

厕所是建筑的重要组成部分，各地区、各民族有所不同。北方民间多设于住房西侧后部。

（2）仓房

仓房用以堆放物品、粮食。北方称“下屋”或“粮谷”，多在住房右前方用木架搭成，悬于地面一尺以上，以防止潮湿。

（3）牲畜棚

牲畜棚具体位置因地而异。东北地区位于西侧，猪圈离居室较远一些的右前方与院套相连，家禽窝棚多设于窗下。

3. 新房的入住

迁入新居，对一家人来说是件大事，各地都有一系列惯例相沿而成为民俗。

（1）“火”的迁移

有些入住习俗可能来自非常遥远的古代，其中最为突出的是火在迁居中的重要地位。闽南入宅礼中，乔迁日，户主备保家灯一对，象征出入平安；备烘炉一个，象征旺盛发财。迁入时，户主手端烘炉前导。从表面看，火似乎有种吉祥的意义和祛邪的作用，实际上应该是古代迁居时带走原居住地火种这一习惯的长期延续。广西汉族迁居时先将一盆旺火搬进新屋，随后再搬其他财物。

（2）神灵的牌位

入住仪式中重要性仅次于火的是祖宗神位。江浙一带人搬家时，主人首先手捧祖宗神主牌位，进入新居后安放停当，然后再去应付其他杂务。在新时代，这种仪式逐渐不很流行了。有些少数民族信奉佛教，佛像的搬入和安放也会得到优先考虑。

（3）“进屋酒”的举办

入住民俗中最为普遍的是办“进屋酒”，各地形式和名称虽略有区别，但实际上是一回事。陕西渭南一带的进屋酒宴称为“哄庄子”，亲友邻居都到新居主人家祝贺，主人设宴待客，鸣放鞭炮，富家还可以请人唱戏奏乐；中原和东北地区的进屋酒称为“燎锅底”，迁入新居后，必须用新锅新灶烧饭做菜，既有先升火的遗风，又招待了诸位亲友。

总之，随着经济的不断发展，民居传统特征和经验的不断总结、提炼以及在新的条件下的不断改造，绚丽多姿的民居文化将为新居建筑的创造提供源源不断的信息和养料。

### 6.2.4 居住建房和居室的信仰

由于住宅与人民生活息息相关，只有安居才能乐业，故在住宅的建造和居住上相继形成多种多样的信仰和禁忌，其中有些是受风水观念的影响而产生的，有些则是带有巫术意义的，但其表达的愿望，都是以祈福求吉为目的，因此具有相当的普遍性。

1. 居住的信仰

（1）“风水术”

“风水术”来自殷周的《周易》，是一门直观的要求正确处理人与天、地、山、泽、风、水、雷、火的关系的环境科学，内容驳杂，其核心内容是人们对居住环境的选择和处理。它用两个可以直觉的事物“风”和“水”来概括居住环境：“风”在易经八卦中是“巽”，属“阴”；“水”则为“坎”，属“阳”，所谓“风水”如何，就是阴阳是否平衡的意思。在古人看来，通过“风水”可抓住无形的但又是对民生至关重要的“气”，选到好的地基，或通过人为的方法得来“吉气”，避“凶气”。“风水术”所包含的居住民俗有三个宗旨，即选择房屋基址时，追求物质和精神生活上都能满意的环境；处理房屋的形态和布局，如朝向、位置、出入口、道路等因素，使之合理化；用一些符号来避凶趋吉。

（2）住宅的选址

古人运用“风水术”选址和布局的方法，大体上有两种：一为“形法”，属于“形势宗”，主要对住宅周围的环境进行审视，考察四周山岗、流水、池塘、林木、道路、建筑物的关系，评估环境质量，寻找合适的居住点，同时还包括宅院的形态，即宅院的高低大小、方圆整缺等，另一为“理法”，属于“理气宗”，试图从古人已有的关于宇宙的理论出发，来解决住宅的位置、形态乃至择时营建等问题，“理法”依据“天人合一”的观念来指导住宅营建，原本不错，但是所用的一些理论中有不少谬误的东西，有一定的迷信色彩。

选址的目的是要找到住宅在自然和周围建筑中的位置，这两个问题解决的原理都是要取得和谐。“风水术”选址的基本步骤是“觅龙”、“观砂”、“察水”、“点穴”。“龙”是“祖山”，即总山脉；“砂”，是“祖山”分支绵延而下，与本住宅关系最密切的山岗。“水”是从山上下来与本住宅及“砂山”最靠近的溪、河、泉水等；“穴”就是基址所在。“穴”有吉凶之分，全部由“龙”、“砂”、“水”的相互位置、形态、颜色、高低等因素决定。“龙”、“砂”、“水”的各种结合有成千上万种。一般的人是掌握不了的，只有专门学习和积累经验的人才能掌握，于是就有了专门的“阴阳先生”、“风水先生”来从事这一行当。“风水术”以玄武、朱雀、白虎、青龙分别代表北、南、西、东四个方向，理想的基址是“负阴抱阳”、“背山面水”，即北面有主峰，西、东有次峰，南面临水，这是最适宜人居住的场所。在四周没有山水的情况下，可以用建筑、路、树、街道等来代表“风水术”中的各种“意象”。一个好的“风水大师”，确实可以在这个弹性的框架中做出正确的抉择，这就是风水选址在居住民俗中经久不衰的原因。像土家族造房时，“宁愿青龙高万丈，莫使白虎猛抬头”，就是来自“风水术”。

（3）住宅的布局

住宅的布局有的要服从建筑原理，有的是根据居住民俗来安排的。中国广大乡村地区的住宅，大多数根据“风水”来安排布局，即围绕一个“气”字来进行。天地之气是“万物之生”的根本，所以要辨明宅内外各种气的性质，采取“迎气”、“纳气”、“聚气”、“藏气”的方法，使住宅能满足人们生理和心理的需要。住宅布局要审察各种气，包括地气、门气、衢气、峤气、空缺之气。地气来自宅基，是宅基土地对人的影响。地气有阴阳及强弱之分，最好的地气应该是中和的，如果不中不和，就要设法纠正。门是住宅的气口，一涉及交通，二涉及通风，三涉及人际关系，对住宅的温凉、出入平安、门第秩序有极大的影响。中国乡村住宅对门特别重视，要使门和住宅全体相符，和主人身份相符。衢气指宅外道路交通对住宅的影响。在察度衢气时，既要考虑交通便利，又要避免外界的不良影响。峤气指周围高屋合围所产生的气。围合过紧，使人有压迫感；围合适度，使人有安全感。另外，峤气还影响住宅的通风、防寒、保温。空缺之气指宅内外围合中空缺处带来的感觉。民间认为，适度的空缺可以引导大吉大利之气，人的感觉也比较舒适。

根据上述要求，民间住宅的布局基本要求有住宅要北房高，南房低；南向门窗多，有利于挡寒风纳阳光；地基要西北高，东南低，有利于排水，最好宅前有池塘或河渠；宅周围要有道路，但又不能太多；大路不冲门，有利于交通，又可避免干扰。宅周围的流水不能直冲住宅，要弯曲有形；门前、屋后不宜有屋脊、墙角直冲，不宜有粪池、污水塘；宅形要前窄后宽，或前后方正；宅门、厅堂、居室、井、灶、路、仓房、畜圈等都要布置得当。

### 2. 建房的信仰

对于我国各民族来说，建房动工意味着大兴土木，是生活中一件极为重大的事件，难免有许多讲究。何时动工、按什么程序施工、对邻居应如何处理、对工匠怎样款待等，在各民族、各地域中均有一定的规矩。

（1）开工

各地的建房对开工都十分重视。浙东地区建房动土以前，由风水先生用罗盘定向，并且要先祭土地。祭好土地以后，一人执香，一人用锄头做掘土状，敬告土地开始动土。浙南地区是在地下挖一个洞，埋下一包银、神砂和五条桃符木，然后烧纸和燃放爆竹，其含义为敬土和镇邪。

（2）立中柱

西南地区的少数民族建房立中柱有许多仪式。纳西族人上山砍中柱，一定要寻找笔直粗壮的大树，大树要倒向东方，树叶须摘下来烧天。立中柱时，要包一点银、谷、麦粒放在中柱与梁的交接处。傣族人建竹楼要选八根中柱，有男柱、女柱之分。中柱由德高望重的老年人去选，选好以后，由寨中年长的男子用两对蜡烛、一串槟榔、一杯酒去供奉。中柱运到寨里，大家去迎接，泼水祝福。

大多数地区建房中最重要的礼仪是上梁礼仪。民间以为，上梁是否顺利，关系到房屋的结构牢固，更关系到一家人今后的生活是否兴旺发达。上梁这一天，要选黄道吉日，鸣鞭炮。一般由大师傅主持，唱一些祈求吉祥如意的歌，俗称“上梁歌”。各地在梁上放置或披挂的东西不尽相同。有的地方用道士画的符贴在大梁上，称为“归土符”；有的地方用红布三角袋，内藏五谷种子、金属币挂在梁上，称为“挂财角”；还有的地方用红线绑上几根筷子挂在梁上，称为“吊筷子”等。上梁完毕，照例办“上梁酒”，庆祝建房中最关键的工序顺利完成。

（3）立门

门对住宅来说，具有许多象征意义。建房到立门时，也有一定的规矩。湖南等地的汉族，要举行祈祷仪式，俗称“安朝门”。河西走廊地区的汉族在立大门时，于门楼下挂筷子一双、古书一卷、内装五谷的红布袋一个，寓意招财进宝和文运兴旺。

（4）落成礼

住宅落成后，各地都有设酒招待工匠和乡亲、帮工的传统习俗。有些地方除设酒宴以外，还有另外一些礼节。青海河湟地区的汉、藏、土、撒拉族人要选择光洁的白石四块，置于房顶四角，称为“置白石”。

### 3. 居室内的信仰

在我国民居的住室内部，还有许多民族都有供奉神灵或祖先的特定地方。如满族居室中的西墙，为供奉祖先的神圣部位，不许悬挂其他东西。南北火炕相连的西炕较窄，俗称“万字炕”，也是神圣的位置，不准随便坐卧。南方少数民族的居室中心为火塘，是神圣部位，不可侵犯或跨越等。屋内的床不能对着门放，也不能对着家中有玻璃镜的衣柜或其他家具放，以避“照妖”之嫌。

（1）求吉保平安的镇宅

旧时代，在住房营造时还讲究请“阴阳先生”、“巫师”进行“相宅”等迷信活动，他们对人们的居住生活有一定的威慑力量。为了破除这些所谓的不祥，人们营造时往往施用“镇物”借以驱邪安宅。如民间常用的“灵石镇宅法”、“镜子镇宅法”、“宝剑镇宅法”及装饰“平升三级”等，主要来保护家宅、祈求吉祥。其他还有流行于民间的贴门神像、贴春联、贴吊钱儿以及旧时建的影壁等，除具有一定的装饰性外，也都是具有避凶煞、挡邪祟功能的镇宅方式。

（2）厌胜

厌胜是一种精神上的寄托和向往。多在盖房中将铜钱或银锞埋于宅基四至，以此物品表达求吉的心理愿望。此外，上梁时用绸带悬于梁上的"木线"或筷子，以及覆于梁上的红布、红纸都是厌胜物。

（3）稳居

迁入新居而举行的一种庆贺仪式。无论是旧时自盖新房的搬住，还是租赁、买卖住房的迁入，都要举行稳居的仪式。首先要在家什用具搬进新居前燃放鞭炮，意为崩走邪气。稳居的目的是以此冲去原住房内的所有邪秽，祝愿自己在居住后生活能安安稳稳，无灾祸侵扰，且家庭兴旺发达。至今，民间仍然盛行这一习俗。

### 6.2.5 居住禁忌

在我国居住民俗中，一般情况在屋后不能挨着再起屋，民间谓之"停丧"，损人口。如果人在此屋居住则不吉利。在人们的观念中，一般前下后上，前卑后尊。如果屋后再起屋，则势必打乱已有的尊卑关系，为礼教所禁。在此观念下，同样认为在三合式、四合式庭院内，厢房不得高于正房，前房不得高于后房，谓之"奴不欺主"。如天津民居多坐北朝南，在宅基的地势上讲究南低北高。否则，不仅采光不好，也使主人原应具有的居高临下的心理丧失殆尽。

总之，在以农业经济为基础的社会中，人们渴望使自身和自然取得和谐，在居住民俗中出现种种关于天人关系的习惯行为模式，是十分必然的现象。这些行为模式渐渐积累起来，和社会的哲学范畴、地理知识等混合起来，形成了"风水术"，这是中国传统民俗中非常独特的现象。由于缺乏地质、水文、气象等科学知识，"风水术"在流传中伴有有神论，夹杂了某些与环境因素毫无关系的东西，迷误人们。因此只有明辨这些荒诞不经的纯属心理作怪的说法，并将其剔除，才能理解"风水术"的合理的内核。

随着物质文明和精神文明的现代化发展，居住民俗里一些优良的、科学的成分，都不断被现代化建筑居室的技术所采用、发展，一些原始的、鄙陋的、迷信的成分都将随着物质财富的增长，消费生活的不断科学化而逐渐被淘汰。

## 6.3 我国民居的特色

民居，与人们的生产生活密切相关。各族人民常把自己的心愿、信仰和审美观念等，用现实的或象征的手法，反映到民居的装饰、样式等结构中去，因此，民居具有明显的地方特色和浓厚的民族特色。

### 6.3.1　汉族民居的特色

汉族的传统民居历史悠久，体现了以不同地区、不同地方经济为氛围的特色。由传统民居组成的村落，最早通常是同一宗族的村落，其布局体现了早期人们的血缘和地缘关系，以及人们重在生活的心理，具有防御各种人为及自然灾害的功能。

1. 北方的大院

北方民宅以大院为主，建筑气势威严，其高大华贵，粗犷中不失细腻，平面而又立体的表现形式，彰显出四平八稳的姿态，处处是以礼为本的建筑特色。其代表为北京四合院、山西大院等。

（1）北京四合院

四合院是汉、满族传统民居，流行于北京、天津等地，是我国最为普遍、历史最为久远的住宅形式。总体布局特点为四面是房屋，中间是庭院，常为“一正两厢”。正房（上房）位置在全宅的中轴线上，坐北朝南，开间、进深、高度和装饰等都为全宅之首。院子两侧的厢房是正房的陪衬。院子是交通、采光、通风的枢纽，并配以绿化，成为休息与家庭活动的中心。住宅大门多设在东南角上，象征风水八卦上的“巽门”方位，附会“紫气东来”的吉祥。现在北京的四合院随着旅游业的发展已经成为一道亮丽的风景，越来越显示出它的建筑及文化价值。

小资料 6-1

**照壁的故事——四合院的影壁**

照壁，又称树屏、照墙、影墙，俗称影壁墙，是中国传统建筑独有的形式。影壁是北京四合院大门内外的重要装饰壁面，主要作用在于遮挡大门内外杂乱呆板的墙面和景物，美化大门的出入口。人们进出宅门时，迎面看到的首先是叠砌考究、雕饰精美的墙面和镶嵌在上面的吉辞颂语。

四合院常见的影壁有三种：第一种位于大门内侧，呈一字形叫做一字影壁。大门内的一字影壁有独立于厢房山墙或隔墙之间的，称为独立影壁，如果在厢房的山墙上直接砌出小墙帽并做出影壁形状，使影壁与山墙连为一体，则称为座山影壁。

第二种是位于大门外面的影壁。这种影壁坐落在胡同对面，正对宅门，一般有两种形状，平面呈“一”字形的，叫一字影壁，平面成“冖”形的，称雁翅影壁。这两种影壁或单独立于对面宅院墙壁之外，或倚砌于对面宅院墙壁，主要用于遮挡对面房屋和不甚整齐的房角檐头，使经大门外出的人有整齐美观愉悦的感受。

还有一种影壁，位于大门的东西两侧，与大门檐口成120°或135°夹角，称做“反八字影壁”或“撇山影壁”。做这种反八字影壁时，大门要向里退进2～4米，在门前形成一个小空间，可作为进出大门的缓冲之地。在反八字影壁的烘托陪衬下，宅门显得更加深邃、开阔、富丽。

四合院宅门的影壁，绝大部分为砖料砌成。影壁分为上、中、下三部分，下为基座，中间为影壁心部分，影壁上部为墙帽部分，仿佛一间房的屋顶和檐头。

影壁与大门有互相陪衬、互相烘托的关系，二者密不可分。它虽然是一座墙壁，但由于设计巧妙，施工精细，在四合院入口处起着烘云托月、画龙点睛的作用。

小资料 6-2

### 北京的胡同

胡同，在北京系指街巷通称，是元朝的产物。胡同与四合院的完美组合，体现出元大都统治者在城市建设与管理方面的聪明之处。胡同横平竖直，四合院错落有致，有了胡同的分割与疏通，北京城便成了一座由游牧民族安营扎寨的大军营。大街、胡同又都是正南正北，正东正西，便于方向的识别。

北京人是讲究走路的。因为老北京城无论大街小巷，多是横平竖直，所以北京人走路无法取巧，无论选择什么都是拐硬弯儿，比较来比较去也还是一样长短。

北京的胡同传达着丰富的文化信息。从命名来看，有多种类型。以形象标志来命名，如耳朵眼胡同、罗圈胡同、椅子圈胡同等；以地名命名，如水井胡同、三里河胡同、银锭桥胡同等；以树木植物命名，如柳树胡同、枣林胡同、椿树胡同等；以方位命名，如东坛根胡同、西红门胡同、南月牙儿胡同、北半壁胡同等；以北京的土语命名，如闷葫芦罐儿胡同、答帚胡同、胰子胡同、嘎嘎胡同等；以吉祥话命名，如平安胡同、安福胡同、吉市口胡同等；以衙署官方机构命名，如按院胡同、府学胡同、贡院胡同等；以人名命名，明成祖朱棣定都北京以后，他的功臣大都居住在北京，不少胡同以此得名，如永康侯徐忠住宅所在的胡同就叫永康侯胡同，即今天北城的永康胡同等；以生活化命名，如扁担胡同、柴棒胡同、米市胡同、油坊胡同、盐店胡同、酱坊胡同、茶儿胡同等；以其他物事命名，如金丝胡同、银丝胡同、铜铁厂胡同、铁门胡同和锡拉胡同等。目前在北京的大街小巷上，有街巷名称的胡同约有4000多个。走在这样的胡同里，人们会觉得踏实。

虽然，今天的北京，已是广厦如云，高楼林立，但是北京古老的胡同，依旧魅力无穷，每次遇见，总能勾起大家心底的纯真与简朴。

胡同和四合院是一个整体。胡同两边是由若干四合院连接起来的。胡同、四合院，是老北京市民的居住方式，也是北京市民的文化形态。我们通常说北京的市民文化，就是指的胡同文化。胡同文化是北京文化的重要组成部分，是一种封闭文化。住在胡同里的居民大都安土重迁，不大愿意搬家。有在一个胡同里一住住几十年的，甚至有住了几辈子的。

现在，北京旅游业又开发出了一项新的旅游项目——串胡同。来自四面八方的外国朋友乘坐北京古老的交通工具——人力三轮车，经什刹海西沿，过银锭桥到鼓楼，登楼俯视北京旧城区和四通八达的胡同，然后前往后海地区，参观京城古老的南北官房胡同、大小金狮胡同、前后井胡同，走进普通的四合院，和北京人聊一聊，看看普通北京人的生活，最后沿柳荫街到有“红楼大观园”之称的恭王府，体验旧时王公贵族的居住环境和御花园。

当今，北京的胡同作为北京古老文化的载体，具有一种永恒的魅力，不会随着时光的流逝而淡去！

（2）山西大院

山西大院是我国华北地区民用住宅中的一种组合建筑形式，即一种四四方方或者长方形的院落，也是我国北方农村的代表性院落。一般采用封闭性的组合形式，只有一个院门，一个正房，坐北向南，东西两侧为厢房。南面建有南房，与正房相对应。整个院落，大都按照中国传统习惯，采用对称的办法建成。在南北、东西房形成的角落中，也有耳房，成为粮库及其他库房，也有的作厨房。一般在西南角有一个角落，作厕所。大门大都在院子的东南角。院内，用石板、砖或鹅卵石铺设地面，并在院内种树、栽花，作为庭院的点缀。

此外，在我国东北地区，纬度较高，四合院的庭院空间相对扩大，以引纳阳光，演化为东北大院。

2. 西北的窑洞

窑洞是我国典型的西北黄土高原、黄河上游地区、少雨地带的民居。比较集中的地区是豫西、晋中、陕北和陇东。窑洞是利用黄土壁立不倒的特性，水平挖掘出拱形窑洞式的建筑。它具有节省建筑材料、施工技术简单、经济适用的特点。一般宽 3 米、深 5 ～ 20 米，在 3 ～ 5 米深的黄土覆盖下，室内温度比较稳定，可谓冬暖夏凉。窑洞有单独的沿崖式窑洞（土窑）、土坯或砖石的拱式窑洞以及天井地院落式窑洞三种。

（1）靠崖窑

靠崖窑是在垂直的崖面上开挖的土窑，可以向纵深发展，也可以向两侧发展，形成并列的窑洞。靠崖窑还可以向上发展形成层叠的窑洞，在上的窑洞称为“天窑”。层与层之间，有木梯上下。在靠崖窑前加地面建筑和围墙，形成庭院，是最普遍的窑居形式。

（2）拱式窑

拱式窑是在平地上用土坯、砖石砌筑的房顶为拱形的窑洞，其布局可以像其他房屋一样展开，有一层的，有两层的，也可以构成四合院。

（3）天井窑

天井窑又称“地坑院”、“地阴坑”、“地窖”，是在平坦的岗地上所凿的窑洞。在没有垂直崖面的地区，选取黄土高岗向下挖掘深坑，坑平面为方形、长方形、丁字形等多种。坑的大小和形状都根据地形和需要而定。挖下去的坑即形成低于岗地的庭院。在庭院四周的人工崖面上开挖崖面窑洞，和靠崖窑相似。

窑洞门面装有较大面积的门窗，其采光好、受外界噪声和其他污染的影响少。是农民生活的摇篮，是中华民族的重要文化遗产，是中国建筑工艺的伟大创举，是人类居住史的“活化石”。

### 3. 江南的天井

江南水乡民居盛于明清时期，当地有利的地质和气候条件，提供了众多可供选择的建筑材质。表现为借景为虚、造景为实的建筑风格，强调空间的开敞明晰，又要求充实的文化氛围。建筑上着意于修饰乡村外景，修建道路、桥梁、书院、牌坊、祠堂、风水楼阁等，力图使环境达到完善、优美的境界。虽然规模较小，内容稍简，但是具体入微。不论建筑规模大小，江南民居都体现出一个与北方民居的明显区别，就是雕刻装饰极为繁多，却极少彩画，墙用白瓦青灰，木料则为棕黑或棕红色等。与北方的绚丽色彩相比显得十分淡雅，在艺术风格上别具一番淳朴、敦厚的乡土气息。由于其潮湿的气候，使得民居的通风格外重要，住宅常于建筑与垣墙之间留不超过 1 米的间隙，用来拔风采光，效果颇好。高高的垣墙夹着曲折的街巷，造成了曲径通幽的意境。

（1）天井房

天井房流行于皖南、浙江、苏南、福建、江西等地。平面布局同北方的“四合院”大体一致，只是为适应当地气候，南方的庭院住宅，外围墙壁高大、粗犷，房子大多为较高的二层楼房，庭院和厢房联为一体，庭院面积缩小，变为“天井”，利于防晒和采光。房屋净高较大，有利于通风。住宅第一进院正房常为大厅，院子略开阔，厅多敞口，与天井内外连通。后面几进院的房子多为楼房，天井更深、更小些。屋顶铺小青瓦，室内多以石板铺地，以适合江南温湿的气候。

（2）“一颗印”

“一颗印”流行于云南等地，主要是围绕天井布置房屋，北面正房大都为三间，东西两侧为厢房，南面为厅房，也是大门所在的地方。东、南、西、北房屋全部相连围合，既防风又避日晒。由于它的外观犹如印鉴，故俗称“一颗印”。

（3）江苏民居

江苏气候温和湿润、水域丰富，城镇及乡村民居大都利用地形，自由灵活地散列在流水萦环的隙地上，临河依水而建或跨溪而筑。住房布局紧凑，一般为两层楼房并建有楼阁。房层高、墙身薄、出檐深、门窗高大，利于通风，外观朴素，粉墙灰瓦照影，蠡窗映水，掩映于桃柳丝竹之间，形成独特的水乡人家。

（4）安徽民居

安徽民居是历史上最早出现的建筑类型，风格自然古朴，隐僻典雅；不矫饰，不做作，自然大方，顺乎形势，与大自然保持和谐；不趋时势，不赶时髦，不务时兴。

其布局一般以三合院或四合院为基本单位，但与北京的院落形式有别。根据当地气候、地形的特点，多为各种造型的两层楼房，有的依山傍水，有的参差起伏，有的层楼叠院，精致朴素、堂皇俊秀。

### 4. 塞北的堡子和客家土楼

塞北堡子和客家土楼都是城堡式的建筑。西晋永嘉之乱后，中国进入长达300余年的战乱和民族大迁徙时期。留在塞北、中原的汉族，大都聚族而居，构筑“坞壁”、“坞堡”，军民合一，耕戍自保。南下的汉族以宗族为单位，结队迁徙，有一批深入到赣、闽、粤、桂的人，始终保持着自身的文化特征，称为客家人。他们的居处，是聚族而居的堡楼。

（1）堡子

堡子是坞壁、坞堡的遗存。目前，分布在山西北部、陕西北部、宁夏和河西走廊地区。小的堡子可容千余人，大的可容万人。堡子的遗址很多，保存完好的较少，是今天宝贵的人文景观资源。

（2）客家土楼

客家土楼，现主要在福建永定、龙岩的客家民居中，是数百人聚族而居的堡垒式住宅。土楼的墙体以拌有石灰的沙子、小石子和泥土为原料夯筑而成，墙厚达1米，坚硬而抗风雨。土楼分圆形、方形两种。圆形土楼由三环楼房组成，外环可达五层楼，层高由外向中心降低。中心为平房，建祠堂，是族人议事、祭祀、婚丧礼仪活动的场所。方形土楼的主房区在北区，中轴线上布置前厅、大厅、中厅，由南向北依次连接，俗称“三堂”；大厅两侧东西伸出一排横屋，中厅后的正楼是东西方向横排的楼房，俗称“两横”；两者合起来称“三堂两横”，平面图上是一个“干”字形。正楼为住房，可高达5层，大厅为本族议事、典礼的中心场所。

客家民居是中国南方山区的建筑奇葩，它那独特的风格吸引了众多中外学者、游客甚至美国的军事专家。八卦是我国古代的一套富有象征意义的符号，是我国传统文化的代表之一。客家民居的圆形围屋，按八卦布局排列，体现了客家人的祖先崇尚圆形，期盼吉祥、幸福和安宁的民族心理和文化传统。

### 5. 四川的巴蜀民居

巴蜀文化博大精深，古村民宅既有浪漫奔放的艺术风格，又蕴藏着丰富的想象力。依山傍水的建筑与当地的少数民族风俗紧密联系在一起，有着十分独特的文化气息，既有豪迈大气的一面，又有轻巧雅致的一面。

四川民居广泛采用全楔式木结构建造，并因地制宜、就地取材、随势而筑，以石为基础，以木制梁、楔、柱、椽，以竹隔墙夹楼，以砖或土、石砌墙，以草、瓦盖顶，空间丰富多变，层次错落有致，造型空透轻盈、色彩清明素雅，与大自然融为一体，宛似天成，其抗震防水灾性好。城镇房常为一楼一底，下层开店或日常活动，上层则作为卧室。农村房上层存放（晒晾）粮食，下层为住房、堂屋、厢房、厨房、织作坊等。

6. 上海的“石库门”

上海旧的住宅除一部分花园楼外，以里弄“石库门”房子最具代表性。大片住宅成排布置，互相毗连。户内建筑布局紧凑，高 2～3 层，青瓦坡屋顶，并有小型晒台，在建筑正面和墙头、大门等外常做简单的装饰。

### 6.3.2 少数民族民居的特色

中国少数民族的传统民居丰富多彩，体现了不同地区、不同生态环境和人文特点。

1. 穹庐式民居

穹庐式这种民居主要流行于我国以畜牧业为主要经济的游牧民族居住区，其特点是适应游牧生活和北方寒冷的气候，便于拆装组合和移动。较为典型的有蒙古族的蒙古包、哈萨克族的毡房、藏族的藏式毡房、鄂伦春族的“仙人柱”、赫哲族的“撮罗子”（一种尖顶窝棚）等。外观为圆顶形，外铺羊毛毡，包顶中央有天窗通风采光。

（1）蒙古族的蒙古包

蒙古族的蒙古包呈圆形尖顶，包身用若干个称作“哈那”的木条围成，通常用羊毛毡一层或两层覆盖，样似草原上洒落的莲花。包顶中间装有圆形天窗通烟、通气、采光。包壁安有木框门，向南或向东南开。包内中央设有炉灶或火塘，冬暖夏凉。蒙古包具有阻风力小、易于拆装、便于搬迁等特点。其外形虽小，但包内使用面积却很大，而且空气流通，采光条件好，不怕风吹雨打，非常适合于转场放牧的牧民居住和使用。

（2）裕固族的帐房

裕固族的帐房支架有圆锥形和方形的两种。

（3）藏族的帐篷

藏族的帐篷，中间用两根木柱撑起，四角用粗毛绳拉开钉在地桩上，外观呈双坡形，外面披上牦牛皮，是最简单的毡棚。

2. 院落式民居

院落式民居分布于我国的南方和北方，大多流行于以农业为主要经济的民族地区，由住宅和院落两大部分组成。虽均为院落式，但各具民族特点。

（1）维吾尔族的“阿以旺”

维吾尔的“阿以旺”是维吾尔族的典型住宅。居室前有围墙包围的宽敞庭院，全宅的中心是大厅，屋顶为平顶，中央开窗口采光，大厅周围的各居室也在中央开窗口采光。这是古代游牧民族帐幕的采光通风习惯，能够适应西北地区多风沙的地理环境。维吾尔族人民好客，又爱整洁，主要房间大厅是专门用来招待客人的。居室内整齐美观，室内常用石膏花纹装饰各个部位。庭院有葡萄架装点美化环境。维吾尔族人民喜欢在庭院中招待客人、进餐，夏天常常露宿在庭院内。

（2）回族的民居

回族的房舍大都面南朝阳，构成四合院，或呈虎抱头式。房舍四周围墙环绕，置一别致的小门楼。门前都爱悬挂一块洁白的门帘。一般家庭都喜欢在正屋中间悬挂山水花卉、圣地麦加等字画、图片，两旁配有阿拉伯文书写的对联。

（3）满族的口袋

满族的口袋坐北朝南的正房和东西厢房，再加上门房，形成一个整体的四合院。居室为“口袋房、万字炕”。正房西墙中间设有祭祀神位，院中东南设有索罗杆。就寝时，头朝炕外，脚抵墙，对于防寒和呼吸新鲜空气颇为适宜。

（4）白族“三房一照壁”

白族的传统民居由正房和两侧配房加上南面的照壁围合而成，俗称“三房一照壁”，类似北方的三合院。

### 3. 干栏式民居

干栏式民居是我国南方许多少数民族中典型的传统民居，多建于山区，为两层。干栏式民居历史悠久、分布较广，它适应了山区的地形地貌，顺应自然，灵活多变，同时，又可就地取材，经济实惠，适应了少数民族传统生活的需要。比较典型的干栏式建筑是傣族的竹楼、侗族的木楼和苗族的吊脚楼。

（1）傣族竹楼

竹楼分上、下两层。上层住人，距离地面2.5米左右，以木桩或青竹为柱。下层无墙，用以饲养牲畜及堆放杂物，屋顶为双斜面呈人字型，覆盖“草排”或瓦。室内用竹墙隔开，内间卧室，外间为客室。地板富有弹性，阳光和风经竹缝透入，雅致舒服。傣族竹楼有着很强的地方特色和鲜明的历史特征。住居围护结构轻薄通透，造型纤细、含蓄，与中原汉式住居浑厚、粗犷、墩实的造型形成了鲜明的对照。

（2）侗族木楼

侗族木楼大多保留着百越民族“干阑”式建筑的特色，一般为三层以上。底层放养猪、牛等牲畜，堆放杂物，人居楼上。楼内空间宽敞扩大，四面通风透凉。楼中有走廊伸出，饰以雕花栏杆，边有长凳。二层设有火塘，是做饭和待客的地方。木楼全系卯榫嵌合，十分奇巧。

（3）苗族的吊脚楼

苗族的吊脚楼通常建造在斜坡上，分两层或三层。最上层很矮，只放粮食不住人。楼下堆放杂物或作牲口圈。两层者则不盖顶层。一般以竹编糊泥作墙，以草盖顶。

### 4. 土掌房与石建筑

土掌房与石建筑多分布于云、贵、川等境内。即根据山区或半山区的自然地理特点，就地取材，土墙土顶，利用黏性沙土修建平顶土房，房顶兼作晾晒场所。石建筑主要是在山地，以石头为材料建筑的民居。它们充分表现了少数民族开发、利用自然的特点。

（1）彝族的土掌房

彝族的土掌房多建于斜坡之上，以石为墙基，用土坯砌墙或用土筑墙，墙上架梁，梁上铺木板、木条或竹子，上面再铺一层土，经洒水抿捶，形成平台房顶，不漏雨水，又可作晒场。有的大梁架在木柱上，上垫木，铺茅草或稻草，草上覆盖稀泥，再放细土捶实而成。多为平房，分为两层或三层。冬暖夏凉，防火性能好，非常实用。

（2）藏族的碉房

藏族最具代表性的民居是碉房。多为石木结构，外形端庄稳固，风格古朴粗犷。外墙向上收缩，依山而建，内坡仍为垂直。一般分两层，底层为牧畜圈和贮藏室，层高较低；第二层为居住层，大间作堂屋、卧室、厨房，小间为储藏室或楼梯间。若有第三层，则多作经堂和晒台之用，平屋顶，有的设外廊。无论石砌碉楼还是夯土碉房，藏族绝大多数喜用石灰或白泥涂刷外墙或涂绘日月等吉祥图案。信奉萨迦派的地区则喜用红、白、黑三色相间涂刷竖条状色带，以象征观音、文殊、金刚手三神力的加持。

（3）羌族的碉楼

四川茂县的羌族碉楼，底面为四方形或六角形、八角形，下层的墙厚1米左右，用乱石和黄胶泥砌成，非常坚固。碉楼最高达十三四层，十分壮观。一般的碉楼为三层，下层关畜，中层住人，上层储粮，层与层间有木梯上下。

5. 其他民居

除上述民居外，少数民族还有其他一些特色民居。

（1）大房子

中华人民共和国成立前，我国南方某些少数民族中间，在家庭和社会自然方面长期保留着父系大家庭的残余。这些有着同一血缘关系的大家庭由许多小家组成，共同生活和劳动，住干栏式的大房子。这种民居与该民族所处的自然环境有关系。分布在云南的部分地区的独龙族，直到20世纪50年代，还仍保留着干栏式的大房子。房结构为架空楼居式干栏，分两层。同一家族的成员共同居住在一个大房子内，男子娶妻后在大房侧面加盖一间住房，并增设火塘。有几个火塘就表明有几个小家庭。大家庭内由主妇们轮流煮饭分食，过着原始共产制生活。

（2）鼓楼和风雨桥

在贵州、广西，有许多久负盛名的鼓楼和风雨桥。这些时兴于汉末至唐代的古建筑，结构严谨，造型独特，极富民族气质。整座建筑不用一钉一铆和其他铁件，皆以质地耐力的杉木凿榫衔接，拔地而起。风雨桥又称花桥，是侗族建筑中最具特色的民间建筑之一。因桥上建有廊和亭，既可行人，又可避风雨，故称风雨桥。其结构是以桥墩、桥身为主的两部分。墩底用生松木铺垫，用油灰沾合料石砌成菱形墩座，上铺放数层并排巨杉圆木，再铺木板作桥面，桥面上盖起瓦顶，长廊桥身。桥身为四柱抬楼式建筑，桥顶建造数个高出桥身的瓦顶数层飞檐翘起角楼亭，美丽、壮观。五个石墩上各筑有宝塔形和宫殿形的桥亭，逶迤交错，气势雄浑。长廊和楼亭的瓦檐头均有雕刻绘画，人物、山水、花、兽类色泽鲜艳，栩栩如生，是侗族人民智慧的结晶，也是中国木建筑中的艺术珍品。

（3）黎族的船形屋

海南岛气候无寒潮之忧，但四季多风，该地黎族的传统民居，结构布局十分独特，屋顶用茅草铺盖，垂至地面作墙，天窗开在屋顶上。屋内设炉灶，屋的两端对开一道门。地板用石块筑成，离地面半米左右。有些地方模仿干栏式房屋，用木桩做架构支起房屋，离地面约两米，上层住人，下层关牲畜，外形如倒扣在地上的船只，称为“船形屋”，抗风能力比较强。

总之，中国的民居和其各式建筑，无论在建造工艺、房屋式样、特点多样化，还是在历史悠久、文化内涵丰富等方面都在世界上占有非常重要的地位，它既是中华文化的结晶，又是中华民俗的一个标志。

**小思考**：介绍你家乡的特色民居。

## 6.4 居住民俗的旅游开发

我国居住民俗内涵丰富，既是时代的写照，又是科技、文化、艺术的集中表现，极具景观价值，开发居住民俗旅游很有发展前景。

### 6.4.1 居住民俗的旅游价值

随着时代的发展、社会的进步，人们的闲暇时间越来越多，不少旅游观光者，对异地、异族的居住民俗表现出浓厚的兴趣。居住民俗成为今日旅游事业中人文景观的一个重要组成部分，是当今很有潜力的旅游资源。

在民俗风情中，饮食民俗、服饰民俗和居住民俗等都有可供旅游者旅游欣赏、享受的东西，但居住民俗的地位特别突出。居住是人类在空间的存在方式，任何民俗都不可能脱离空间而存在，岁时节日、宗教信仰活动、游艺活动和饮食，都要有一个空间才可以展现出来。居住民俗中的传统民居，往往为上述这些活动提供了一个合适的环境空间。因此我们在开发民俗旅游资源的时候，要考虑开发与之配套的居住民俗旅游资源，使居住民俗为饮食民俗和服饰民俗提供和谐的环境条件。

当然，居住民俗不可能孤立地成为旅游观光的对象。当我们说居住民俗旅游的时候，是说以它为主导的旅游类型，而不是把其他民俗旅游排斥在外的旅游类型。

### 6.4.2 居住民俗旅游资源的类型

居住民俗按其表现形态可以分为两大类：一类是以人为载体的居住惯例、建房仪礼等人类行为方式，一类是以物为载体的传统民居及其附属物。同样，居住民俗旅游资源也可以分两大类：一类是可供旅游者参与的旅游资源，另一类是可供旅游者观光的旅游资源。

居住民俗中可供旅游者参与的旅游资源，目前已经有了初步的开发。到旅游区去旅游，可以到当地的民居中按照当地人的惯例居住生活，体验异地、异族的生活情趣，满足自己的好奇心。其他民族的人们，住在傣族的竹楼、苗族的村寨、蒙古族的毡房里，确实是别有一番滋味。此外，旅游者的这种情趣，已经成为风景区旅馆设计的一种指导因素，许多风景旅游区的宾馆，都考虑到了当地的风土人情和居住民俗。

居住民俗中供旅游者观光的旅游资源，主要是现存各地的传统民居，其次也包括当地人的居住生活情景。我国各地由于自然气候、建筑材料、生活习惯和民族文化千差万别，形成了多姿多彩的传统民居群体，当地人对此习以为常，外来观光者却感到十分好奇。目前对传统民居旅游资源的开发，已经取得了一定的经验和成就。这些传统民居，极少数以单体方式存在，绝大多数是以建筑群方式存在的。

### 6.4.3 居住民俗的旅游开发

我国居住民俗旅游资源随着旅游业的发展当前已有一些发展，但其文化底蕴及经济价值还远没有充分发挥，其开发还可从以下两方面着手。

1. *古村落旅游*

村落是一聚落，它既是人聚集的空间，又是民居建筑的集聚空间。从风景旅游的角度来说，村落是可观、可游和可居的旅游资源，具有难得的综合开发价值。中国的古村落，规划上受“天人合一”哲学思想的指导，选址时与自然环境注意协调，内涵上具有深厚的文化根基，是一种很独特的人文景观。

现存我国各地的古村落，大多是明清两代与民国初年建造的。极少数是宋、元时建的村落，历经数百年风雨洗礼而保存下来，更显珍贵。古村落建筑绝大多数是土木结构，抗风雨能力差，在自然侵蚀中容易瓦解。另外，天灾人祸、现代化进程也造成了许多古村落的消失。由于这些破坏因素，今天比较完整地保存有古村落的地区大致都有三个特点：一是交通不便，与外界隔绝程度较高，离现代化进程较远；二是地形险要，环境封闭，受历代战乱破坏较少；三是地理条件较好，受水、火、地震等自然灾害的破坏较小。现在已经开发并受到了人们普遍关注的古村落分布地域如安徽徽州地区、浙江楠溪江流域、福建北部山区等地，都具备这些特征。

开发古村落旅游，人们可以看到包罗万象的社会文化、物质文明和人与自然的关系。古村落旅游主要包括三个方面的内容。

（1）古建筑

传统民居建筑是古村落旅游观光的主线。民居的类型、形制、乡土风格，都是对旅游者有很大吸引力的内容。除了民居以外，不少古村落还有一些用于祭祀、教育、集会、交通等功能的古建筑，与民居古建筑相得益彰。

（2）古民居

千百年来庇护着先民们免遭风吹雨打，在这片土地上生生不息，它寄托着普通人安居乐业的祈盼，也承载着仁人志士修齐治平的家国梦。很多古民居目前还仍被人们使用着，并成为我们生活的一部分。它们有的富丽堂皇，有的朴实无华，有的简陋破败，但它们却共同封存着中国千百年的历史记忆，它们不仅是我们的家，也是中华文化的家。

（3）环境与景观

村落是一种自然景观和人文景观结合得较好的建筑群。和城镇不同，村落更贴近自然，处于自然环境的怀抱之中。山水、田园风光、村落的风水意象，在中国古村落景观中有良好的表现。

此外，村民的行为模式中表现出的民风、礼仪、宗教信仰和人文精神也是观光者愿意驻足的对象。

2. 古城镇旅游

城镇是文明起源的标志，环绕民居的集聚规模要大大超过村落。我国古代城镇，一般都是一定层级的地方行政中心，同时又是商业和手工业比较集中的地方，文化内涵比村落更为丰富。当前历史风貌完整保存的城市，在我国已经屈指可数，它们都是非常宝贵的旅游资源。山西平遥古城、云南丽江古城，已列入世界文化遗产。

山西平遥古城面积约 2.7 平方公里，整个城市中基本上全是坡顶瓦房。古代寺庙、民居、街道保存情况完好，是一个完整的城市类型古建筑群体。更为可贵的是，县城的社会结构性建筑物全部被保存下来，它们包括城墙、县衙门、文庙、武庙、学馆、票号、钟鼓楼、佛寺、道观等古代建筑，向人们昭示古代县城的社会生活。在绝大多数县城已经变为现代建筑以后，平遥古城更显得弥足珍贵。

保存完好的古镇，比古城的数量稍微多一些，但是也在不断减少。古镇的游览内容，主要是传统民居。传统民居和村落一样，也有祠堂、寺庙或道观，但规模和级别更大更高。古镇的人文景观，比较突出的是街道和店铺、河流和桥，有的镇上也有相当好的私家园林。

屯溪是黄山脚下的小镇，四面青山环抱，绿水穿镇而过，镇上明清老街至今保存完好。老街长 1272 米，路面用一色褐红麻石铺成。街两旁的店铺都是明清建筑，店铺之间用马头墙相隔，既防火防灾，又为景观增色。店铺里陈列土特产、徽墨、祁红茶、屯绿茶以及各种古董。旅游者到此一行，可以感受古代社会生活的气息。四川省石柱土家族自治县西界沱是长江南岸一个古镇，镇上的“云梯街”和两侧房屋盘绕山崖而上，像登天的云梯。

周庄为江南水乡的古镇，流水、街道、石桥构成奇妙的组合，是很吸引人的人文景观。昆山市周庄镇号称“中国第一水乡”，小桥流水人家的格局保存得最好，“处处可画，时时有诗”，在这里，丝毫没有现代城市水泥丛林的焦躁和压迫感。

对古村落的保护，要“整体、活态保护”。整体有两个层面：一是经典民居、普通民居和较差的民居都有所保留，以反映先民们的真实居住状态；二是从单体建筑到建筑群乃至周边环境都要保留。这需要修正传统的文物保护概念，文物保护肯定是保精品、保单体，而古民居的保护却不能走“精品路线”，因为只有成片地保护，才能比较完整地体现出某一历史时期传统风貌和民族地方特色，宁可保护的片区少点、面积小点，也不要处处动刀，搞得不伦不类。可以借鉴“生态博物馆”模式，民居等物质文化遗产和农耕、纺织、手工艺等非物质文化遗产全部保留下来，人们的生活就是展览，可以原状地、动态地、整体地保护和保存其所属的环境，这种原生态的文化展示得越充分，旅游收入就会越高，当自身利益和文化遗产保护一致时，当地人对古民居的保护才会越自觉。

当我们徜徉在老村古镇、深巷高墙之间时，会不自觉地受到民居美的感染，如饮醇醪，沉醉其中。

## 小　结

民居是建筑中最早出现的类型，我国的民居建筑是千百年来劳动人民顺应自然的智慧的结晶。由于我国幅员广阔，各地自然地理条件不同，56个民族的民居风格与传统各异，建筑材料千差万别，使我国的民居建筑丰富多彩，富有创造性。中国民居具有结合自然、结合气候、因地制宜、丰富的心理效应和超凡的审美意境。有幸保留至今的民居建筑是当今不可多得的旅游景观，应审慎地加以旅游开发和保护。

## 练　习

1. 如何理解居住民俗的旅游价值？
2. 如何理解我国居住民俗的信仰习俗？
3. 简述我国汉族民居的特色。
4. 在居住民俗的旅游开发过程中，如何做到开发与保护并重？
5. 调查学校所在地的民居特色。

# 第7章

# 中国交通民俗

**概　述**

交通是社会生活与发展的纽带，便捷的交通可以使人们快速地互通有无，增加接触与交流，扩大知识的传递和信息的沟通，促进文化的交流与发展。我国在漫长的历史进程中，建立了相当完备的水陆交通体系，积累了多姿多彩的交通民俗。这些民俗，不仅是人们交通生产与生活的习惯和规范，也是民俗旅游资源的重要组成部分。

**学习目标**

1．了解交通民俗的基本常识；
2．熟悉各种形式的交通民俗；
3．掌握交通民俗文化的内涵和旅游开发。

**学习任务**

领会交通民俗的旅游应用。

**任务描述**

提炼我国陆路和水路交通民俗，总结归纳交通民俗与旅游交通的关系。

# 7.1 交通民俗概述

当人类有意识地选择路线穿越陆地或跨越江河时，最初的交通和交通民俗便产生了。随着交通领域的扩大、交通设施和交通工具的日益发展，相关的交通信仰和习惯不断产生，交通民俗也日趋丰富多彩。

## 7.1.1 交通民俗的形成与发展

所谓交通是指借助一定的交通设施、工具，实现人员和物资的空间位移。其中交通设施和工具是构成交通的基本要素。交通民俗就是在交通设施和交通工具的创造与使用过程中产生的与交通有关的民间习俗与惯制。如道路或航线的开辟、桥梁的建筑、车船的制造与使用、交通管理的规约、交通信仰、送别与欢迎的仪式、交通动力的使用等。交通在人类社会发展和人类文化交流中占有十分重要的地位。有关交通的民俗，也只有在生产、生活的实践中才能形成。

### 1. 交通民俗的形成

原始社会，是没有交通可言的。交通必须有用以代步的工具，我们的祖先从古猿进化而来，徒步行走，虽然也起到了人际交流的作用，但毕竟不是我们所说的交通。后来随着工具的出现，交通运输在狩猎谋生活动中得到了应用，当人们捕到猎物或采集到食物后，行走与搬运便结成一体，开始了有目的地进行运输和信息的传递活动。最原始的运输方式是手提、头顶、肩挑、背扛；最原始的信息传递方式是呼叫、打手势。这便是交通运输的远古习俗。中国朝鲜族和西南一些少数民族至今还保留着以头顶或前额负物的习俗。

后期，由于社会生产力的发展，畜牧业和农业出现了分工，开始了产品交换，产生了局部范围内的小量运输。随着手工业和农业分工的出现，产生了货币，商品交换量迅速增加，运输的范围和数量也相应地不断扩大和增加。

### 2. 交通民俗的发展

交通和运输工具的发展，可归功于由狩猎而带来的动物的驯养，特别是大牲畜，如牛、马等，可供人骑用，于是它们便成了真正的交通工具。今天我们从各民族传统的交通、运输民俗中还可找到最原始的交通运输形式，包括陆路和水路的。如东北地区的狗或鹿拉爬犁（雪橇），可能是陆路交通民俗中最古老的“遗留”。用两根两头砍薄的粗木杆，弄成弯形，其上做成能坐人或装货的架子，由几只狗或鹿拉。这是至今赫哲族、鄂伦春族、鄂温克族仍使用的传统方法。

车的发明比较晚。传说中，黄帝是车的发明者，故名轩辕氏。中国在进入奴隶社会的商周时期，车的制作已相当进步。最初的车是木轮车，俗称“大轱辘车”。魏晋南北朝时期，北方草原的“铁勒”（敕勒）部落，曾因“车轮较大，辐数至多”，被称为“高车部”。这种高大的木车，至今还可在蒙古族牧区见到，也就是所谓的“勒勒车”。关于车的民俗一直传承到今天，其基本构造，也未脱离古制。

车在古代成为生产、生活、交通、运输及战争中的主要工具。最初是车马并称，乘马也就是乘车。战国时代，赵武灵王“胡服骑射”，从匈奴人那里学来了骑马，可见首先把马作为交通工具的是古代的北方少数民族。

随着城市的逐步兴起，城市交通习俗开始出现，从早期的人力车到现代化的机动车，如北京最早的人力车、上海的独轮车、风靡一时的黄包车、欧美风情的马车，到代替人力车的三轮车、榻车，以及解放后普遍使用的自行车，率先开路的电车，现代化的汽车、公交车、火车等。随着社会的发展和科技的进步，交通越来越发达，交通民俗也越来越丰富。

### 7.1.2 交通民俗的特性和影响因素

古代交通工具，总的说来，可分为畜力交通工具和人力交通工具两大类。畜力交通工具有骡车、牛车、驴车、羊车、大车、驴车、骆驼车、马车等，人力交通工具有船、人力车、三轮车、轿和扛肩、担挑、冰床等。其形成与发展，受多种因素的影响与制约。

#### 1. 交通民俗的特性

中国960万平方公里的土地、56个民族、上下5000年灿烂的历史孕育出了中国多姿多彩、各具地方特色和民族特色的交通民俗文化，从而形成了交通民俗非常独特的特征。

首先，从其构成来说，交通民俗包括实物、工艺技术、仪式、信仰、禁忌等，其中既有物质民俗，也有意识民俗。

其次，从其存在的形态来说，交通民俗主要有文化的民俗和生活的民俗。如果交通民俗作为文化而存在，那么，它表现为符号、知识的积累和文明的成果，因而相对稳定、静止，如有关交通的语言、概念，各种交通设施等；如果交通民俗作为生活而存在，那么，它表现为活动的、知识的运用和文明的事件，它是动态的，是人正在进行的过程，如使用的交通工具，车船的制造等。

再次，从其产生和流行的范围来说，交通民俗具有地域性。中国幅员辽阔，各地自然条件不同，人民使用的交通工具也有很大的差别。如北方人乘马，南方人乘船；“沙漠之舟”——骆驼是西北沙漠地区常见的运输工具；马帮经常穿行在云贵川的崇山峻岭中；江南河汊交错的地域，舟船是主要的交通工具；羊皮筏漂浮在黄河上，桦皮船行驶在乌苏里江上等，地域特色十分鲜明。

#### 2. 交通民俗的影响因素

（1）自然环境的影响

交通民俗是体现在交通运输中的习惯化的行为方式，和人们所处的自然环境有着密切的关系。人类经常接触的自然环境因素，包括地形、物产和气候等，这些都对交通民俗有直接而深刻的影响。如在降雨较少、河道不多的平原地区，适宜修筑宽阔笔直的道路，形成陆上交通网，通行各种车辆；在河道纵横、水网密集的平原地区，遍布渡口和桥梁，穿梭行驶各种船筏；进入崇山峻岭、沟壑纵横的山区，修筑栈道、石阶路、盘山道、各类桥梁，步行或使用背篓、背架、舆轿、滑竿等交通工具，就成了必然的选择；在冬季冰雪覆盖的北方山区，选择雪撬、爬犁在雪道、冰道上进行交通运输是人们适应自然的结果等。而物产则主要影响交通设施和交通工具的建筑与制造材料。如石板的路桥，多在多石的山区或丘陵地带，竹筏使用于产竹的亚热带，从而产生各具地方特色的交通民俗。

（2）人类生活的需求

民俗建构的动力是人类的需要。交通民俗正是为了人类交通生产和生活的需要而产生，同时也为人类交通生产和生活的存在与发展服务。不同时代人类的需要不同，导致了不同时代的交通民俗的差异。独木舟时代，有独木舟时代的民俗；远洋帆船时代，有远洋帆船时代的民俗。历史在发展，社会在进步，人类沟通与交流的需要日益迫切而复杂，交通民俗也就以越来越快的速度产生、传承、变异和发展。古往今来，人类的交通需要总是领先于当时的交通民俗，成为交通民俗发展的动力，促使新的民俗事象不断产生。而无法满足的交通需要，将导致交通神话和新的交通观念的产生，为交通民俗的发展描绘未来的远景。

（3）人们的发现、发明与运用

发现与发明是一切交通民俗产生的根本源泉。人们发现与发明的新事物，可以是有形的实物，如道路、车辆、牲畜、桥梁等，也可以是无形的新观念、新思想。发现是给知识增添新的东西，发明则是知识的新运用。但是，发现与发明并非总是能导致交通民俗的产生或变迁。如果人们对某项发现或发明不加理睬，就不会引起交通民俗的产生或变迁。只有当社会接受了发现或发明，并且有规律地加以运用，才谈得上交通民俗的产生或变迁。中国人养马的历史，至少有4000年以上，这已为山东龙山文化遗址的发掘所证实。但马的单骑在战国以前还很罕见，人们宁愿坐在马拉的车上，以无法跟单骑相比的速度行进。一直等到公元前307年，赵武灵王冲破重重阻力下胡服令，单骑才开始普及，成为历代相传的交通民俗。

（4）文化的交流与传播

除了自身的发现与发明之外，一个社会新的交通民俗的出现，也可能来源于另外一个社会。这种从其他社会借用交通民俗，并且将其融合到自己固有的民俗文化之中的过程，就是传播。如赵武灵王的“胡服骑射”、中国的水密舱技术传到欧洲后，在18世纪被欧洲人用于船舶制造等。

我国地域辽阔，地形复杂多样，民族众多，历史悠久，因而形成了我国极其繁杂的交通民俗，而各种不同的风俗习惯又通过交通运输的两大功能——交通运输通道和交通运输工具反映出来。

### 7.1.3 交通与通信民俗

交通在某种意义上讲，具有传递信息的作用，所以在这里我们有必要对通信民俗略加叙述。

传递信息的方法不外乎听觉和视觉两种。听觉和视觉的结合，形成了现代文明的一切通信系统。通讯的最古老方式是语言，其他听觉方法，大都是由语言发展而来的。

人类社会很早就出现了传递信息的活动，古代邮驿就是适应这种需要而产生的。在古代，主要利用人力或畜力传送政令或军令。在范围较小的氏族部落内，通知一件事，通过呼喊叫声即可达到目的。鼓声、锣声、哨声在今天也还是一些村民所习用的。在较大的范围内，通知一件事，靠喊叫声有很大的局限性，为了弥补这一不足，人类利用视觉传递信息，如古代的放狼烟、烽火台，或用驿站传递书信等。

过去在拉祜族中保留着一种古老的通信方法，在竹片上刻一道口，表示有事。大口是大事，小口是小事。如果再插上三根鸡毛，表示有急事商量。在竹片上插三根鸡毛，带上一块火炭，告诉对方，事在燃眉；带上三颗辣椒，表示对你生气，或表示绝交；带上子弹或弩箭，表示下战书；带上蜂蜡，表示友好和祝福。此外景颇族中曾流行的树叶信，也是一种古老有趣的通信方式。这种传信木刻和传信包，在世界各原始民族中都曾使用过，它具有私人或外交的性质。

随着文字的产生和生产、科技的发展，原始的通信方式自然有所改变。当今人们已进入到了信息时代，但一些实物所代表的特定的含义则无法用文字来表示，也还是保留了下来，成为了一种特定的民俗。

## 7.2 我国陆路交通民俗

在以道路为起点的交通设施和以步行开始的交通工具的产生和演变过程中，人们在交通的生产和生活里，逐渐形成了丰富多彩的陆路交通民俗。

### 7.2.1 陆路交通设施

在古代，人们已很重视交通设施的建设。因此，自古以来我国创建了许多交通设施，其中陆路交通设施主要包括道路、桥梁和交通点。

1. 道路

在远古尧舜时，道路曾被称作“康衢”。西周时期，人们把可通行三辆马车的地方称作“路”，可通行两辆马车的地方称作“道”，可通行一辆马车的地方称作“途”。“畛〔zhěn 枕〕”是老牛车行的路，“径”是仅能走牛、马的乡间小道。秦始皇统一中国后，“车同轨”、“兴路政”，使中国的道路得到了发展，当时最宽敞的道路，称为驰道，即天子驰车之道；唐朝时筑路5万里，称为驿道；后来，元朝将路称作“大道”，清朝称作“大路”、“小路”等；清朝末年，我国建成第一条可通行汽车的路，被称作“汽车路”，又称“公路”，由此一直沿用至今。至于“马路”，则是外来语。巷、坊、弄、胡同等，被认为是从唐朝沿用下来的旧称，系指大道以外的路。我们这里所说的道路，通常是指地面上供人或车马经常行走的那一部分，即路的总称，因其大小、形式和用途，可以分为很多种类，从而形成多种各具特色的民俗事象。

（1）栈道

栈道又名阁道，是沿悬崖峭壁修建的一种道路，如秦惠王时修筑的起自秦岭北麓眉县西南15公里的斜水谷，终到秦岭南麓褒城县北5公里的褒水河谷的褒斜栈道等。栈道是我国陆路交通的一大奇迹，也是非常有开发价值的旅游资源。古栈道本身可以进行旅游开发，但更重要的是旅游开发时，有意识地使用栈道这种交通设施，可以增加旅游者的交通乐趣。

（2）石槽道

石槽道可谓中国古代交通史上的奇观，在三峡地区不仅最典型，而且留存最多，在瞿塘峡内最长一段就有200多米。该道路的开通沟通了巫山和奉节之间最直接的联系，同时也给瞿塘峡创造了非常好的纤夫道，间接促进了水上航运的发展。但如今，它已经沉睡在波澜不兴的江水之下了。建设石槽道时所使用的工程手法很多，在今天的公路建设中还在大量使用，如使用炸药开路，采用隧道、路面的高度考虑洪水的水位等。

（3）纤道

纤道是古代水上交通的陆路辅助设施，是为纤夫提供拉纤的通道。这种道路曾经普遍存在于各地的水上交通线。如浙江萧山、绍兴、上虞的浙东运河古纤道，全部用形状不一的石头砌筑而成，是浙东平原特有的水乡文物，具有浓郁的民俗风情。它形体纤巧、造型别致，宛如长虹卧波，伸向水天极目之处，构成江南水乡的绮丽风光。

（4）盘山道

盘山道是民间创造出的适合山地地形起伏较大的道路。盘山道的形式，有石阶式，也有平面式。狭窄的盘山道只能通行人或牲畜，宽阔的盘山道可以通行各式车辆。

（5）石阶路

石阶路，用当地的石板铺成的小路。在山地的交通中，其使用比盘山道更广泛，同时也是现代山地旅游区中最主要的旅游道路形式。

（6）冰雪道

冰雪道是冬季严寒的地区利用天然河道，或用冰雪人工修建的道路。冰雪道可以通行滑板类交通工具，如雪橇、爬犁、冰床，也适合行人使用冰鞋或滑雪板。

（7）城镇道路

城镇道路民间传统上，根据路的大小和用途，分别称为街、巷、弄、胡同。城镇交通的道路称为马路或道，起始于上海和香港，既有传统的影响，也带有租界或殖民地色彩。弄和胡同，现在都已作为旅游资源在开发。上海民俗旅游中就有“走弄堂，看石库门，做一天上海人”的活动项目。北京民俗旅游中，串小胡同，看四合院，也是颇受旅游者欢迎的活动项目。现如今还出现了胡同文化等。

2. 桥梁

桥梁是跨越水道和峡谷的主要交通设施，在交通运输中起着重要的作用。我们的祖先因地制宜，修造了众多各式各样的桥梁。传统的桥梁，按其建筑材料，分为木桥、石桥、砖桥、铁桥、竹桥和藤桥；按其结构，分为梁桥、拱桥、浮桥、索桥和吊桥等。

（1）石桥

石桥主要有三种形式，即蹬步、梁桥和拱桥。

1）蹬步又称踏石，是最简单的一种石桥，多设在水浅的河流小溪上。蹬步的建造方法非常简单，只要把石块按一定距离有规律地安放稳固，连接河流两岸，就可以供人过渡。

2）梁桥是我国石桥采用较多的形式，现存的很多石桥属于这种结构。石梁桥以福建滨海地区最为集中，很多石桥屡经沧桑依然雄姿犹在，让人叹为观止。

3）拱桥是石桥的主要形式，早在东汉时期，我国已开始建造石拱桥。现存最古老的石拱桥是河北的赵州桥，该桥造型优美，结构科学，迄今仍巍然屹立，被誉为北方四大胜迹之一。

石桥除了上述三种形式外，还有风雨桥和砖桥。风雨桥又称廊桥，民间也叫回龙桥、花桥、龙桥、福桥等。风雨桥是石桥的变异形式，有拱桥，也有梁桥，而且桥身和桥墩多为石结构，桥上亭廊为木结构。广西三江侗族自治县的程阳桥，当地称为永济桥，是我国最著名的风雨桥。砖桥是石桥的变异形式，以砖代石，但多以拱桥形式出现，没有石桥那么普及。

（2）木桥

在我国建造历史悠久，最迟在西周时期，中国人已经在渭水上建造梁桥和浮桥，而遍及民间的独木桥的历史，肯定比梁桥和浮桥更为久远。中国历史上曾有许多著名的木桥，但由于木材的特点和历代的兵火与天灾，几乎没有一座木桥能够保留下来。木桥形式很多，有多跨式木梁桥、木拱桥、浮桥、吊桥等。现在一些景区，小河上多见木桥，与景区的景色协调一致，交相辉映。

（3）索桥

索桥是以竹篾、藤条或铁索等做索具架在河涧之上，以便通行的设施，主要流行在西南和西北地区。最简单的索桥是溜索，它是以竹、藤或铁索，架设于河涧较窄的地方，运送两岸的人或物。人们过溜索时，把系在吊环上的索绳下端缚在腰间，用双手攀住主索，向前滑动。在溜索的基础上，经过不断改进，又出现了双索桥、多索桥、多索网状桥、多索多孔索桥等。如四川灌县的珠浦桥就是多索多孔竹索桥，是秦代李冰父子建都江堰时主持建造的，堪称中华乃至世界第一索桥。铁索桥的建造也有悠久的历史，四川泸定大渡河上的铁索桥，因毛泽东的《长征》诗“大渡桥横铁索寒”而天下闻名。现在许多旅游点都建有索桥，既是供游人过渡，又成为了一道景观。

3. 交通点

交通点主要用于交通要道的休息、补给和管理等。包括关塞、驿站、长亭等。

（1）关塞

关塞又叫关口、关津等，是战争的产物。一般设于国境之内，城防完备的称为关，设于边界险要处的军事据点称为塞，现在统称为关。关塞在战争时期，主要用于凭险御敌；和平时期，是内外相通的要道，主要用于管理交通，征稽商税。所以，关塞既是军事设施，也是交通设施。关塞大多设在交通要道的险山峻岭之中，大江大河之滨，形势壮美，景色宜人，如长城沿线的山海关、居庸关、嘉峪关，丝绸之路上的玉门关、阳关，黄河之滨的虎牢关、孟津关、潼关、金锁关，岭南门户的梅关、韶关，抗日战争中蜚声中外的平型关、昆仑关等。众多的险关要塞，是中国交通民俗文化最为独特的组成部分。很多留存至今的著名关塞，已经成为旅游胜地，还有些关塞极具旅游开发价值，有待于进一步规划开发。

（2）驿站

古代交通路线建立以后，方便客运和货运的服务设施也相继发展起来。春秋战国时期，战争频繁，修筑了许多通行战车的道路。为了在沿途补充给养，中原各国还设立了众多的“驿站”。秦汉时期已初步建立了遍布全国的驿站网络。历朝历代的驿站，都备有若干马匹，以供递送文书的人或过往官员骑乘，并提供免费食宿。隋唐时期，水陆驿站建造得豪华壮观，食宿设施一应俱全，令人流连忘返。但现在完整保留下来的较少。

此外，还有驿道，即唐朝以来，为适应秦汉的“驿传”制度，建立了通达全国的驿道。元、明两代，自乌苏里江汇入黑龙江至海口沿线，还设有“狗站”，即专用狗车的驿站。

（3）长亭

长亭是在道路中为来往旅客提供休息的场所，亲友也常在此停留话别。

### 7.2.2 陆路交通工具

交通工具是指载人、载物用于运输的工具，陆路交通工具主要有直接附着于人体的工具，如扁担、背篓等，各种车辆、动物，以及用于冰雪路上的雪橇等，是交通民俗的重要组成部分。

1. 车辆

车辆是我国陆路交通中使用历史较长、范围最广的交通工具。车的传承关键在于车轮的创造。按车轮数量，我国的车辆可以分为独轮车、两轮车、三轮车、四轮车等；按动力，可以分为人力车、畜力车、机动车；按车轮质地和结构，可分为有辐车、无辐车、木轮车、铁轮车、胶轮车等。

（1）独轮车

独轮车又称鸡公车、小车、羊角车等，各地叫法不一。鸡公车出现于汉代，适用范围广泛，山地平原均可使用，全国各地都有分布。其构造系用硬木制造，长4尺左右，最原始的车轮是用整片圆木制作的，后来出现有辐轮，外包铁皮，现在多用胶轮。车架安设在独轮两侧，由一人掌扶两个车把推行，有时也可前拉后推，载人载物均可。车子虽小巧，载重量却可达二三百公斤。“独轮车”因系独轮着地，所以无论平原山地，小道皆可畅行无阻，是一种胜过人力担挑和畜力驮载的既经济又实用的交通运输工具，是人类交通史上的一项重要发明，“独”领风骚若干年代，至今还在发挥“余热”，在乡村、建筑工地仍有它的身影。据当代日本学者研究，在自行车发展史上，“鸡公车”是自行车的始祖。

（2）两轮车

两轮车是最常用的车，人力车和畜力车都有。大多数畜力车采用两轮结构，常用牲畜为牛、马、驴、骡等，可用一匹牲畜，也可用多匹牲畜。如蒙古族常用的勒勒车，陕西等地的硬辕车、平头车，旧时代北京、上海等地的马拉轿车等。现代旅游区中，也有使用畜力两轮车的，如山东曲阜从孔庙到孔林，就用马或驴拉车载客，鞭声清脆，铃声悠扬，旅游者可以悠闲自在地观赏风景，别有风味。

人力车、自行车也是重要的两轮车类交通工具，还有一种人力两轮车，民间称板车、手推车、浪子车等，主要用于短途货运。20世纪初，城市里出现的人力双轮黄包车，成为主要的“客运”工具。黄包车又分“路车”和“街车”两种。“路车”的任务是“长途客运”；“街车”专门在城内“行驶”跑“短途客运”，可以全城跑，但也设有“站口”，相当于现在公交车的车站。

（3）三轮车

三轮车属于人力车，有载人载货两种，是由东洋车发展而来的。载人三轮车通常是车把与一轮相连，位于前面，车厢和另外两轮相连，位于后面，车厢设软座，上有顶棚遮阳挡雨。载货三轮车有和载人三轮车相同结构的一种，也有两轮和车厢在前，车把和一轮在后的一种，东北民间戏称之为“倒骑驴”。

人力客三轮车历史并不悠久，解放初期才出现的，它比黄包车又进了一大步，也可以说翻开了城市客运的新篇章，至今仍然是城市客运的一道亮丽的风景，通行便捷，观市井浮华闹市，比小汽车更悦目爽心，颇受旅游者青睐。

（4）四轮车

四轮车是畜力车，稳定性好，但对路况要求较高，既可载人，又可载货，如新疆乌鲁木齐、吐鲁番等城市的四轮马车，主要用于载人，当地称为畜力小巴士；华北、东北等地有载物四轮马车或牛车，称为太平车或胶轮大车，载重量大，但不常用。

（5）现代化交通工具

随着科技的发展，现代化交通工具越来越多。在我国的城市，由早期的人力车到代替人力车的三轮车、棚车，解放后普遍使用的自行车，率先开路的电车交通，现代化的汽车、公交车、火车等，已成为人们日常生活中常用的交通工具。在一些旅游景区还开发了电瓶车，既是景区的交通工具，又是一道旅游风景线，同时还适应了环保的要求。

2. 交通用牲畜

使用畜力作交通工具，古已有之。民间常用的动物主要有马、牛、驴、骡、骆驼、牦牛、狗、羊和驯鹿等，一般称之为牲畜，无论人骑或驮运都十分方便。在交通中，特别是交通不发达地区动物的作用非常大。

用马驮运货物，组成马帮，曾流行于云贵川地区。“沙漠之舟”是人们对骆驼的誉称，是内蒙古、新疆、甘肃等地蒙古族及其他民族在戈壁沙漠中的重要交通运输工具。牦牛是藏族人在雪域高原上常用的交通工具，可以骑乘，也可以载物。驮羊，藏语称“鲁开巴”，主要用于驮运食盐，每只羊可载七八公斤的食盐，有时用几百只羊组成壮观的驮队，跋涉在高原的碧草蓝天之间，极具民俗风情。狗和驯鹿主要流行于东北高寒林区，是鄂温克等民族的交通工具。

清代在北京城内，文武大臣上朝，除了少数高官之外，都要骑马。清朝统治者为了保持满族尚武的传统，对于官员坐轿严格限制，尤其要求武臣必须骑马。所以，在北京旧城某些地方，至今仍然可见“官员人等到此下马”的“下马碑”以及“拴马桩”。

现代化的交通工具，如汽车、火车、飞机等，缩短了人与人、地区与地区之间的距离，但在民间，比较原始的交通工具还在发挥着它应有的作用，畜力加车辆的交通运输习俗在我国仍然是村寨经济活动的重要因素。

3. 其他交通工具

其他交通工具主要指冰雪类交通工具和直接附着于人体的交通工具。

（1）使用于冰雪路上的交通工具

使用于冰雪路上的交通工具包括：雪橇，我国东北地区少数民族创造的狗或马拉的近似于车类的工具，流行于东北三江平原地区，是赫哲族人常用的冬季交通工具；爬犁，一般可用狗、马、驴、骡等牵拉，在冰雪上滑行，载人、载物都可以，也是一种流行于东北少数民族地区的交通工具；此外，冰鞋、滑雪板、橇板也是常用的冰雪交通工具，它们和雪橇、爬犁一起成为了具有特色的交通运输工具。

（2）直接依着于人体的交通工具

直接依着于人体的交通工具，主要用于一些边远或交通不便的山区，是一种以人载物的交通运输方式，主要有扁担、背篓、背架、绳索、布或皮袋、滑竿、轿子等。

原始的运输工具首先源自狩猎时代人力的扛、背、抬所借助的木棍或原始武器矛、叉等（可以说是我国扁担这种搬运工具的远祖）。还有西南、西北的背篓，东北的背架等。

滑竿流行于地势陡峭的重庆和峨眉山区，因为全部用滑溜的竹竿绑扎而成，所以称之为滑竿。滑竿用两根结实牢固的长竹竿作支架，前后两端各绑一截短竹，作为肩架，中间把一排竹片用绳子串起来编成软床，前面再吊一根踏脚的竹竿，后面用竹做一个背枕。软床可以自由摆动，乘坐者上山下山都很舒服。

轿子在全国各地都曾流行，有两人抬、四人抬、八人抬等几种形式，现在已经差不多在人们的生活中消失了，只有婚礼上偶尔有人使用。有些旅游区也有意识地保留了轿子，作为一种参与性的旅游项目。

### 7.2.3 陆路交通信仰习俗

“出门万事难”，一句话道出了人们传统上对旅行的畏惧。由于交通的落后，行路的艰难，尤其是长途跋涉，更让人焦虑不安，从而相应地产生了很多有关陆路交通的信仰和习惯。信仰的目的是祈求神灵保佑旅行平安，而习惯更多的是为了表达对行人的美好祝愿、平安归来的喜悦等。

#### 1. 陆路交通信仰

“道神”又称“行神”、“祖神”，是主管道路旅行的神灵，有的说是共工之子脩，有的称是黄帝之子（妻）累祖。

古时人们出门旅行前对道神的祭祖称祖道，先秦时代已有这种习俗。《诗经·大雅·韩奕》记载：“韩侯出祖，出宿于屠。显父饯之，清酒百壶。”饯是家人朋友设宴给旅行者送行，祖、饯往往连在一起，先祭神，后娱人。中国人对道神信仰原本就不太虔诚，后来更加淡化，到了晋代以后，祖道逐渐让位于饮饯。人们在祖道仪式上主要抒发的不再是对道神的敬畏，而是对人的依依惜别之情。人们越来越重视送别的宴饮和礼物，以及对远行归来者的欢迎。

此外，旧时人们出行有时要占卜，选择好日子，凶日不宜出门。

#### 2. 陆路交通习俗

古人有出行尚俭、出行吟作、以歌相送、折柳赠别等习俗。

（1）折柳送行

折柳送行，是中国民间历史悠久的送行习惯。《诗经·小雅·采薇》中写道：“昔我往矣，杨柳依依。今我来思，雨雪霏霏。”已经开始用杨柳依依的意象来表达不舍的送别情怀。由于古代交通不便，古人出行之后，离别就是很长时间，或是来世再见了，所以离别之情，甚是悲伤。

折柳，“柳”谐音留，折柳送行的习俗起于汉代，《三辅黄图》说：“霸桥在长安东，跨水做桥，汉人送客至此桥，折柳赠别。”以后历代相承不衰，而以唐代最为流行，唐诗中折柳送别的诗句比比皆是。折柳送别，除了表达依依惜别之外，很可能和古人认为的柳能驱鬼，可保护人行路平安有关。“渭城朝雨浥轻尘，客舍青青柳色新。劝君更尽一杯酒，西出阳关无故人。”月亮也是重要的意象，因为无论在哪里都看到同一个月亮："海上升明月，天涯共此时。"朋友也是重要的，所以才有"千里黄云白日曛，北风吹雁雪纷纷。莫愁前路无知己，天下谁人不识君"等千古绝句。

（2）接风洗尘

接风洗尘是另外一个传统的有关陆路交通的风俗习惯。旅行者远行归来，或有客自远方来，亲朋故旧往往为他们设宴欢聚，洗去一路风尘，庆贺旅途平安，称之为接风或洗尘。直到今天，这一习惯还流行在中国人的日常生活之中，是人际交往的重要礼仪。

总之，陆路交通习俗历史久远，交通工具品种繁多，地域特色鲜明，充分反映出中华民族的智慧与创造力，具有很高的旅游开发价值。

知识拓展 7–1

**古人的出行习俗**

说到古人的出行，很容易使人联想起几个轿夫扛着一顶轿子在小路上行走，数匹白马拉着一辆大车在大街上穿行，或者一叶扁舟从轻风微拂的水面轻轻划过的图景。这些联想大抵反映了我国古代交通的真实面貌，它与现代交通相差甚远。

在古代，各种交通工具的利用以及规模、形制等方面仍有一系列制度上的规定。比如，明代规定，在京三品以上者可以乘轿，四品以下不得乘轿，"五府管事，内外镇守、守备等，不问老少，皆不得乘轿"。清代除杂职人员外，一般文官均可乘轿，但对轿夫与乘舆的装饰有不同的规定。武将一律骑马，只有年过七十，总兵以上官员经皇帝特许后才可以乘轿。庶民可以坐车，但对车身的式样也有规定。

不过在实际的生活中，违礼逾制常常存在。如在晚明的江南，不用说官员，就是监生、秀才乘轿的也十分普遍。在明代长篇小说《金瓶梅》中，我们看到，那些来访的文官包括内相（太监）无论级别一般都乘轿。西门庆外出一般骑马，他家以及其他一些有财力的妇女无论有无职衔，基本一律乘轿，连妓女李桂姐等出门，也都乘舆而行。若出远门，则或骑马，或乘轿，如西门庆曾赴东京陛见，"一路天寒坐轿，天暖乘马"。

在北方，平常的出行，若是较为富裕的人家，除了乘轿坐车外，也骑马、骡或驴。而在下等人家，若非特殊情况，基本是以步当车。而在南方，由于水网密布，船的重要性无可比拟。丰子恺曾回忆说："水乡地方，河流四通八达，这环境娇养了人，三五里路也要坐船，不肯步行。"周作人则言："除了（绍兴）城内或上山是用轿子，普通代步都是用船。"除了不少家庭备有船只以利出行外，各地还有相当多专门以撑船为业的船户。

当时人们出行，特别是出远门，均是雇船而行，当时船行的速度，据长沙举人杨寿恩日记的记载：慢的时候每天四十里，最快的日子则达到二百二十五里，一般都在七十至一百里之间。出行的费用，对士人地主家庭来说，应该不算多；而对一般普通家庭来说，出行在家庭消费中则是举足轻重。

## 7.3　我国水路交通民俗

人类关于水路的开辟从古时代便有了。江河湖海本来是隔断人类交通的天堑，但是，当人类受到自然现象的启发，使用技术和工具征服它们用来航运的时候，江河湖海就被赋予了路的意义，成了陆路以外的重要交通通道。而且人类逐渐认识到，水路交通的运输量和速度是传统的陆路交通无法比拟的，从而不断地整治江河、开辟航线、挖掘运河、建造舟船，使水路交通的范围日益扩大，交通体系越来越完备，从而形成了丰富多彩的水路交通民俗。

### 7.3.1　水路交通设施

1. 水道

水道又称为航道或航线，按其形成过程，可以分为天然水道和人工水道；按其所处地理位置，又可以分为内河水道和海上水道。在水道中，航运安全、使用频繁的水道，又被称为黄金水道。

（1）天然水道

天然水道指自然形成，可以航运的江河湖海。江河湖海能否航运，取决于地质、气候和水文条件。江南水乡，地势平坦，江湖密布，水量丰沛，形成了纵横交错的天然水道，水路交通活跃发达：西南地区，很多地方山高峰险，河流落差极大，水流湍急，航运艰难，往往成为交通的障碍。东北地区，大江大河不少，但封冻期长，水路交通只能是陆路交通的补充。中国有 18000 公里的大陆海岸线，但是，在现代动力的船舶出现以前，人类能够航运的海域却寥寥无几。

（2）人工水道

人工水道指人工开凿的、可以航运的河渠，通常称之为运河。如战国时代的邗沟、鸿沟，秦代的灵渠，隋代的大运河，元代的京杭大运河等，都是非常典型的人工水道。

（3）水库

在人工水道中，还有另外一种类型，就是水库。古代的水库可以分为四类，即灌溉水库、航运水库、军事水库和防洪治河水库，而且多数水库都有航运功能。如今许多水库已成为人们生活的水源及旅游的名胜。

2. 渡口

在水路交通中，为了方便人们的摆渡及装运物资，人们在没有桥梁的江河湖口及海峡岸上建立了一些水上驿站，即渡口。这也是水上交通的一个重要设施。唐朝，我国各水陆要道上的馆驿，每30里一驿，构成了以京都长安为中心，遍布全国的驿路系统；元朝驿路分布之广，也为前代所不及，在全国水陆通道上，遍设驿站，构成了以大都（今北京）为中心，通向全国及至境外的稠密的驿路交通网。

中国历史上曾有很多著名的渡口，如黄河的孟津渡、风陵渡，长江的瓜洲渡，钱塘江的西兴渡，金沙江的绞车渡，秦淮河的桃叶渡，杭州的西泠渡，赣江的造口渡等。更多的是遍布各地默默无闻的乡村渡口。

渡口这种交通设施至今还在公路与水路交叉点上发挥着一定的作用，没有废弃。现代渡口一般使用机动船，比传统渡口使用小木船或木帆船要安全、方便、快捷。

3. 港口

港口是具有一定面积的水域和陆域，供船舶出入和停泊、货物和旅客集散的场所。港口按其所在位置，可以分为内河港、海岸港和河口港；按其用途，可以分为商港、军港、渔港、工业港和避风港。现在进行旅游开发较多，民俗风情浓郁的港口，主要是军港、渔港和避风港，已经开发的基本上是海港；至于河港，尤其是五大淡水湖的港口，还没有受到旅游业应有的关注。加快开发河港旅游资源，应该是更新旅游商品的较好策略和思路。

4. 船闸

船闸是用以保证船舶顺利通过航道上集中水位落差的厢形水工建筑物，大多建在河流或运河上。船闸又名陡门、斗门或闸门。船闸最多的河道是京杭大运河，而且相当集中。如果京杭大运河的旅游开发逐渐展开，船闸是必不可少的民俗旅游项目。

5. 航标

航标是用来帮助船舶定位、引导航向、指示障碍的人工标志。传统水路交通中的航标主要是各种目视航标，包括建在陆地或岛屿上的塔、灯塔和水中的灯船。古塔遍布各地。山巅临水的塔有航标的作用，例如，福州马尾的罗星塔，被外国船员称为“中国塔”。此外，尚有各种标志船道的浮标，主要设置在内河水道上。现在留存较多，特色突出的是各类灯塔，海上旅游中，可以把它们纳入旅游线路，丰富旅游商品的内容。

### 7.3.2 水路交通工具

远古人类从事狩猎、采集活动，以及频繁的迁徙活动，都是凭借人的体力。随着火和石斧的应用，为了适应捕鱼和渡河的需要，人们便创造出了最早的水上交通工具——独木舟。我国古代的造船和航运，长期在世界上保持着领先地位。

1. 独木舟

原始社会生产水平很低，水是人类生存的必要条件，人们大都聚集在有水的地方，以渔猎为生。在和大自然搏斗的过程中，先民们观落叶因以为舟，见窾〔kuǎn 款〕（中空之意）木浮而知为舟，说明先民对一些物体具有浮性已有了认识。

我国最原始的舟船是独木舟。从考古来看，我国独木舟有 7000 年的历史。我们的祖先在使用了独木舟和筏后，以其非凡的勇气和智慧走向海洋，为我国的航海业奠定了基础。

2. 筏

筏又叫桴、排等，据考证，筏是新石器时期我国东南部的百越人发明的，是舟船发明以前出现的第一种水上运载工具。筏的制作比独木舟要容易。它易于取材，制作简便，能多载，行驶平稳，不怕水浅流急，是很好的水上工具。我国各族人民利用当地丰富的资源制造了各种形式的筏，有竹筏、木筏和皮筏等。

竹筏也称竹排，多用于长江以南多竹地区。现在溪涧漂流旅游中，大多使用竹筏，如浙江天目溪、福建武夷九曲溪、江西龙虎山等地，基本上以竹筏为漂流游览工具。

木筏的使用地域更为广大，但很多情况下，都是因为找不到船只，为生产和生活临时制作，用过以后很快拆散。在传统的林业生产中，夏季经常使用木筏沿江河溪涧运送原木，称之为放排。

皮筏多是用羊皮或牛皮制作的，主要流行在西北和西南地区。如藏族人在雅鲁藏布江上使用牦牛皮制作的牛皮筏，西北地区九曲黄河沿岸的羊皮筏，其他还有鱼皮船等，都是当地重要的交通工具。这种船浸水后又韧又滑，即使是锋利的礁石，对它也奈何不得，非常适合在水流湍急、礁石密布的江上航行。至今黄河沿岸的大城市兰州，乘羊皮筏游览黄河胜景已成为一项极受游客欢迎的节目。

筏和独木舟是远古祖先最简陋也是最重要的渡水运载工具。它们成为我国古代造船技术中两大船型系统的雏形。这些古代人民创造的交通工具在今天的生活中仍起着重要作用。

3. 船

我们的祖先对筏和独木舟在生产与实践中不断地进行改进和革新，结果出现了新型的木板船。由筏和独木舟发展到木板船，是我国造船史上的飞跃，它开辟了航海史上的新时期。

我国在商朝就能制造木船，在周朝，黄河、长江和珠江领域已有较大规模的内河船。汉代楼船的出现是我国古代造船技术初步成熟的标志，它有舵、有帆、有橹、有锚，除水密舱外，中国舟船以后就是在此基础上不断改进而发展起来的。19 世纪初，蒸汽机相继应用于船舶的建造上，机动船问世了。19世纪30年代，中国的海上运输中出现了由英国制造的蒸汽机船。1872年，李鸿章筹办招商局，中国才自制蒸汽机船，且开始航行于海上和内河航线。

传统的舟船，从独木舟到远洋帆船，基本是木结构的。流行于我国黑龙江鄂伦春族的桦树皮船，在木结构舟船中别具特色。其骨架是用松木或树条做成的，再用桦树皮包制，接头处用红松根当线缝制。

4. 舫

随着生产的发展，木板船开始向稳定性强、装载面积大的大型化船只发展，舫便应运而生。

早期的舫是用木板联结两条船而成，后来逐渐演变，人们开始把方头方尾、平底、甲板宽阔的单体船称为舫。三国末期，已经可以造大船，做连舫，称之为舟舰。唐代发明了水密舱，北宋普及了水密舱技术，使中国的造船技术走上了传统造船技术的顶峰。舫的好处是增加船的宽度，提高了船的稳定性和装载量。如果需要，舫还可分解为单体船，以适应狭窄的河道或提高行驶速度。可以说，舫是现代双体客货船的先祖。

舫的出现是造船业上的革新。由于它行驶平稳，装载面积大，有利于生产力的发展。又由于上面还可以建造豪华的庐舍，所以舫往往成为贵族们出游时的专用船只。

总之，航海工具是人们在长期的社会实践中集体智慧的结晶，并在人们的使用过程中不断加以改进和完善的。

知识拓展7–2

### 海上丝绸之路

海上丝绸之路是古代中国与外国交通贸易和文化交往的海上通道，该路主要以南海为中心，起点主要是广州，所以又称南海丝绸之路。海上丝绸之路形成于秦汉时期，发展于三国隋朝时期，繁荣于唐宋时期，转变于明清时期，是已知的最为古老的海上航线。在陆上丝绸之路之前，已有了海上丝绸之路。它主要有东海起航线和南海起航线。海上丝绸之路是古代海道交通大动脉。

自汉朝开始，中国与马来半岛就已有接触，尤其是唐代之后，来往更加密切，作为往来的途径，最方便的当然是航海，而中西贸易也利用此航道作交易之道。海上通道在隋唐时运送的主要大宗货物是丝绸，所以大家都把这条连接东西方的海道叫做海上丝绸之路。到了宋元时期，瓷器的出口渐渐成为主要货物，因此，人们也把它叫做“海上陶瓷之路”。同时，还由于输入的商品历来主要是香料，因此也把它称作“海上香料之路”。

通过丝绸之路，中国的瓷器、丝绸、茶叶、书籍传到了中亚、欧洲、东南亚、南亚甚至非洲，而中华的文明也随之流传开去，令世界认识了中国。海上丝绸之路的终点——非洲东海岸的达累斯萨拉姆，正作为坦桑尼亚的首都，这展示着第一大城市和港口在工业上铸就的辉煌。

### 7.3.3 水路交通信仰

水路交通危险性大，因而人们特别祈望得到神灵的保佑。全国各地民间信奉的神灵形形色色，十分庞杂，统称为水神。如河神、江神、湖神和海神等。其中除少数神灵为祖师神之外，多数属于区域性水神。如天妃、晏公、金龙四大王、洞庭王爷、禹王、姜太公、河伯、伍子胥等。在众多水神中，管辖区域最大，遍及江河湖海，不仅盛行于中国，而且有国际性影响的水神是天妃。

天妃又称天后、天上圣母、湄洲圣母、妈祖、马祖、海神娘娘、护海女神，甚至被专称为海神。天妃是北宋以来沿海与某些内河交通中普遍供奉的专司水上安危之神。关于天妃的身世和来历，民间历来有不同的说法。在诸多传说中，最为流行的是天妃为福建莆田县都巡检林愿之女的说法：天妃本名林默或林默娘，生于北宋建隆元年（公元906年），宋雍熙四年（公元987年）九月初九日在莆田循洲岛归化升天。

天妃信仰最初自北宋流行于泉州、兴化等地，南宋时已遍及福建沿海，并扩展到浙江等东部沿海地区。元明清以来，则已遍及中国沿海地区和一些内河区域，并随华侨传入世界各地。天妃庙在沿海地区几乎每城每镇都有，有些大的港口城市还不止一座，如天津一处就曾有16座天妃庙。天妃庙又称天后宫、娘娘庙、海神庙、马祖庙、妈祖庙等，各地叫法不一。

总之，水路交通民俗是我国一个非常有吸引力的民俗事象，其内容丰富，意蕴深远，具有极大的旅游开发价值。

**小思考**：介绍你家乡的特色交通民俗。

## 7.4 交通民俗的旅游应用

交通是人们日常生活中不可缺少的活动事项。中国地大物博，民族众多，历史悠久，人们在长期的生产实践中孕育出的多姿多彩、极具地方特色的陆路和水路交通民俗，为旅游业的发展提供了丰富的旅游资源。

### 7.4.1 交通民俗与旅游交通

交通民俗为旅游交通提供了深厚的基础，旅游交通的发展又促进了我国交通民俗的繁荣。

1. 旅游交通

旅游交通是一种为旅游者提供直接或间接交通运输服务的社会经济活动。其基本功能是向旅游者提供从居住地到旅游目的地的空间位移，是旅游活动不可缺少的物质条件之一。中国旅游业从20世纪80年代开始才真正进入现代化的发展轨道。虽然旅游交通发展速度很快，但依然是旅游业发展的瓶颈。滞后的交通不仅阻碍了旅游业的发展，也引起了国内外旅游者的批评和不满。解决这一问题的根本方法，当然是加大投资力度，尽快建成水陆空立体交通网络，为旅游业的持续稳定发展提供旅游交通保障。在现代化旅游交通建设中，在不影响交通条件质量的前提下，应尽可能多地采用传统的民俗形式，力争使交通本身就成为旅游景观，使旅行和游览密切地结合在一起，提高旅游者的旅行兴趣，丰富他们的旅游享受。

在旅游区内的短途交通中，不妨使现代交通和交通民俗共存共荣，用交通民俗弥补现代交通的不足，也给旅游者更多的选择交通方式的机会。同时，传统的交通设施和交通工具本身就构成旅游景观，增加了旅游区的观光游览项目。现代旅游者越来越不满足于传统的观光商品，期待更多地参与旅游商品的生产过程，通过自己的活动，完成商品的生产与消费。传统的交通工具又容易操作使用，多数情况下一学就会，完全可以把这些交通工具开发成参与性旅游商品，满足旅游者的需要。

2. 交通民俗与旅游交通的结合

使交通民俗和旅游交通相结合，是当今旅游业发展的需要和趋势。其具体的操作思路和方法主要有以下几点。

第一，在区域之间的远距离交通中，即在“进得来”和“出得去”两个环节上建设交通设施时，可以使用具体的交通民俗形式，使交通民俗和旅游交通密切地结合。如与水陆交通都有关系的桥梁，可以使用石梁桥、石拱桥和铁索桥或钢索桥；公路的路线，如有可能可以尽量与传统的驿道或商路的路线接近或重合，使旅游者有机会领略交通发展的历史。如果旅游者知道自己经过的路线是丝绸之路、五尺道、周道等道路的故址，旅行的过程已经带上了游览的色彩；比较大型的车站，可以适当按古代驿站的样式进行建设。马可·波罗说中国的驿站接待王公贵族都非常合适，那么接待旅游者更应该不成问题。

第二，在旅游区内的短距离交通中，即在“散得开”环节上建设交通设施、使用交通工具时，可以大量采用交通民俗形式，使交通民俗既能弥补现代交通的不足，又可以成为旅游景观，满足旅游者多方面的旅游需要。在陆路交通方面，盘山路、石阶路、石板路、栈道、石桥、木桥、吊桥、索桥、风雨桥等形式，均可在道路体系中有机使用，各式车辆，乃至轿子也可以各显神通。在冬季严寒的东北、西北及华北部分地区，各式冰雪道和冰雪类交通工具，也可以为旅游者提供交通方便。此外，动物类交通工具，如马、驴、骡、骆驼等比较常见的牲畜，进行骑乘训练后，也可租借给旅游者。在水路交通方面，渡口、运河、船闸等设施，各类船筏等工具，都可以加以利用，使水道较多的旅游区有更多姿多彩的水路交通。各类船筏的使用，在旅游区中比较多。如绍兴有乌篷船专项旅游，杭州、桂林等地有游船画舫，兰州有黄河羊皮筏，拉萨有拉萨河牛皮船旅游等。在各大湖泊，如太湖、洞庭湖、鄱阳湖、青海湖等旅游中，可以使用古代的远洋帆船，但要加装现代动力和通信系统，以备不虞，保证旅游者能安全地体验扬帆远航的乐趣。

第三，在旅游交通服务中，旅游从业者应尽量吸收民俗传统的精华，融会现代服务规范，做好旅游交通的接待服务工作，让旅游者乘兴而来，满意而归。

### 7.4.2　交通民俗旅游资源的特点

由于中国交通民俗内容丰富，特色鲜明，因而交通民俗旅游资源亦呈现出异彩纷呈的景象。

1. 实用性和审美性的有机结合

交通民俗旅游资源既能满足旅游者的交通需要，又能使他们产生浓厚的兴趣和美感，具有很高的欣赏价值。很多交通设施和交通工具，本身是使用的对象，也是审美的对象，旅游者可以在使用中获得审美体验，同时，在美好的享受中使用，解决实际的交通问题。如精美的桥梁、华丽的画舫、惊险的栈道、古朴的车辆等，就体现了交通民俗旅游资源的实用性和审美性的完美结合。

2. 自然存在性

交通民俗旅游资源是在人类交通生产和生活中形成的，为满足交通生产和生活的需要而存在，随着社会的发展和历史的演变，逐渐增加了为旅游服务的功能。对于旅游来说，交通民俗旅游资源是早已形成，自然存在的客观事物。

3. 丰厚的文化内涵

交通民俗旅游资源是中国人几千年智慧的结晶，凝结着中国人的哲学思想、科学思想、工程技术成就及宗教信仰等。有阳春白雪的高雅，也有下里巴人的质朴。传统的两大文化系统——雅文化和俗文化，在交通民俗旅游资源中水乳交融，和谐并存。在民俗旅游资源中，也许只有建筑民俗的文化内涵可以和交通民俗媲美，而人们常常认为，一部建筑史实际上就是一部中华文化史。那么，一部交通史，何尝不是另一种版本的中华文化史。中外旅游者可以通过交通民俗旅游，非常直观亲切地了解中华文化史，尤其是了解中国传统科技的发展脉络。

### 7.4.3　交通民俗旅游资源的开发

交通民俗旅游资源是重要的旅游吸引物，但要使它转化为旅游商品，进入旅游市场，必须进行科学合理的旅游开发。但开发要有严肃的科学性，不合理的开发将造成对资源的浪费甚至破坏，其损失可能是无可挽回的。

1. 开发的注意事项

进行交通民俗旅游资源开发时，从交通民俗旅游资源的内容和特点出发，除遵守民俗旅游资源开发的一般原则外，还必须注意做好下面两方面的工作：一是处理好实用性和审美性的关系，不能破坏交通民俗旅游资源实用性和审美性有机结合的特点，二是做好交通民俗旅游资源的保护和再生工作，即对那些有历史文化遗产属性不可再生的资源，进行保护性开发，以免造成破坏。再生是指按交通民俗本来的内容和形式，进行复制和生产，作为旅游资源加以开发利用。同时进行再生工作时，必须防止不合时宜、不切实际的假古董的出现，甚至泛滥。

上述两方面的工作，要同时做好是非常困难的，它对旅游从业者的历史文化修养、专业素质和敬业精神都提出了较高的要求。

2. 开发的具体方法

交通民俗旅游资源开发的实际操作，从资源特点和旅游业实践来看，主要有两种模式：一是以交通民俗旅游资源为主体吸引物；二是以其他旅游资源为主体吸引物，交通民俗旅游资源为附属吸引物。在这两种模式的框架内，具体的开发方法主要有以下几种。

（1）博物馆方法

博物馆方法，即建立专门的交通博物馆，或在其他博物馆中收藏和展出交通物品，展示中国的交通民俗及其历史发展的脉络。

（2）旅游目的地方法

旅游目的地方法又分有以交通民俗旅游资源为主体建设旅游目的地和在其他旅游目的地中建设交通民俗旅游项目两种方法。京杭大运河、长江三峡、丝绸之路、长城关塞、天妃（妈祖）宫等旅游，就是以交通民俗旅游资源为主体，建成旅游线或旅游区和风景区。其他旅游目的地建设中，有意识地集中采用传统的交通设施和交通工具，推出交通民俗旅游项目，或专门开辟交通民俗旅游景点，就属于后一种方法。

（3）单项旅游方法

单项旅游方法，即开展以交通民俗的一种或几种事象为目的的旅游活动。如程阳桥、赵州桥、卢沟桥等旅游；各类江河溪涧漂流，黄河皮筏、拉萨河牛皮船、乌苏里江桦皮船等旅游。单项旅游主要通过交通设施和交通工具的观赏、考察或使用的方式进行，尤其是使用交通设施和交通工具，参与性极强，是最受旅游者欢迎的一种旅游方式。此外，天妃（妈祖）信仰等交通信仰类旅游也可以纳入单项旅游的范围，但要注意引导旅游者从民俗的角度观赏、考察或参与这类活动，尽量降低其迷信色彩，达到移风易俗的目的。

（4）竞技旅游方法

交通民俗竞技旅游是以交通工具的竞技性使用为主要形式的旅游活动。目前，开展比较多的项目是龙舟竞渡和赛马。其中龙舟竞渡可以观赏，也可以参与；赛马以观赏为主。此外，滑冰、滑雪也是比较有潜力的竞技旅游项目。自行车传入我国已有百年历史，而且体育比赛中也有自行车项目，竞技旅游不妨把自行车比赛列入，但要增加其民俗色彩。

（5）旅游工艺品方法

在交通民俗中，很多民俗的内容和形式适合开发旅游工艺品，如桥梁、车辆、舟船、动物等，都可以用各种材料制成工艺品，销售给旅游者。对旅游者来说，这些工艺品，既有纪念性，又有艺术性，而且其有丰富的历史文化内涵，如果题材得当、制作精良，市场前景应该是很好的，如各种船模受到旅游者的欢迎就是最好的例证。

综上所述，交通民俗旅游资源开发的模式和方法是多样的，实际工作中，可以使用一种方法，也可以使用多种方法的组合；可以采用单一模式，也可以采用组合模式，应当根据实际情况，灵活运用。

总之，科学合理地开发交通民俗旅游资源，能够使旅行和游览更密切地结合在一起，既可以有效地满足旅游者的旅游需要，也可以在相当程度上消除旅游者对我国旅游业交通落后的不良印象。

## 小　结

所谓交通是指借助一定的交通设施、工具，实现人员和物资的空间位移。交通民俗就是在交通设施和交通工具的创造与使用过程中产生的与交通有关的民间习俗与惯制。我国古代积累了丰富的陆路交通民俗和水路交通民俗。当今，由于交通民俗具有良好的旅游开发价值，从而形成众多的交通民俗旅游资源。在开发和利用中，要注意交通民俗的传承和因地制宜。

## 练　习

1. 如何充分发挥交通民俗资源的旅游价值，使之成为富有民族和地方特色的旅游吸引物？

2. 我国陆路交通民俗有哪些内容？

3. 我国水路交通设施有哪些？

4. 交通民俗旅游资源有何特点？

5. 利用假期，实地考察某一旅游地所使用的交通方式，结合交通民俗旅游资源的开发内容，思考其旅游交通资源的运用是否科学、合理，并说出理由。

# 第8章

# 人生礼仪民俗

**概　　述**

人生成长发育的不同阶段，都有与之相适应的礼仪。这种标志人生不同阶段、反映人的社会属性的礼仪，就是人生礼仪民俗，即人的一生从诞生到死亡各个阶段的礼节和仪式，包括生诞习俗、婚姻习俗、寿庆习俗和丧葬习俗。它既是社会物质生活状态的反映，又表现为一个民族的心理状态，是最复杂和烦琐的民俗事象。

**学习目标**

1．了解人生各阶段礼仪的基本民俗；
2．熟悉我国婚嫁、丧葬习俗的基本礼仪；
3．掌握人生礼仪民俗的旅游应用。

**学习任务**

提炼人生礼仪民俗的旅游应用方式。

**任务描述**

体味人生各阶段的礼仪民俗，探索人生礼仪民俗的旅游应用。

## 8.1 生诞习俗

在人的一生中，诞生仪礼是开端之礼。由于中国的家庭结构是以血缘关系为纽带组成的，婴儿的降生预示着血缘有所继承，所以不仅父母关心，整个家族也都十分重视，并由此产生有关婴儿诞生的一系列习俗。

### 8.1.1 诞生礼仪

诞生礼仪是人生的开端礼，由于产育的生理特殊性及婴儿出生的某些信仰禁忌等原因，诞生礼仪往往只在极小的范围内举行。它既包括为婴儿祝吉的意义，也有为产妇驱邪的表示，往往带有神秘色彩。

#### 1. 产前的求子习俗

人类社会发展初期，人们对生育的知识了解甚少，生男生女，被认为完全是神的恩赐，没有生育的夫妇要承受各种社会舆论的压力，所以在民间，妇女特别崇拜观音菩萨和“送子娘娘”，祈求她们能赐一男半女。

#### 2. 孕期的习俗

民间称怀孕为“有喜”、“见喜”，被认为是家庭中的一件大事，因而引出孕期的许多信仰和禁忌。如根据孕妇的饮食，来判断生男生女，有“酸儿辣女”之说；孕妇忌食兔肉，不可见兔子，不然生的孩子会缺唇或豁唇；不能吃生姜，否则孩子将生六指；禁忌接触“红白”礼仪和食品，以免对胎儿孕妇不吉利；忌在葡萄树下乘凉，怕孕妇中邪气生葡萄胎；要求孕妇孕期行坐端正，多听美言，古代还有令人诵读诗书、陈以礼乐的习俗等。

#### 3. 临产习俗

按照古老的风俗，临产前的孕妇必须实行隔离。一般是另搭一“侧室”令其独居。有的民族和地区，妻子生产时丈夫不能进产房，接生由“助产婆”或“催生婆”担任，至于助产方式、婴儿及胎衣的处理，各地均有许多特殊风俗。如壮族做丈夫的在妻子临产时，严禁进入产房达一个月之久。

#### 4. 诞生后的习俗

（1）坐月

产妇分娩头一个月内要“坐月”。整个月内不出门，不干活，避免吹风，有的还要包头，不能洗头，冲凉也要用姜皮和柚子皮煲成，以驱走体内的风寒。饮食以蛋、鸡、猪蹄、小米、排骨等为佳，既可去瘀，又能催奶，是产后必不可少的保健品。

（2）命名

在婴儿出生后，一件重要的事是给婴儿命名，即取名字。长辈为婴儿取名时是比较讲究的，首先从宗族辈分上排行，按家族规定的字分辈，再结合“生辰八字”来考虑。请算卦先生算命，以其“生辰八字”，再嵌入“五行”之中，推算命中缺什么，便在名字中补上。如缺火，在命名时取有火旁的名字。

过去，男孩多以吉祥字为名，如大贵、长富、来顺、有财；女孩多以时令花卉为名，如春兰、秋菊、桂香、冬梅。有的名字则寄托着父母的某种愿望，连生几个女孩希望有个男孩的多给孩子起名叫“招弟”、“盼弟”、“增弟”等；怕孩子夭折叫“留住”或“狗剩”等。中华人民共和国成立以后，许多名字都带有时代色彩，如建国、建军、卫东、为红等。如今，人们多给孩子起一个名字，不再分乳名、学名，又多喜欢两个字的姓名，小时只是把名重叠一下，如玲玲、朋朋、薇薇、荣荣等。

（3）三朝

三朝是婴儿诞生后第三天所举行的仪礼。届时，舅舅家要送红鸡蛋、十全果为婴儿祝福。洗三礼在中国各地各民族中都有流行，形式很复杂。满族的风俗是，要请一位儿女双全有威望的老太太主持。开始端上一个大铜盆：盆里放槐枝、艾蒿，倒入热水。趁着水冒热气，前来吃三朝酒的亲戚朋友，将带来的铜钱、枣儿、花生、莲子、鸡蛋等投入水中，叫添盆。仪式一边进行，老太太一边念喜歌，其目的主要是为婴儿的健康和未来的成长祝福。

（4）满月

满月即给孩子做满月酒，是婴儿长到30天时所行的仪礼。这一天既是孩子的周月，也是产妇的周月。按多年的传统，产妇满月之后，就可以出街自由活动了。做满月这一天，众多亲友都要来庆贺，要来送礼。在大家饮酒欢庆之时，要给婴儿剃胎毛，这是婴儿已经满月的标志，所以一般人家都相当重视。外婆家会送来毛毯、背带、帽子和棉袄，以希望婴儿健康成长，听讲听教。婴儿剃完胎毛后要把身子洗干净，换上小红褂，戴上小红帽，红帽的顶是空的，帽子只是围着头，系上用红绳捆好的铜钱和柏叶，以表示吉利和长寿。以上准备好后，要给在家的每个神位拜一拜。

（5）百日

百日又称百岁。将百日称“百岁”，本身就含有祝贺婴儿长寿之意。

（6）周岁

周岁又称“抓周”，是用以预测小儿一生实业凶吉，卜算命运的迷信仪式。如今，“抓周”已成为一种家庭游戏，一家人围在婴儿身旁，看他抓盘里的哪些物品，为生日平添几分乐趣，但已没有多少人相信这会决定孩子的前途了。

### 8.1.2 成年礼仪

我国一种古老的习俗传承，在人的一生中具有重要意义。中国古代，大多数民族在青年男女成年后，要举行“冠”、“笄”之礼，但不同民族表现形式是不同的。

1. 冠、笄之礼

冠礼从氏族社会盛行的男女青年发育成熟时参加的成丁礼演变而来。我国先秦的成年礼以服饰改变为其最大特征，而其中最特别的即是头上的冠、笄，因此男子成年礼称为“冠礼”，女子则称为“笄礼”。

先秦举行成年礼的年龄，男子固定在二十岁，女子则须视其许嫁与否而定，许嫁者十五岁行笄礼，否则也是二十岁才行笄礼。笄是管子，女子将头发在头顶上盘成发髻，用管子插住，表示成年。

举行方式则为个别举行，地点选在宗庙神圣之地，日子须经卜筮而定，行礼当天，主人须邀请亲朋好友前来观礼才算正式。《礼记·冠义篇》说道：“故冠而后服备，服备后而容体正、颜色齐，辞令顺。”因此，可说此为成年礼主要目标，透过外在的改变，使人愈来愈尊贵、越来越成熟。

2. 穿裤、换裙

在我国少数民族中有的还保留着古老的成年习俗。如拔牙、染牙、穿裤、换裙、盘发髻等仪式都是进入成年的标志。如永宁纳西族少年进入成年时，要举行穿裤子礼，女子行穿裙子礼，由亲友宾客观礼，承认他们进入成年，赋予他们结交“阿注”的权利，使他们可以公开参加各种青年社交活动。

其他还有“文身”、“染齿”或“凿齿”等，也都是一种古老的成年礼风俗传承。当成年礼仪结束之后，就享有和其他成人一样的权利，受社会约束，并承担一定的社会义务。有的民族为了更好地协调进入成年时的男女生活，还产生了相应的青年组织。

总之，我国各民族的诞生礼仪和成年礼仪的表现形式是多种多样的。其含义，一是通过种种礼仪向婴儿祝吉，希望他健康成长，长命百岁；二是预祝他将来在事业上有所成就，光宗耀祖。

# 8.2 婚嫁习俗

婚礼，在人的一生中是十分重要的大礼，标志着一个人进入了建立个体家庭、发展家族的重要阶段，属于人生礼仪的“划时期”礼仪，因此各民族都特别注重。

我国传统的婚姻民俗是在中华民族长期的历史文化积淀中形成的，凝聚着中华民族5000年文明史的精华和中华民族的传统美德，也不可避免地包含了几千年封建社会遗留下来的糟粕。

## 8.2.1 传统的婚姻观念

传统的婚姻观念千百年来一直支配着我国婚嫁行为的价值取向，它从不同角度展示了我国社会以及民族心理、伦理道德、审美意识等多方面的变迁。

1. “父母之命、媒妁之言”

古代汉族婚姻受儒家礼教的严重制约，婚姻的主动权掌握在父母手中，“遵父母之命，听媒妁之言”，青年男女完全处于被动地位，男女不能随便见面，婚姻要由媒人来撮合。童年订婚、指腹为婚现象流行。违父母之命，自由恋爱、一见钟情、青梅竹马之类结婚者极少。即使双方互相了解，愿意结亲，也要由媒人出面。没有媒人的婚姻是不合礼法的，也不被社会承认。

2. 婚龄和婚时观

我国古代崇尚早婚，讲究多子多福。男子在20岁，女子在15岁便可结婚。农村至今仍流传“早种稻子早得谷，早娶媳妇早得助，早生儿子早得福”的谚语。

在夫妻的婚龄差上，一般情况下都是男比女大3至5岁。明清以来，民间婚姻中女子大于男子的现象开始普遍。俗云：“女大三，抱金砖”，同时还存在有童养媳、小女婿的陋习。

3. 婚期的安排

婚姻是人伦之旨，人生大事。举行婚礼多选择良辰吉日。中国传统文化观念中，讲究顺应天时。反映在婚俗上便是婚嫁多选择在春天和秋冬时节，尤其是农历春节前后。因为这些时间既是农闲，又是万物化育的时刻，经济也较为宽裕。婚礼的日期，一般要请阴阳算命先生挑选，推算黄道吉日。此外，民间在选择婚期上还有一种叫“冲喜”的习俗，以为婚姻可以冲掉疾病凶事。若是父母病危，举办婚礼冲喜，疾病便能早日痊愈。

4. 门第观

包办婚姻的特点是注重门当户对，大官僚、贵族的婚姻往往有一定的政治色彩。主要表现在双方家庭以及家族所处的社会政治和经济地位上，也就是缔结婚姻时，要看对方的血统、政治和经济地位是否和自己相匹配。

5. 贞节观

先秦以来，儒家和历代统治者一直倡导一女不更二夫、从一而终的贞节观，并将其作为贞女烈妇的道德规范。明清两代，全国各地建贞节堂，立贞节牌坊，尤其是男子产生对“处女膜”的崇拜以后，更迫使女子重视自己的童贞，守身如玉。

6. 禁忌观

传统婚姻民俗充满着各种各样的禁忌观念，成为婚姻的制约因素。

就通婚禁忌而言，在宗法血亲上，有同姓不婚，同母异父或同父异母不婚。在社会文化方面，有“五不要”的禁忌：一是逆家子不要，以免败坏家风；二是淫荡不贞之女不要，以免辱没家门清白；三是有犯罪判刑前科家的女儿不娶，以免受人歧视；四是有恶疾人家的女儿不娶，以免传染和遗传恶疾；五是死了母亲的女子不娶，因为这样的女子没有母教，不懂妇道。此外，还有“仇雠不婚”，在迷信观念方面，生辰八字不合不通婚，属相生肖不配者不通婚。如鸡不能与猴配，马不能与牛配，是所谓民间常说的“白马犯青牛，鸡猴不到头”等。

7. 家庭

汉族家庭以一夫一妻制小家庭为主。在家庭中，父亲地位最高。父亲去世寡母为户主，子成年则为户主。自春秋以来男尊女卑观念世代沿袭，至北宋后更发展为妇女要恪守“三从四德”。“孝悌”是家庭关系的核心，“孝”是指晚辈对长辈的尊敬，“悌”是指兄弟之间的和气。

在家庭中，男主外，经营生产劳动；女主内，操持家务，织布做衣，养儿育女，形成男耕女织的小农经济。传宗接代被视为大事。“不孝有三，无后为大”，多子多福是光荣的，无后是耻辱的。无后者可休妻或纳妾，甚至过继、入赘等，以使香火不断。

中华人民共和国成立后，以上这些习俗均发生了很大变化。

**知识拓展 8-1**

### 新郎官

旧时，中国男人最大的梦想是在科举考试中获得名次，而在结婚这一天，即使没有功名，新郎也可以穿戴官服式样的礼服，出门迎亲的时候如同官员一样得到路人的礼让，享受的各种优待不亚于功成名就人士，过把官瘾，所以，民间把新郎又叫新郎官，这个称呼沿用至今。

**知识拓展 8-2**

### 结发

结发，是传统婚礼中一项非常重要的仪式。中国唐朝中期，如果新郎新娘都是第一次结婚，新娘开脸时要剪下一绺头发，与新郎事先剪下的头发一起绾成发结，当作信物供奉到祖先牌位前。在有些地方，由新郎事先剪下一缕头发送给女方，梳妆时由全福太太把这缕头发结进新娘的发髻中。

作为身体的一部分，中国古人认为头发是身体的代表，因此，结发仪式标志两人从此结为一体，永不分离。因为再婚者不能行结发仪式，直到今天，称原配夫妻为“结发夫妻”的称呼仍保留在日常用语中。

### 8.2.2 传统婚礼的仪式程序

婚礼是男女双方确立婚姻关系时举行的仪式，新婚夫妻通过这种形式取得社会的赞同、认可和保障。所以婚礼的程序实际上反映的是社会的各种文化观念。

#### 1. 婚礼的模式

我国自古以来为婚礼制定的“六礼”，对我国历代婚礼演变始终起着主导作用，成为封建制度下婚礼的模式，甚至对当代新婚俗仪式也不无影响。“六礼”是婚礼六阶段的不同仪式，即纳采、问名、纳吉、纳征、请期、亲迎。六礼在婚礼发展中产生了许多因地制宜的变异。

（1）纳采

纳采是议婚的第一阶段，男方请媒人提亲后，女方同意议婚，男方便备礼物去女家求婚。纳采必须用雁做礼物，以象征顺乎阴阳之意。

（2）问名

求婚后托媒人问女方姓名及出生年月日，目的为占卜凶吉，以备合婚仪式。

（3）纳吉

问名后把占卜的好结果通知女方，即“订盟”，现代称“订婚”。

（4）纳征

“订盟”后男方派媒人和押礼人将聘礼送往女家的仪式，俗称“完聘”、“大聘”或“过大礼”，这项仪式是唯一不用雁的仪式。在进行这项仪礼时，还有“回礼”的做法，即将聘礼中食品的一部分退回男方，也有的将女家赠男方的衣帽鞋袜作为回礼。近代，聘礼更加多样，有的为现款，使之更加商品化了。聘礼之物品，多含吉祥如意的含义，数目取双忌单。

（5）请期

请期即选择结婚日期，并征求女方同意，民间俗称“提日子”、“定日子”。古代用雁，现代多用红纸“请期礼书”，或口头通知协商。

（6）亲迎

新婿亲往女家迎娶新娘的仪式，这项仪礼实际上是婚礼的主要形式。亲迎是古今婚礼中最为繁缛锁细的仪式。由于人们把祝福的生活愿望与信仰的习俗心理糅合在一起，便成了五花八门的程序。主要包括哭嫁与上头、催妆与铺房、亲迎、拜堂和合卺、闹房、庙见和回门等仪式。

#### 2. 结婚仪式

举行婚礼那天，新郎要坐上礼车或花轿，到女家去“迎亲”，礼车或花轿前边有乐队。新娘被迎进男家后，要参拜天地和父母。礼毕，新婚夫妻入洞房。这时男家设宴款待前来贺喜的亲朋。有的地方还有闹洞房、听壁脚的习惯。

总之，中国古代意义的婚俗，包括了从谈婚、订婚到结婚整个过程的礼仪程式。他们更注重求偶的过程，婚礼筹办过程中的每一环节、每一行动，以及每一物品用具，都与特定时代的社会风尚、经济发展、文化沿革密切相关，具有特殊的历史意义。

### 8.2.3 中国当代婚姻礼俗

中国近现代婚俗注重求偶的结果，把议婚、订婚到结婚视为过渡性礼仪，而把婚宴发展成为近现代人的正婚大典。但婚姻民俗所蕴含的传统力量却不可能随着那些外在的形式一同急剧变化，一些传统礼仪和习俗仍然被保留了下来。

中国古代社会是男权宗法社会，结婚时男女使用不同的字眼。男子结婚称为“娶”。意为把女子“取”到家中，女子结婚称为“嫁”，蕴含着女儿离家的意思。当代中国家庭中男女地位平等的观念已得到确立，夫妻双方在经济、社会地位上都是平等的。但“嫁”和“娶”这个习惯性称呼仍旧保留在人们的日常用语中。

1. 相恋

（1）介绍

媒人在中国又叫“红娘”、“月老”等。古人通常是男方请媒人到女方家里提亲，一家有女百家求，在同等身份条件下，女方到男方家提亲是不合适的。至今，中国女性主动追求男性的情形仍比较少，她们更愿意暗示男性来追求自己，在当代恋爱中依旧有传统观念痕迹。现今中国已实现了婚恋自由，可依然存在着“媒人”的角色，有许多热心人和专业婚介公司介绍青年男女相识、相恋。因为在传统观念中，做媒是一件非常重要的善举。

（2）相亲

陌生男女在媒人安排下第一次见面称为“相亲”。古代青年男女的婚恋要由父母来决定，所以相亲时常常是双方父母，当代青年男女拥有了婚恋的决定权，相亲就由自己亲自完成了。

此外，还出现了一些特殊的相亲方式。一些电视台为青年男女安排择偶节目，一同做游戏、回答问题等，不但以节目的娱乐性赢得了许多观众的喜爱，也以其有针对性的服务确实促成了许多情侣、夫妻的相识和相恋。

（3）定情

经过一段时间的交往后，男女双方确立恋爱关系，称作“定情”。中国人非常重视“定情”，届时常会互相赠送手帕、小饰品之类便于随身携带的小物件，让恋人随时记起自己。古代文人喜欢以红豆定情，所以红豆又名“相思豆”。当代流行的定情方式有互赠戒指、拍合影彩贴等。在中国有许多类似安徽黄山大都峰铁索的扶手上挂满了锁的场景，这也是一种特殊的定情方式——同心锁。恋人们把两把锁紧紧相扣，锁在铁索上，把钥匙扔进万丈悬崖，用两把相连并永远打不开的锁象征两人永不分离。

（4）会亲

恋人们开始谈婚论嫁时，双方父母要在定亲前后举行一次正式会面。这意味着两个家庭对儿女恋爱关系的认可和确定，同时也是双方家庭相互了解、熟识和考察的机会，这个仪式称为“会亲”。当代中国城市家庭中多为独生子女，儿女的结合，在一定意义上说，也是两个家庭的聚合，“会亲”的意义就格外显得重要。会亲的另一个实际作用，是双方家庭共同商定儿女的结婚日期、婚礼操办的分工与经费分摊等具体事宜。达成协议之后，双方就要共同为协办儿女婚事而奔忙了。

（5）结婚证书

中华人民共和国成立后颁布的第一部法律就是1950年颁布的《婚姻法》。它彻底废除了传统婚姻中的封建成分，确立了婚恋自由、一夫一妻制等婚姻的根本原则，调整了过去封建等级色彩浓厚的婚姻家庭关系。在拜过双方家长后，恋人们便可到相关部门领取结婚证书，成为法律上的合法夫妻。

（6）结婚照

青年男女结婚时要做的第一件事，就是去拍美丽的婚纱照。婚纱照由婚礼合影发展而来。从20世纪20年代开始，穿婚纱拍照就有流行。但在60年代以后，中国传统的旗袍与来自西方的婚纱消失了，人们穿生活装拍结婚照。直到90年代以后，专业影楼为新婚夫妻拍摄穿各式婚纱照已经成为了一种职业。

新婚夫妻不仅在卧室里悬挂巨幅婚纱照，还经常向别人展示婚纱影集。在人们看来，结婚证是严肃的法律文件，要妥善收藏；婚纱照却是充满感情的结婚纪念，可以经常展示。

（7）喜帖

确定举办婚礼的日期后，新人开始向亲朋好友发送婚礼的“喜帖”，有的还会在“喜帖”上印制新婚夫妇的婚纱照，并散发着香味。在讲究礼节的中国社会，给长辈的“喜帖”一定要新人亲自去送，有些喜帖甚至要新人的父母亲自送去以示尊敬。而平辈、朋友们的喜帖则可以以邮寄等方式发送。

收到喜帖的人在参加婚礼时一般要给新人送上贺礼。贺礼被称为“红包”。参加朋友婚礼时，红包有时候是人民币现金的礼金，有时是象征祝福新婚夫妇百年好合的精制礼品，有时也会是家庭实用品等。

（8）聘礼与嫁妆

在举行婚礼前，按照传统习惯，男方父母要给女方父母赠送一些礼物，叫做“聘礼”。注重传统婚俗礼仪的家庭，通常还会赠送女方贵重礼物，如果女方改变主意，是要归还这些“礼物”的。

男方送聘礼后，女方父母也要送“嫁妆”。这是父母送给女儿的礼物，是女家身份与财富的象征，也显示着娘家对女儿的重视程度。嫁妆在古代中国有“婚前财产”意味，是婚后女人唯一合法的私人财产，被称做“私房钱”。一般嫁妆至少要包括四铺四盖、四季衣服、四只箱子，4个“四”谐音“事事如意”。此外还要有一些象征好兆头的东西，如两双用红绳捆在一起的筷子，谐音快生儿子。

最晚在结婚前一天，嫁妆要隆重地送到男方家中，一路上吹锣打鼓放鞭炮以示庆贺。随着居住方式、社会风气等多种因素的影响，送嫁妆的习俗开始萎缩。

（9）全福太太

结婚是喜庆事，所有说的话、做的事、参与的人物都要符合喜庆的气氛。寡妇、无子的人通常会主动回避婚礼，而上有公婆丈夫，下有儿女、孙儿孙女的女人，被视为人丁兴旺最有福气。娘家父母希望她们把自己的福气传递给新婚夫妇，习惯上会请 1 ～ 4 个这样的女人做“全福太太”，负责在准备嫁妆时缝被子、叠衣服、装箱子，在婚礼当天为新娘梳妆、穿嫁衣并陪她们举行仪式、入洞房。

“全福太太”的“福”是指具备所有重要亲属，由此体现出中国人对人伦关系、天伦之乐的看重。

2. 举行婚礼

（1）新娘礼服

中国新娘传统的结婚礼服是“凤冠霞帔”、绣花鞋，凤冠上饰有银制或其他质地的凤凰；霞帔是红色、刺绣繁复的披肩，既保护上衣，又有装饰作用。绣花鞋也是红色，上绣鸳鸯、梅花、莲花等吉祥图案。“霞帔”多半是女子在待嫁岁月中亲手缝制、刺绣的。过去，装好嫁妆后就由全福太太为新娘穿上结婚礼服，这是其他人不能插手的仪式。打扮好的新娘从头到脚一派红色，象征着喜庆和吉祥。

20 世纪 90 年代，随着经济的发展，生活水平的提高，新娘在举行结婚仪式时常以婚纱为礼服，可在酒宴中更换红旗袍向亲友敬酒，让婚礼中西合璧。爱美的新娘甚至会在一场婚礼中连换四五套服装，所以，婚礼上新娘更换漂亮的礼服，吸引了在场客人的瞩目，使婚礼精彩纷呈。

（2）梳礼

梳妆化妆是婚礼的一个重要环节。当代新娘的梳妆大多已由专业美容、美发师来完成了，但在有些地区，新娘出嫁前夜还有一道“梳礼”。新娘散开头发，女性长辈或全福太太用梳子一面从上到下为她梳头，一面说着祝词。梳礼共梳四次：第一梳象征“从一而终”，第二梳寓意“白头偕老”，第三梳祝福子孙满堂，第四梳是祝福大富大贵、天长地久。

（3）开门红包

新娘在离开娘家前，房间里会挤满了姐妹与密友。新郎到达时，她们故意堵住门口，向新郎索要开门红包。新郎及其兄弟朋友们与她们经过一番“艰苦”的谈判，最后递上装有商定数额喜钱的红纸包，姑娘们才会开门放新郎进来接走新娘。

这套仪式最初为了显示女子的矜持，告诫新郎求取新娘的不易，事实上，当代开门程序的真正意义，是一群青年男女半真半假地讨价还价、欢乐嬉笑，为婚礼增添喜庆气氛。

（4）接新娘

新郎到新娘家接娶新娘时，带来的不仅是红包，还会有婚礼上最重要的一个道具——婚车。20 世纪 20 年代之前，姑娘第一次结婚时都要乘坐“花轿”。从 20 世纪 30 年代起，花轿逐渐被汽车代替。但是中国的婚车仍保留有一定花轿的元素，例如，车身会装饰很多鲜花、红气球，车号也有时被书写着“百年好合”之类喜庆话的红纸遮住。

（5）哭嫁

出门之前，娘家会给新娘吃些由桂圆、蜜枣、莲子煮成的点心，然后即要出门上婚车。过去的新娘想到从此要离开慈爱的父母，独自去陌生环境与陌生人们一同生活，难免感情复杂地痛哭，被称作“哭嫁”。在西南的很多地方，新娘“哭嫁”是边哭边唱，形成“哭嫁歌”，“哭嫁歌”曲调哀婉、情辞恳切，成为了一种非常具有特色的民歌种类。当代人虽然是先恋爱后结婚，可新娘仍然面临着重大的人生转变，心潮彭湃之下，仍会情不自禁地“哭嫁”。

（6）上轿（车）

新娘辞别亲人后，要由兄弟或其他亲近的男性长辈亲属抱进花轿（车），据说这样就不会带走娘家的福气。过去，新娘不仅脚不能沾地，连在家中穿的鞋也要换下，穿上新花鞋，因为旧鞋子上总还沾着娘家的泥土。至今很多地方新娘离开娘家时仍保留有脚不沾地、换鞋的风俗。

（7）迎亲

新郎在事先选好的日子亲自随花轿或花车到女方家迎娶新娘。古代，迎亲的队伍可以享受很多待遇，例如，所有的车、船、轿都会为迎亲的车轿让路；直到今天，迎亲的婚车车队依然能够得到路上其他车辆的礼让。

（8）进门

婚车抵达男方家之后，新娘下车见到新郎的父母亲，要称呼为爸爸、妈妈，标志从此自己“进门”，成为这个家族的成员，而男方父母多数也会在此时送上第一份见面礼。

在很多地方，新娘进门时，新郎的亲属们会把事先准备好的谷、豆等粮食洒向新娘，同时燃放爆竹，表示对新人以后的生活祝愿。

（9）主婚

婚礼中，除了新郎新娘，最重要的角色就是主婚人了，通常要请一位德高望重的长辈进行主婚。他会向新婚夫妻宣布结婚的意义，祝福两人幸福美满。近年来，婚礼几乎都由专业婚庆公司的司仪来主持，他们通常先代表新人向到场的亲朋好友表示感谢，对两位新人的成长相识做简单介绍，之后宣布新人入场。这些司仪都有一整套的婚宴中的串场词，再配上相应的动作，形象化地再现了传统婚礼中的礼仪场面。让新人表演，常使一席婚宴成为一场由新郎新娘及双方父母亲友共同参与的文艺晚会。

（10）拜堂

中国最具特色的婚礼仪式是夫妻“拜堂”，即一拜天地，二拜高堂及夫妻互拜。这套“拜堂”或称“拜天地”仪式非常重要，三拜完成才算真正成为夫妻。由于“拜堂”具有很好的表演性，容易掀起婚礼场面上的高潮，所以被移植到了当代婚礼中，只是其中的叩拜改成了鞠躬。

（11）婚宴

完成婚礼后，一般都会有一场盛大的婚宴。新郎新娘要向所有参加婚宴的人敬酒、敬烟。当代婚宴中，来宾们很少会轻易让新郎新娘完成他们的敬酒、敬烟。不是想各种理由让他们一再喝酒，就是使用各种小技巧不让新娘把烟点着。这个过程为来宾们带来欢笑，也是婚礼欢乐气氛的一种点缀。

（12）新房

婚宴完成后，新郎新娘进入洞房。中国的洞房摆放十分讲究，几乎所有的东西都要贴上用红纸剪成的“囍”字，这是两个“喜”字的叠加，象征“成双成对”。此外，洞房的许多东西也要成双成对摆放，以象征新婚夫妻成双成对。

（13）闹新房

婚礼完成以后，亲朋好友会在新房里以新郎新娘为对象取笑、戏谑，让他们表演有点高难度的节目，这就是“闹洞房”。闹洞房有“文闹”、“武闹”之分，“文闹”只让新郎新娘唱歌、表演等节目；“武闹”却是开一些玩笑。最常见的手段是用线悬住一颗糖或一个苹果，让新郎新娘分别从两边来咬，控制线的人故意让他们咬不着而接吻。

（14）回门

婚后第3天，新郎新娘一起回新娘家，新郎须带着礼物。回来时女方家也会让女儿带回用糯米饭做成的米糕和“桃”形的面饼到婆家作答礼。

（15）喜糖

当代年轻人习惯于婚礼之后到旅游胜地度蜜月。等他们返回各自的工作岗位时，要向没有参加婚礼的同事发“喜糖”。喜糖通常由八种糖果组成，被封在一个红色的小袋子里，送喜糖是让别人分享自己的新婚喜悦甜蜜。

总之，中国传统的婚姻形式及其习俗，是在漫长的社会生活中逐步形成的，具有相对的传承性和稳定性。不仅是当代人现实生活的重要内容，也是当代人手中丰富的历史文化遗产，是我们现代生活的另一条线索。透过婚礼的点点滴滴，可以展示中国古老的文化传承与变迁。

## 8.3 寿庆习俗

古往今来，人们一直十分重视生命的价值，把长寿视为人间诸种幸福之首，一方面希望保佑自己和子孙平安长寿，另一方面希望父母和祖辈长命百岁。所以，上祈于大地神灵，下求于山川万物，外顺于阴阳寒暑，内志于修身养性，于是形成了祈寿、祝寿等寿庆习俗。

### 8.3.1 祈寿礼俗

健康长寿是人生的理想，从出生的第一次洗礼开始，人们就满怀希望地铺设着长寿之路的每一块基石。

#### 1. 三朝、满月、百天的祈寿礼仪

在中国民间，婴儿出生后，自三朝、满月到百天、周岁，都有许多祈寿礼仪活动。

如三朝，产妇娘家要送来寿桃、福寿糕；满月，给小孩穿百家衣和戴长命锁。百家衣是用各家各户讨来的碎布做成，百家的碎布（百岁）寓意为百岁，婴儿穿了这种衣服能够驱邪避病，保佑婴儿长命百岁。长命锁又称百家锁，一般由外祖母送。须用百家的钱来购置，而凑齐百家的钱较困难，所以采用变通的办法，即向乞丐换取百文左右的铜钱以代替。长命锁上刻着“长命百岁”、“长命富贵”等吉祥语图案，象征福寿绵延。百天则剃百岁毛、送百岁钱、吃百家饭（米）和穿虎头鞋。

2. 认干亲

认干亲也是一种较为普遍的祈求婴儿健康长寿的民间习俗活动。其寓意有两个：一是担心婴儿娇贵孱弱，不易养活；二是婴儿命相不好，克父或克母，认干亲可以转命相，以求合家健康长寿。

3. 本命年的祈寿

人的一生中，每过12年就会重复一次本命年。民间认为，人在本命年里，会遇到许多麻烦，只有祈求神灵保护，进行禳解，才能逢凶化吉。于是产生了许多祈福求寿免灾的习俗活动，如“祭顺星”、“祭本命星”、去寺庙拜菩萨、穿红内衣等。

### 8.3.2 寿诞礼俗

做寿是一件十分庄重的事。习俗上，“过生日”和“祝寿”是有严格区别的。

幼、少、青、壮年的生日礼仪，叫做“过生日”，不能叫“祝寿”，否则会“折寿”、“短命”。“寿”字的本意是指人的年龄大。民间把“五福”俱全视为人生最大的幸福，而“五福”之首即为“寿”，在这种人生观的指导下，从古至今人们十分重视各种追求和祝愿长寿的活动，由此也就产生了祝福长寿的礼仪。这种礼仪大都是在老年人的生日时举行的，称之为“祝寿”、“拜寿”、“贺寿”等。

1. 做寿的规矩

按古时的习惯，人不满60岁，只能叫过生日，不能做寿。只有满60岁的老人才有资格做寿。随着生活水平的提高，逐渐演变为从50岁开始做寿，逢十（个别地方以逢九计算）的生日做大寿。综观老人的寿礼，其最隆重、最具特殊意义的寿诞包括以下几种。

（1）花甲寿

60岁活满了一个甲子，民间也就以“甲子”或“花甲”代称60岁。做60岁生日，即花甲寿诞，其礼仪比一般的寿礼更隆重。

（2）六六寿

专为年满66的老人做寿的寿诞习俗，主要流行于长江下游地区。这一天，女儿要将猪腿肉切成66块，形如豆瓣，俗称“豆瓣肉”。红烧后盖在一碗米饭上，连同一双筷子一起放在篮子里，盖上红布，由女儿女婿送给父亲（丘父）或母亲（岳母）品尝。66块肉寓意多福多寿，老人在鞭炮声中高高兴兴地美餐一顿。民间常说的“六十六，女儿家中吃碗肉”，便指这一习俗。

（3）古稀寿

古稀寿特指给80岁老人生日举行的寿礼，俗称“庆八十”。古时候人活到80岁是很少见的，所以，能活到80岁的老人便被人们誉为老寿星。

此外，许多地方还有“做九”和“过九”的习俗，也就是提前1年做满十寿。

### 2. 贺寿仪式

做寿的一天，儿女子孙及亲友都来贺寿，送来寿幛、寿烛、寿桃、寿面、寿联等贺礼。同时要设寿堂，挂起大红的寿幛，供桌上放着寿桃、寿面、寿果，张灯结彩，老寿星端坐正堂接受晚辈和亲朋好友的叩拜、祝贺。礼毕，共享寿宴。寿宴上，老寿星坐在正位，贺寿人不断向寿星敬贺。

### 3. 祝寿礼品

祝寿礼品是祝寿礼仪中十分重要的一个组成部分，中国传统祝寿礼仪活动那种热烈而活跃的气氛、欢乐而融洽的情调，很大程度上是由那些丰富多彩、各色纷呈的祝寿礼品所造成的。

（1）食品类

在中国传统社会中，最为常见的寿礼形式是寿桃、寿糕与寿面，它们大多具有祝吉祈祥的色彩，反映了中国人对于生命持久、寿运永继的强烈欲望和迫切心愿。

1）寿面。寓意绵长，在中国的生日礼仪文化中最具影响。中国人爱吃寿面，也爱送寿面，民间称为“长寿面”，一般要求根根长三尺，每束百根，盘成塔形。

2）寿桃。寿礼中必备的物品，一般都是用面粉或米粉做的，其形状下圆上尖，酷如桃形，颜色大都为红色，桃嘴上还要点上一个红点，有时还包有一些豆沙、松子、百果等甜馅。寿宴时，亲朋好友邻里向寿星献寿桃，一般为9个，1个象征长寿，8个象征八仙，意为“八仙庆寿”。9个寿桃相叠为一盘，共摆3盘，陈列在寿堂桌上。

3）寿糕。“糕”与“高”相谐，有“高兴”、“高升”、“抬高”等吉祥寓意。寿糕大都是用面粉或米粉制成，形状如同一个绕线板，由两块梯形状的糕对叠粘搭而成，颜色粉红或深红，俗称“定胜糕”。赠送寿糕时，必须一个个地将其放入红漆盘中，堆成塔状。较为讲究的还要在上面放上一些粉捏的吉祥人物，如八仙、寿星、王母等。

4）寿酒。寿酒是寿宴中不可缺少的饮料。因为“酒”跟“久”谐音，寓意“长久”，“祝酒”就是“祝久”。所以古人用“奉觞”和“称觞”来作为祝寿的代称。

5）菜式。因地而异，但都有祝福祈寿的寓意，如“八仙菜”、“九斗碗”和“十大碗”等。

（2）字画类

中国传统寿礼形式中的另一个重要类别，以满足人的精神需要为主要目的，具有较高语言艺术价值的有寿幛、寿屏与寿联。

1）寿幛是流行十分广泛的一种祝寿礼物，是布置在寿堂的一种装饰。一般在整幅或大幅的红色或金色布帛上撰写吉祥的祝语贺词，向寿星表示祝贺寿辰。金红相间的寿幛呈现了一种雍容华贵的风格，与祝寿活动热闹喜庆的气氛十分相配。

2）寿屏是指用作祝寿的书画条幅，其上题写吉语贺词或画上八仙、寿星之类内容的画。与寿幛不同的是，寿屏上的赞颂文字一般都是写在一些专门的摆设，如镜架、屏风、座屏上的。

3）百寿图可用于寿幛、寿屏。基本形式为：在一个大“寿”字的笔画中，布满一百个字体不相同的小“寿”字。

4）福禄寿图。画面通常是一个和蔼可亲的老寿星形象，持杖牵鹿，杖头挂葫芦或仙桃，也有的手捧仙桃，身旁有飞舞的几只蝙蝠，一般悬挂于寿堂正中。

5）子孙万代图。画面常为圆形，其上是一个大葫芦，两侧各一个小葫芦，葫芦与葫芦根蔓相连，中间穿插几片葫芦叶，大葫芦下部，又生小葫芦，寓意“子孙不断”。子孙万代图常用来为老年妇女祝寿。

6）松鹤长寿图。松、鹤历来是我国民间崇尚的长寿动植物。画面一般是挺拔苍翠的青松，树上（旁）立一只美丽的白鹤，白云、远山、太阳作背景，画面题词系为“松鹤延年”或“松鹤遐龄”之类。

（3）文学艺术类

文学艺术类主要是寿舞、寿乐、寿戏、贺寿诗文，如《八仙献寿》、《蟠桃会》、《盗仙草》等。寿联和寿文也很常见。寿联是客人为祝寿或主人为庆寿而写的对联，一般用来布置寿堂，烘托寿庆热烈喜庆的气氛。

近年来，为老人祝寿的方式，增添了一些现代色彩，如子女陪老人旅游；当地党政领导亲往祝寿、送寿幛、赠礼品、致祝词；老年协会在老人节期间，为当地逢十的老人照相留影、馈送礼物，为百岁老人祝寿；群众业余文艺组织为老人做专场演出。家庭则开筵席，宴请宾客，晚辈为长辈赠送礼物等。

总之，寿诞礼仪，是中华民俗文化的一项重要组成部分，显示了中华民族敬老尊老的优秀传统。

## 8.4 丧葬习俗

死是人生的终结，丧葬礼仪是人死后整个治丧和祭奠活动，是随着祖先崇拜和伦理道德观念的发展而发展的。我国是一个历史悠久、祖先崇拜盛行、民族众多的国家，丧葬礼仪纷繁复杂，甚至同一民族中不同的地区、支系也有差别。这些仪式逐渐沉淀，与传统文化相互渗透影响，从而形成了我国独特的丧葬心理和丧葬文化。葬礼仪式大致包括报丧、停尸、出殡和葬后祭祀四部分。

### 8.4.1 报丧礼仪

死亡对于人们来说是无法避免的，茫茫宇宙，大千世界，人们在这里诞生、成长，直到最后的死亡。

1. 临终

死者临终时分是由“阳界”进入“阴间”的分界线，许多民族对此十分重视，可以反映出他们的一些传统观念。

汉族一般实行土葬，忌讳死字，习惯于生前就准备丧事。帝王贵族们生前即择陵园地址。平民生前选好坟地，做好满意的棺木及寿衣。临终前，子女都要到床前，以便听遗嘱和托付后事，与老人见最后一面。人不能死在床上，要“迁居正寝”（用木板搭成）。气绝后亲人要恸哭等。

满族人临终之前，必须移到南炕上，不可死在西炕（西炕为尊，祖宗供在西炕）。

柯尔克孜族人死后须另立毡房，在毡房左角挂死者的帽子、衣服、鞭子，门外竖一黑旗。

侗族人在老人“落气”（咽气）之后，须带纸钱到河边焚烧，称作“买水”。买水者买顺流水，如此人之灵魂会顺流找到祖宗。

傣族人临死前要求亲属为其念经，并从寺院取来一块黄布，盖在身上，以示其为佛教徒。

2. 报丧

报丧可以说是人死后的第一种仪式。它用发信号的方式把有人逝世的消息告诉亲友和村人，即使已经知道消息的亲友家，也要照例过去报丧。其目的为：一是告诉本村、本寨、本家族有人辞世，须立即停止生产及其他活动，遵守有关禁忌；二是告知同村、同家族及亲朋好友，各家应立即出人去丧家帮助料理丧事。

北方汉族农村，多是由死者儿子由人陪同到家族、亲友家去报丧。

怒族男人死后要吹竹号报丧，通知亲友并丧增加哀悼气氛。

柯尔克孜族人去世后，家中男人或亲属要骑快马向亲友、氏族、部落报丧。

### 8.4.2 停尸礼仪

停尸是丧葬礼仪中的重要一环。我国许多民族是在死者去世后先浴尸，再停放尸体，目的是让死者干干净净地到另一个“世界”去。

旧时，汉族称尸体入棺为“入殓”、“大殓”。入棺前要饰尸、洗尸、更衣、书铭、写柩位。父母死，须等在外儿女返家后才可盖棺。妻子死，要等娘家亲属来才可盖棺。入棺时，亲属守在左右，子女要痛哭，以示告别。盛殓后，设灵堂行奠礼，追悼亡人。

北方汉族农村多是在家中设灵堂，停尸 3 天，供亲友前来吊唁。吊唁时有吹鼓手奏乐，死者子女须穿丧服跪于棺木旁边。

回族人去世后，先用白布盖住尸体，然后由同性年长者沐浴净身，擦干后白布裹尸，经过一番宗教程序后，将尸体装入木匣（伊斯兰教称“塔布提”）等待殡礼。

壮族在尸体入殓后，停灵数日，须请师公、道公做道场，然后再埋葬。

侗族停尸期间，子女亲友皆向死者跪拜，日夜守灵，还不时为死者焚香化纸、吹唢呐，通宵达旦。

傣族停灵一般是 1 ～ 3 天，这期间，全村要停止一切生产活动，为死者守灵。有的还要请僧侣念经超度，制作冥房。

佤族人是成年死者须停尸 3 天才能下葬。

畲族人停灵期间，死者的子女、媳妇以及女亲眷，均要身穿丧服围坐在棺前唱“哭灵歌”，以表达对死者的缅怀之情。

停尸、吊唁等活动是死者入土前的隆重悼念活动，集中表达了亲属、亲友的悲痛心情。

### 8.4.3 出殡礼仪

各民族在出殡的形式以及时间、所走线路上各有不同。

#### 1. 出殡时间

汉族，旧时农村多是请风水先生择日而定，有 3 日、7 日等。

回族讲究速葬，停尸不超过 3 天，这也是其他信仰伊斯兰教民族普遍实行的一种丧葬习俗。

傣族出殡，亦称“出灵”，即将灵柩送到安葬或寄放的地点，也是 3 天后出殡。

朝鲜、赫哲、达斡尔等族都择单日出殡，民间认为双日出殡会死两个人。

西藏一些地区的珞巴族则由巫师杀鸡看肝占卜来决定出丧日期。

#### 2. 出殡形式

东北汉族出殡时，先由死者长子头顶丧盆，双膝跪倒，灵柩启动后即将丧盆摔碎。然后，肩扛灵头幡，用孝头牵引头杠；女儿则怀抱领魂鸡随后。灵柩后是鼓乐队，其后是送葬的亲友。青海河湟地区的汉族，出殡时，丧家要将灵堂所铺之草全部放置门口点燃，人们抬着灵柩从火上经过。与此同时，全村各家各户门前均要点堆火。认为如此做，可防冥界的饿鬼前来抢食。

回族出殡简单安静，不用鼓乐吹奏，由死者亲友抬尸赴墓地。

广东岭南瑶族出殡时，在灵椅两旁捆上两根长杠，搭成抬轿的架子，上面还捆着一把张开的油伞为死者遮阳，最后由 4 人或 6 人将灵柩抬往墓地。

傣族出殡时，由佛爷（宗教活动主持者）前面引路，村人抬棺，棺后为送葬者。

3. 宗教仪式

在一些民族中，出殡前还要举行“开路”的宗教仪式，多是由巫师或僧人、道士等为死者指明去阴界之路。

汉族北方农村出殡时，请和尚、道士在前面开路，意为给死者“引路”。

云南傈僳族出殡时，先要由巫师射出三支箭，边射边说，意思是让死者务必不要走上、下两路，只能走中间一条路，如此才可顺利走到祖先身旁团聚。

四川茂县羌族地区出殡时，先要由端公（巫师）开一张写有文字的路条，放入死者上衣口袋。认为死者持有“通行证”，方可在去阴界的路上畅通无阻。

4. 出殡线路

出殡时由何处走出以及运往墓地途中的活动，在各个民族中也有着一定的习惯规定。

北方汉族农村多从大门出丧，送丧队伍要在村中主要道路绕一周。前面由僧、道士及吹鼓手开道，棺材后面为子女亲属哭丧。到村口时队伍停下来，送丧者及吹鼓手止步，只有抬棺材的人们继续前进到墓地。多数民族都是从正门出丧。

新疆蒙古族和黑龙江的满族是从窗口出殡，认为正门是活人走的通道。

贡山独龙族则是揭开地板从下面出殡。认为，如果从正门出殡意味着还会死人。

西藏一些门巴族地区出殡时，由喇嘛占卜来决定死者是由大门或窗户出丧。

傣族在出殡途中，送葬者须沿途扔出一些死者生前用过的物品，以备阴间再用。

上述这些都是灵魂观念在各民族地区的不同反映。

### 8.4.4 丧葬方法

我国是一个民族众多的国家，葬礼的形式多种多样，从葬法上来看，主要有土葬、火葬、天葬、风葬、水葬、塔葬、悬棺葬等。

1. 土葬

土葬是我国自古以来使用最为普遍的埋葬方法，不仅汉族以它为主要葬式，而且还流行于满、蒙、赫哲、维吾尔、傣、珞巴、景颇、苗、布依、瑶、高山等大部分少数民族之中。其基本方法是用棺木盛尸，挖墓穴，埋土中，以土丘为标记。虽然各民族在入葬的方式、葬具、葬式上各有特点，但基本的观念几乎都是一致的，即让死者“入土为安”。

2. 火葬

我国的火葬由来已久。在少数民族中不少地方流行，且富有鲜明的民族个性。

蒙古族火葬主要限于孤独老人、未婚青年和传染病患者，一般将死者与棺木一起火化，骨灰撒于山河之中。

满族火葬分为有葬具火葬和无葬具火葬两种。前者先将尸体火化，将骨灰和随葬品装入木棺，再在墓穴内将木棺、骨灰、随葬品一起烧掉，然后积土成冢；后者先将尸体火化，装入木匣或布袋中，再置入棺内埋葬。

藏族火葬一般多用于活佛和大喇嘛，将骨灰撒在江河高山之中，也有将骨灰装入塔内供奉的。

现在，由于提倡移风易俗，丧事从简，汉族人死后也多实行火化，骨灰盒由家人保管或由殡仪馆代管，并举行简单的告别仪式。

### 3. 天葬

天葬又名鸟葬，主要流行于藏族地区。藏语称天葬为“杜垂杰哇”，意为“送（尸）到葬场”，又称“恰多”，意为“喂鹫鹰”。人死后，停尸数日，然后将四肢捆成一团，用白氆氇蒙起来，由死者后代背到家门口，再请天葬师将尸体背到天葬场。家人和亲友跟随天葬师送至十字路口，除一二亲友随去天葬场照看外，其余家人和亲友返回家中。到天葬场后，先将尸体放到葬台上，在其附近煨起桑木。桑烟升起，鹫鹰飞集拢来。于是，天葬师将尸体肢解，切肉成块，掺以糌粑，供鹫鹰啄食，以吃光为吉利。

蒙古族也曾流行天葬，特点是“求天卜地”。蒙古族人死后，将尸体放在勒勒车或马背上，把车或马赶走后，不用人驾驭，任其颠簸奔走。直到第三天才沿车辙或马脚印去找尸体。找到尸体后，若尸体被野禽、野兽吃掉，就认为死者已经升天。如禽兽没吃，那是不吉利的，就得请喇嘛念经，给死者赎罪。

此外，我国的土族、普米族、怒族、羌族、拉祜族、畲族、裕固族等也有天葬的习俗，但葬俗各异。

### 4. 水葬

水葬是我国颇为流行的一种葬俗，其方法是将尸体投入江河之中，常见于藏族、傣族等民族中，近年汉族部分地区也开始崇尚尸体火化后实施水葬。

藏族水葬多见于贫困人家、乞丐以及鳏、寡、孤、独者。其中，藏南深谷地区因无鹫鹰，大多施行水葬。四川甘孜藏人认为水葬好，历来流行水葬。四川阿坝藏民对死去的儿童一律用水葬，普通僧人也有水葬的。水葬时，有的将尸体肢解投入河中，有的用白布裹住尸体抛入河中，有的将尸体装入木箱或篓内投入江河，还有的将尸体拴以巨石抛入河流。从佛教的观点看，将尸体投入河中喂鱼，乃是利益众生的布施行为。

### 5. 风葬

风葬又称“树葬”、“挂葬”、“悬空葬”和“空葬”，流行于我国少数民族，尤其是鄂伦春族、鄂温克族、珞巴族和苗族中。

鄂伦春族在游猎过程中死了人，特别是天寒地冻无法进行土葬时，一般都采用风葬。其风葬的形式有多种：一种是找一处四棵树成正角的地方，借树杈搭上横木，铺上树枝，将死者置其上，再用树枝、树皮盖好；一种是专做一个木架，将葬具托起。由于风葬置尸于天地之间，所以，既不用担心野兽吞噬伤害，又可免除天寒地冻挖土深埋之艰难。

珞巴族风葬有三种方式：一是找一棵分杈的大树，在分杈的粗枝上挖一个能容尸的槽，装入尸体及随葬品；二是在枝杈处用树枝捆扎一个平台，在台上搭一小棚，将尸体及随葬品置于其中；三是把尸体以端坐的姿势放在竹筐内，然后捆放在树杈上。

6. 塔葬

塔葬又称塔屋葬，是我国一种传统葬法，主要流行于僧侣阶层。按照佛教习俗，有名望的僧人死后，一般将尸体用药物处理，然后风干，摆放在灵塔之内，或将僧侣“荼毗火葬”后的骨灰舍利葬入塔内。早在唐代，这种葬俗就开始流行。唐代不仅僧侣习用塔葬，而且士大夫也施行塔葬。自唐至近现代，塔葬一直在我国僧侣阶层中流行。现在许多庙宇的寺院中，还能看到僧侣塔葬的葬塔。

7. 悬棺葬

悬棺葬是一种非常奇特的历史遗迹和丧葬习俗。这种葬俗不同于传统的土葬，而是将殓尸的棺木高置于临江面海、依山傍水的高峻陡峭的崖壁上。置放棺木的形式是在悬崖峭壁上凿孔打桩，或利用天然崖洞和岩石裂隙，亦可以在绝壁上人工开凿洞穴。它是所有丧葬礼俗中最具旅游观赏价值的一种。当游人昂首仰望那一处处高悬在峭壁绝岩上的悬棺时，无不为之惊叹。

悬棺葬广泛分布在我国的东南沿海、长江流域及其以南的广大地区，主要是福建、江西、浙江、台湾、湖南、湖北、四川、贵州、云南、广西等地。最早的悬棺葬出现于闽浙赣交界的武夷山区，最晚的存在于川南和云南的东川。这些地区，古代的居民多是越人、濮人、僚人等少数民族。这种葬俗有两个特点，一是葬址选在依山傍水的悬崖峭壁，二是葬具多为船形棺。悬棺葬是近山水而居的民族生于斯、长于斯的生活习俗在心理、意识方面的反映。

### 8.4.5 葬后祭祀

既然有灵魂不灭，也就有葬后祭祀活动，它同样寄托了亲属对死者的缅怀之情。葬后祭祀又可分回魂、服孝、祭奠等多种活动。

1. 回魂

汉族亦称“招魂”、“叫魂”。旧时，汉族地区丧葬后不久，便举行招魂活动。旧时江南汉族农村，死者入殓时，家人在棺内放招魂袋，袋为红色，内装茶叶、白米等，为死者魂魄返回时提供方便。

独龙族认为，埋葬死者3天后，灵魂要返回家中。因此，要请巫师在家中举行回魂仪式，如此才可家宅平安。

海南黎族人认为，人死后第五天，其灵魂要回家中。当晚，家中人要将一些饭菜和纸衣服放置大门口供其享用。

2. 服孝

服孝是葬后祭祀的又一项内容。过去我国许多民族年长死者埋葬后，家人都要有一段相当长的服孝期，以示孝敬。旧时汉族民间，孝子要守孝3年。清末民初以后，孝子为父母守孝也得“七尽”（七七四十九天）为止。今汉族农村有的地方，儿女要为父母服孝3～7天，过后即可脱去孝服。守丧期间不饮酒、不吃肉、不近妇人、不聘妻、不访友、不作乐等。

广西部分瑶族，父母亡故要服孝49天；大瑶山的瑶族孝期为71天；云南永仁县的彝族，父母埋葬后，要服孝3个月；内蒙古一些地区的蒙古族，父母兄长亡故后服孝21～100天；黑龙江达斡尔族祖父母、父母、伯父母、叔父母亡故后均服孝3个月，夫死，其妻须服孝3年。

3. 亡灵祭祀

祭奠亡灵、缅怀死者是祖先崇拜的遗风，它产生于原始社会。人们认为“人死后仍继续过着一定生活”，其灵魂仍需活人给予照料（如供给随葬品和提供祭奠等）。先祖的亡灵得到尊崇和照料后，可以对儿孙后代保佑赐福。因此，中国各民族在葬后祭奠上用各种方式，表达人们尊崇死者亡灵、希冀保佑家族平安幸福的心理。

旧时汉族农村，在埋葬死者三、七、百日及周年时都要祭奠，届时，在亡灵牌位前供上饭菜果品，烧香火点蜡烛，有些点油灯，死者妻女要哭唱，男子则下跪叩头。

回族在死者葬后三天、头七、二七、三七和四十天、百天、周年，一般要请阿訇诵经，家中并炸油香、馓子等分送亲友。以后逢开斋节、古尔邦节，家人也要到墓地悼念亡人。

维吾尔族在死者葬后三、七、四十天及周年之际，家人要请阿訇念经，并做抓饭、炸制油饼等招待前来的亲友。

锡伯族在亲属去世后的“头七”到“七七”以及“百日”均要举行祭奠活动。其中，“七七”悼念仪式规模较大。届时，家人除邀请直系亲戚参加外，还邀请旁系亲戚和死者的亲朋好友前来参加。来者携带纸钱、酒菜、面食等，在家中和坟地上举行祭奠活动。

佤族在死者埋葬后，要杀鸡举祭，祝愿其“灵魂”快乐，保佑全家平安。

拉祜族在死者葬后三日之内，全寨停止生产一天，以表示哀悼。

俄罗斯族在死者去世40天或周年时，亲属要举行简朴的葬后宴。一为悼念亡人，二是答谢在办丧事时操劳的亲朋好友。

总之，中国各民族的丧葬习俗是在漫长的历史过程中形成的，长期以来对增强家族的凝聚力、增进人们的血缘感情起着积极作用。随着中国各民族地区社会主义现代化和两个文明建设的发展，丧葬活动中的移风易俗也正在进行。

## 8.5 人生礼仪民俗的旅游应用

人生礼仪习俗，无论是生诞习俗、寿庆礼俗、婚嫁礼俗，还是丧葬礼俗，都具有鲜明的民族特点和地方特色，对国内外游客来说，具有极大的吸引力。开发人生礼仪旅游资源，建立人生礼仪景观设施——博物馆，是目前开发旅游资源的有效方法。

现代博物馆既是一个国家、一个地区重要的文化教育机构，又是公众游览休息的重要场所。从旅游学的角度看，它还是重要的文化旅游设施。旅游业发达的国家，几乎莫不依仗博物馆的建设，并以此吸引大量游客的。巴黎是国际著名的旅游城市，有近130座不同种类的博物馆，如卢浮宫博物馆、法国历史博物馆、法国民族学博物馆、法国科学技术博物馆等。博物馆数量之多，藏品之精，闻名于世，每天吸引着海内外大量的游客。“游欧洲，不能不到巴黎；游巴黎，不能不到卢浮宫”已成为一句旅游名言。博物馆成了巴黎旅游业一个十分重要的组成部分。

国际上以博物馆为发展旅游业的模式并取得了成功，究其原因主要是，博物馆具有其他旅游设施所无法比拟的优势和特点：博物馆是展示一个国家、一个地区历史、文化、习俗和经济的重要窗口，也是一个国家、一个地区文明的象征。一般来说，博物馆展示的内容都具有鲜明的地方特色和民族特色，不同民族、不同地区的文化差异，在博物馆的陈列内容中得到集中反映，这种差异正是吸引游客之所在。博物馆展示的藏品涉及政治经济、文化艺术、民俗习惯、风土人情等各个方面，其特有的高度集中性、典型性和丰富性最能满足各种游客的求知、审美等方面的需要。正因为如此，全世界每天有数以百万计的游客涌向博物馆，把参观博物馆作为重要的旅游观光活动。世界上许多博物馆的兴建，也是出于吸引旅游者的需要。

人生礼仪贯穿于人生的全过程，既是中华民族物质生活的反映，也是伦理道德、宗教信仰、民族心理和社会价值观念的体现。由于我国历史悠久、幅员辽阔、民族众多，各地区在人生礼仪方面表现出较大的差异性。国外各民族也都有人生方面相关的礼仪，但因历史、社会制度和信仰的不同，差异更大。所以，无论国内游客，还是外国游客都对我国传统的人生礼仪具有浓厚的兴趣。通过参观、考察，不仅可以了解中国人在生、死、寿、婚等方面的传统价值观念和宗教信仰，而且能增进各国、各民族、各地区人民之间的相互了解，促进国际间、地区间的友好往来和民间文化的交流。

将人生礼仪民俗直接引入旅游活动中，可以利用现代媒体方式来展现。在这方面，博物馆无疑大有用武之地。博物馆能借助实物、标本、道具、绘画、录像、幻灯及灯光技术，把某项人生礼仪的全过程真实、形象、生动、通俗易懂地再现给游客。为此，旅游部门应该和文博部门携手建立各类人生礼仪民俗博物馆，如婚姻博物馆、寿庆博物馆和丧葬博物馆，以适应我国旅游事业蓬勃发展的需要。近年来，全国各地已建立了不少包含人生礼仪方面内容的民俗博物馆，并在旅游业中发挥着重要作用，深受广大游客的欢迎。

## 小 结

人生礼仪贯穿于人生的整个过程。其中生诞礼仪是人生的开端礼；婚礼是人的一生中十分重要的大礼，标志着一个人进入了建立个体家庭、发展家族的重要阶段；寿礼是人生健康长寿的理想，显示了中华民族敬老尊老的优秀传统；葬礼在我国纷繁复杂，是人死后的整个治丧以及祭奠活动。人生礼仪既是中华民族物质生活的反映，也是伦理道德、宗教信仰、民族心理和社会价值观念的体现，具有较高的旅游价值。

## 练 习

1. 生诞习俗反映了人们怎样的心理？
2. 你对婚姻习俗是怎样理解的？
3. 谈谈你对开发人生礼仪民俗旅游资源的观点。
4. 通过生活实践（如参加一次婚礼），搜集你身边的人生礼仪民俗素材。

# 第9章

# 中国节日民俗

**概　　述**

节日是人类社会生活的一种重要文化事象，是人类日常生活的精华，保留了民族文化中最精致、最具代表性的一面。中国历史悠久，孕育的节日活动多彩多姿，是我国代代相传的文化资产。

**学习目标**

1．了解节日民俗的内涵；

2．熟悉我国传统节日民俗、少数民族的传统民俗；

3．掌握节日民俗的旅游价值和旅游应用。

**学习任务**

探索节日民俗与旅游的互动关系。

**任务描述**

把握中国传统节日民俗和少数民俗节日习俗，探索节日民俗与旅游的有机联系。

## 9.1　节日民俗概述

节日是一种具有民俗意义或者纪念意义的进行社会活动的日子，一般有固定的日期，有特定的主题，有群众的广泛参与。

### 9.1.1 节日的来源与节日民俗

中国的节日出现很早，它的起源和发展是一个逐渐形成、潜移默化地完善、慢慢渗入到社会生活的过程。

1. 节日的来源

在我国，节日不可计数，节日的民俗活动更是极其丰富，但每一个节日民俗都不是凭空产生的：一是宗教祭祀活动，尤其是古代原始宗教和原始祭祀；二是古代农事生产活动，有农事活动就产生了历法、节令，人们依节令来安排生产活动、农事以后或是两个节令相交的日子便成为节日；三是对重要历史事件及人物的纪念活动，如五一节、端午节等；四是大型的商业集市活动；五是群众性的文艺、体育及社交活动；六是人们改造生存环境及解决社会问题的一些重要活动，如三八妇女节、六一儿童节等。

据统计，我国 56 个民族从古到今约有节日 1700 多个，其中少数民族有 1200 多个，汉族有 500 多个。中国节日数量之多，在世界上首屈一指，这与其悠久的历史文化和众多的民族密切相关。

2. 节日民俗

节日民俗是指节日中的民俗内容。节日民俗存在于所有的节日中，但民俗意义较强的节日民俗内容相对比较集中。

节日民俗有新旧之分，传统节日的节日民俗流传年代久远，属于旧的节日民俗；现代节日中出现的节日民俗可称新的节日民俗。由于新的节日民俗出现较晚，有的尚在形成过程中，因此，人们说到节日民俗，一般都是指旧的传统节日民俗。

节日民俗是一种综合性的民俗事象。例如，节日的饮食、节日的服饰、节日的娱乐等，是各项民俗的综合展现。

### 9.1.2 节日民俗的特征及分类

节日民俗的形成在实际情况下往往是互相渗透、互相影响的，中国的节日和民俗扎根于民众之中，源远流长，随着历史的延续而日新月异，不断地融入新的内涵和特征。

1. 节日民俗的特征

节日民俗是一种文化，它在一定的文化环境中生成，带有鲜明的文化烙印，不同文化环境下生成的节日民俗具有不同的特点。

（1）节日民俗事象特别丰富

我国的节日民俗时代跨度大、数量多、内容丰富，这是我国文化大一统与文化多元倾向并存的格局在节日民俗上的反映。

（2）体现了儒家主体文化的精神

我国的传统文化中，儒家思想文化居主体文化的地位。它是一种德性文化，重视伦理道德，提倡孝道，注重人际关系及群体意识，这种观念在节日中得到了充分的体现。

（3）起到了调节社会生活的作用

节日民俗能够调节人的情志，有益于人的心理健康。

### 2. 节日的分类

从节日的来历划分，我国的节日包括以下几种。

（1）传统民间节日

传统民间节日传播范围广，传承时间长，是我国民俗节日的基本组成部分。如汉族的“春节”、藏族的“雪顿节”、傣族的“泼水节”等。

（2）现代节日

现代节日包括我国政府及国际组织规定的节日，如“国庆节”、“建军节”、“五一劳动节”、“世界电信日”等。

（3）外来民俗节日

外来民俗节日主要是指来自外国的节日。我国古代的一些外来节日，如佛教、伊斯兰教节日在流传过程中已与我国文化有相当程度的融合，有时习惯上将其归入传统民间节日，如“开斋节”等。但此类节日近几年来有发展的倾向，如“圣诞节”、“情人节”等。

（4）新兴节日

新兴节日即一些地方政府或部门为振兴商贸、旅游业等的发展而开发的新兴节日。其民俗活动有的取材于传统民俗，展示的节俗来自传统的节日，可称“新瓶装旧酒”，是民俗节日的另一组成部分，又可称为准民俗节日。

（5）伟人的诞辰、忌日和国际组织规定的活动

这些节日的来历各有不同，可作为节日来历的类型区分。

### 3. 节日的活动内容

在中国，每一个节日都有一定的活动内容，但主要包括三大类：一是祭祀类，如早年间，帝王祭祀天地、日月星辰、山川林泽、社稷、祖先等。民间祭祀神庙、祖先等，祈求风调雨顺、人寿年丰、六畜兴旺、避邪驱鬼。二是娱乐类，如“元宵节”观灯、“端午节”赛龙舟、“中秋节”赏月等。三是农事类。如“春节”、“立春”等。

总之，中国这些内容丰富、形式各异的节庆活动不仅显示了各民族丰富的文化内涵，而且代表了一个民族的进步和文明，是我国灿烂历史文化中绚丽多姿的鲜花。今天，除了传统的“春节”、“元宵节”、“清明节”、“端午节”、“中秋节”、“重阳节”等，“五一”、“十一”、“元旦”也成为广大人民的重要节日。

### 9.1.3 关于新兴节日

中华人民共和国成立以来，随着社会经济的发展，我国相继产生了一些新兴的节日，包括我国政府及国际组织规定的节日，也包括一些地方政府或部门为振兴地方商贸、旅游业发展等开发的新兴节日。

1. 我国政府及国际组织规定的节日

（1）"新年"

"新年"又叫"元旦"，是一年的首日。"元旦"之名，起自传说中的"三皇五帝"之"颛顼"。他以农历正月为"元"，初一为"旦"。"元"含有"第一"和"开始"之意，"旦"则是一轮红日从地面开始升起，"元"和"旦"合一起，就是要人们以蓬勃朝气，迎接崭新的一年。这一天，我国城乡皆张灯结彩，披上节日盛装，不少单位还悬起"庆祝元旦"的巨幅标语，欢庆新年。

（2）黄金周①

"五一"、"十一"是中华人民共和国成立以来发展起来的节日，随着改革开放的深入，特别是实行黄金周假日以来，人们纷纷利用"五一"、"十一"长假出游娱乐，尽情享受黄金周的愉悦。多年来，在党中央、国务院的正确领导下，在各地区、各部门以及社会各界的大力支持下，黄金周长假旅游协调机制日臻完善，旅游接待人数和收入持续快速增长。

2. 旅游新兴节日

为活跃旅游市场和促进国内外经济、文化、科学技术的交流，近十几年来，我国政府及各地根据自己的特点并充分利用本地特有的自然、人文及社会资源，发扬民间文化传统，倡导举办了多姿多彩并具有一定规模和影响的旅游节庆活动，如"1992 中国友好观光年"、"1997 中国旅游年"、"辽宁金秋国际旅游节"、"2008 中国九寨沟第四届冰瀑旅游节"等。

旅游新兴节日的主题多为弘扬社会文化，突出本地悠久的历史，展示独特的民俗风情和宣传当地的土特产品等。在节日期间所展示的各种活动内容中，常以文艺演出与产品展示、经济贸易洽谈、旅游观光活动相结合，收到了良好的经济效益和社会效益。这类节日，更集中地反映了现代社会的风貌，具有其他旅游方

---

① 黄金周分别指中华人民共和国境内的春节、劳动节和国庆节三个节日的每个节日的连续七天休假。国庆七天休假称为"十一黄金周"，劳动节七天休假称为"五一黄金周"。相对于其他公休假期，"黄金周"又被称为"长假"。2000 年 10 月国庆放假开始，对国庆、春节和劳动节这三个的休假时间进行了统一调整，移动节日后的二个周末四天和法定假期三天集中休假，这样共计 7 天时间。自从实行这种休假制度以后，每逢这三个节日的休假称为"长假"，通常前面冠以节日名称。从 2008 年起，五一法定假期从 3 天改为 1 天，意味着五一黄金周被取消。

式所没有的特点，因此在民俗风情中显示出越来越大的优势，如“2006 中国徐霞客国际旅游节”。

# 9.2　中国传统节日及习俗

中国的传统节日形式多样，内容丰富，是中华民族悠久历史文化的重要组成部分。

## 9.2.1　春节

春节，俗称“过年”。是我国民间最盛大、最热闹的一个传统节日，也是象征着团结、兴旺，对未来寄托新的希望的佳节。其历史悠久，起源于殷商时期年终岁尾的祭神祭祖活动。古代称“元日”、“元旦”、“新年”，辛亥革命后，改称春节。

我国农历，正月初一是“岁之元，月之元，时之元”，是一年的开始。春节一般是指除夕和正月初一。但在民间，传统意义上的春节是指从腊月初八的腊祭或腊月二十三的祭灶，一直持续到正月十五元宵节，其中以除夕和正月初一为高潮。

### 1. 购置年货

从腊月二十三到年三十，人们开始扫尘搞卫生；家家户户准备年货，添置新衣鞋帽，以及购买一些过年走亲访友时赠送的礼品。

### 2. 过小年

腊月二十三，俗称“小年”，是民间祭灶的日子。据说，每年腊月二十三，灶王爷都要上天向玉皇大帝禀报这家人的善恶，让玉皇大帝赏罚。因此送灶时，人们在灶王像前的桌案上要供放糖果等供品。古时民间有“男不拜月，女不祭灶”的习俗，因此祭灶王爷，只限于男子。

### 3. 喜贴春联

人们有在住宅的大门上粘贴春联的习俗（我国特有的一种文学形式）。屋里张贴色彩鲜艳寓意吉祥的年画，窗户上也要贴上美丽的剪纸窗花，门前挂大红灯笼或贴福字及财神、门神像等，福字还可以倒贴，路人一念福倒了，也就是福气到了，所有这些活动无不显示着喜气洋洋、欣欣向荣的节日景象。

### 4. 除夕

春节是个欢乐祥和、亲人团聚的日子，离家在外的孩子在过春节时都要回家欢聚。年三十这天，也是人们吃喝玩乐的日子。北方人包饺子，南方人做年糕。水饺形似“元宝”，年糕音似“年高”，都是吉祥如意的好兆头。

晚上，也就是“除夕之夜”，是新旧交替的时候，全家人欢聚一起，吃一顿丰盛的“年夜饭”，有一家人团聚过年的味道。吃团年饭时，桌上的“鱼”是不能少的，因为这代表“富裕”和“年年有余”，象征来年的“财富与幸运”。

守岁是当晚最重要的活动之一。全家老小一起熬年守岁，欢聚酣饮，共享天伦之乐。如今守岁熬年的旧俗中，又增加了欣赏“中央电视台春节联欢晚会”等新内容。按旧俗，除夕夜的灯火，通宵不熄，俗称“光年”。

午夜时分当零点的钟声响起，家家户户竞相燃放烟花爆竹，辞旧迎新，将节日的喜庆气氛推向高潮。

5. *初一*

当新的一年开始时，男女老少都穿着节日盛装，先给家族中的长者拜年祝寿，年长者要给年幼者发“压岁钱”，吃团年饭，第二天以后就开始走亲戚看朋友，相互拜年，道贺祝福，祭祖等。如今又增加了新内容，如电话拜年、电子邮件拜年、电话短信拜年等已成时尚。

节日的热烈气氛不仅洋溢在各家各户，也充满各地的大街小巷，一些地方的街市上还有扭秧歌、舞狮子、耍龙灯、跑旱船、踩高跷、演社火、游花市、逛庙会等习俗。这期间花灯满城，游人满街，热闹非凡，盛况空前，直要闹到正月十五元宵节过后，春节才算真正结束。

春节是汉族最重要的节日，但满、蒙古、瑶、壮、白、高山、赫哲、哈尼、达斡尔、侗、黎等十几个少数民族也有过春节的习俗，只是过节的形式更有自己的民族特色，更韵味无穷。

**知识拓展 9-1**

### 年的由来

相传在远古时候，我们的祖先曾遭受一种最凶猛的野兽的威胁，这种猛兽叫“年”。它捕百兽为食，到了冬天，山中食物缺乏时，还会闯入村庄，猎食人和牲畜，百姓惶惶不可终日。人和“年”斗争了很多年后，人们发现，年怕三种东西，红颜色、火光、响声。于是在冬天人们在自家门上挂上红颜色的桃木板，门口烧火堆，夜里通宵不睡，敲敲打打。这天夜里，“年”闯进村庄，见到家家有红色和火光，听见震天的响声，吓得跑回深山，再也不敢出来。夜过去了，人们互相祝贺道喜，大家张灯结彩，饮酒摆宴，庆祝胜利。

为了纪念这次胜利，以后每到冬天的这个时间，家家户户都贴红纸对联在门上，点灯笼，敲锣打鼓，燃放鞭炮烟花。夜里，通宵守夜；第二天，大清早互相祝贺道喜。这样一代一代流传下来，就成了“过年”。

### 9.2.2　元宵节

农历正月十五，是我国民间传统的“元宵节”，又称“上元节”、“灯节”等，是春节后的第一个月圆之夜。也是庆贺新春的延续，将从除夕开始延续的庆祝活动推向又一个高潮。

1. 元宵

元宵节吃元宵始于宋朝。意在祝福全家团圆和睦，在新的一年中康乐幸福。元宵分实心和带馅儿两种，有香辣甜酸咸五味，可以煮、煎、炒、油炸或蒸制。用面除江米面外，还有黏高粱面、黄米面等。馅则有桂花白糖、山楂白糖、什锦、豆沙、枣泥等。元宵在南方称“汤圆”、“圆子”。吃元宵象征家庭像月圆一样团圆，寄托了人们对未来生活的美好愿望。

2. “元宵节”活动

“元宵节”观灯始于公元一世纪，在一元复始、大地回春的节日夜晚，天上明月高悬，地上彩灯万盏，人们赏灯、猜灯谜、吃元宵，合家团聚，其乐融融。

（1）“元宵节”燃灯

元宵节燃灯的习俗，经过历朝历代的传承，节日的灯式越来越多，灯的名目内容也越来越繁杂，有镜灯、凤灯、琉璃灯等。每到元宵节之夜，许多城市举办灯会，展出各种彩灯，造型新奇，千姿百态。

（2）“猜灯谜”

“猜灯谜”又叫“打灯谜”，是后增的一项活动，出现在宋朝。开始是“好事者”把谜语写在纸条上，贴在五光十色的彩灯上供人猜。因为谜语能启迪智慧又饶有兴趣，所以流传过程中深受社会各阶层的欢迎。

（3）燃放烟火

元宵节除燃灯之外，还要燃放烟花爆竹助兴。元宵节燃灯放火，自汉朝时已有此风俗。

（4）信仰活动

元宵节除了庆祝活动外，还有信仰活动，那就是“走百病”，又称“散百病”，参与者多为妇女，她们结伴而行或走墙边，或过桥、去郊外，目的是驱病除灾。

随着时间的推移，元宵节的活动越来越多，不少地方节庆时增加了耍龙灯、耍狮子、踩高跷、划旱船、扭秧歌、打太平鼓、荡秋千等活动。

### 9.2.3　二月二和立春

在中国的农历二月，主要为节气节日。

1. “二月二”

农历二月初二前后是廿四节气之一的惊蛰，从此以后，雨水会逐渐增多起来。因此，这天又叫“春龙节”或“踏青节”。我国北方广泛的流传着“二月二，龙抬头；大仓满，小仓流”的民谚。

中国古代用二十八宿来表示日月星辰在天空的位置和判断季节。每到二月春分以后，黄昏时龙角星就从东方地平线上出现，故称“龙抬头”。

“二月二”，是中国汉族民间传统节日。流行于全国多数地区，苗、壮、满、侗、黎、畲、布依、赫哲、鄂温克等少数民族也过此节。

此节风俗活动较多，主要民俗活动包括：讲求在这一天剃头，叫剃龙头；妇女要停止针线活，怕刺伤了龙眼；清晨要用长竿敲击房梁，把龙唤醒；新媳妇要回娘家等。

主要食俗有吃面条、春饼、爆玉米花、猪头肉等。虽然不同地域有不同的吃食，但大都与龙有关，普遍把食品名称前加上“龙”的头衔。如吃水饺叫吃“龙耳”，吃春饼叫吃“龙鳞”，吃面条叫吃“龙须”，吃米饭叫吃“龙子”，吃馄饨叫吃“龙眼”，喝茶要喝龙井等，一切活动均为祈求神龙保佑风调雨顺、五谷丰登、合家平安。

“二月二，龙抬头”作为古代民俗的一种节日，如今已经基本上从中国人的现代生活中淡化出去了。不过，我们也应该认识到，对于“二月二，龙抬头”的一些文化内涵，如古人对龙的崇拜、“龙抬头”在古天文学上的唯物解释等，是仍然具有研究价值的。

2. “立春”

“立春”又名“打春”，是二十四节气之首。立春以后我国气温开始回升，大地回春，表示一年农事活动的开始。主要活动有祭春牛、喝春酒、吃春饼等。

从迎春仪式到家家户户吃春饼，从贴“春帖”到郊游嬉戏“鞭打春牛”，传统的立春民俗活动有一大串，而且不光是汉族重视立春，一些少数民族也过这一岁时节日，如白族称立春日为“催春节”，侗族在立春这天有扮演春牛舞的活动等。

### 9.2.4 寒食节和清明节

1. “寒食节”

“寒食节”，旧俗中的一个节日，在清明节前一天，它的设立是为了纪念春秋时晋朝“士甘焚死不公侯”的介子推的。春秋时已出亡多年的晋国公子重耳回国即位（晋文公），封赏随其出亡的臣子，唯独漏掉了介子推。介子推于是携老母隐居山里。晋文公得知后欲加封赏，寻至其居住地，找不到他，便想烧山逼他出来。但介子推坚持不出，结果母子二人俱被烧死。晋文公于是规定每年这一天禁止人们起火烧饭，以寒食表示悼念，便形成了现在的寒食节。寒食节习俗有寒食、禁火的风俗。

2. “清明节”

“清明节”又称“踏青节”，在阳历的4月4～6日之间，是我国最重要的祭祖和扫墓的节日。扫墓俗称上坟，是祭祀死者的一种活动。汉族和一些少数民族大多都是在清明节扫墓。扫墓时，人们要携带酒食果品、纸钱等物品到墓地，将食物供祭在亲人墓前，再将纸钱焚化，为坟墓培上新土，折几枝嫩绿的新枝插在坟上，然后叩头行礼祭拜。唐代诗人杜牧有首诗《清明》写道：“清明时节雨纷纷，路上行人欲断魂。借问酒家何处有？牧童遥指杏花村。”写出了清明节的特殊气氛。

两节恰逢阳春三月，春光明媚，桃红柳绿，一派欣欣向荣的气象。期间，民间还有荡秋千、放风筝、拔河、斗鸡、戴柳、斗草、打球等传统活动。

知识拓展9-2

### 清明节的起源、流传与变革

清明，最初只是一种节气的名称。清明时节，我国大部分地区春回大地，天清地明，气候转暖，万物复苏，正是春耕春种的最佳时机，田间地头到处是农民忙碌的身影，民谚常说：“清明谷雨两相连，浸种耕田莫迟延。”

这种敦促春耕的节气，是怎样变成纪念祖先的节日的呢？应该说这与此前两天（或一天）的寒食节有关。寒食节是中国古代较早的节日，传说是在春秋时代为纪念晋国的忠义之臣介子推而设立的。其实，从历史的实际来看，禁火冷食主要反映了中国古人改火习俗的遗迹。原始社会，我们的先民们钻木取火，火种来之不易，取火的树种往往因季节变化而不断变换，因此，改火与换取新火是古人生活中的一件大事。春三月正值改火的时节，人们在新火未到之时，要禁止生火。汉代称寒食节为禁烟节，因为这天百姓人家不得举火，到了晚上才由宫中点燃烛火，并将火种传至贵戚重臣家中。对此，唐代诗人韩翃的《寒食》诗有生动描写：“春城无处不飞花，寒食东风御柳斜。日暮汉宫传蜡烛，轻烟散入五侯家。”

由于寒食节期间禁止生火做饭，就需准备一些事先做好的熟食（即冷食），以备禁火期间食用，相沿成习，遂成寒食风俗。寒食节期间的食品，在北方，主要有以面粉做成蒸饼，上附红枣并捏成燕子形状的“子推燕”；有用粳米及麦芽糖调制成的醴酪。在南方，主要有油炸至金黄色近似今日点心的环饼；有用糯米与雀麦草汁舂合而成，以枣泥或豆沙为馅料的蒸食——青白团子。此外，鸭蛋、枣糕、杏仁粥、冻猪肉、冻鱼肉，也是寒食节常用的食品。

寒食节期间的习俗，除了禁火冷食，还有后来成为清明节主要内容的祭扫坟墓。中国古人对祭祀祖先十分重视。上古时候，家中有人去世时，只挖墓坑安葬，不筑坟丘标志，祭祀主要在宗庙进行。后来在挖墓坑时还筑起坟丘，将祭祖安排在墓地，便有了物质上的依托。战国时期，墓祭之风逐渐浓厚起来。

秦汉时代，祭扫坟墓的风气更盛。据《汉书》记载，大臣严延年即使离京千里，也要定期还乡祭扫墓地。在唐代，不论士人还是平民，都将寒食节扫墓视为返本追宗的仪节，由于清明距寒食节很近，人们还常常将扫墓延至清明。诗人们的作品，也往往是寒食、清明并提，如韦应物有诗句说："清明寒食好，春园百卉开。"白居易也有诗句说："乌啼鹊噪昏乔木，清明寒食谁家哭。"朝廷鉴于民间寒食、清明并举已相沿成习，就以官方文书的形式正式规定，清明到来时，可以与寒食节一起放假。这项规定距今已经1200多年，说明从那时起清明开始具有某种国家法定节日的色彩。

宋元时期，清明节逐渐由附属于寒食节的地位，上升到取代寒食节的地位。这不仅表现在上坟扫墓等仪式多在清明举行，就连寒食节原有的风俗活动如冷食、蹴鞠、荡秋千等，也都被清明节收归所有了。

清明节后来还吸收了另外一个较早出现的节日——上巳节的内容。上巳节古时在农历三月初三日举行，主要风俗是踏青、祓禊（临河洗浴，以祈福消灾），反映了人们经过一个沉闷的冬天后急需精神调整的心理需要。晋代陆机有诗写到："迟迟暮春日，天气柔且嘉。元吉隆初巳，濯秽游黄河。"即是当时人们在上巳节祓禊、踏青的生动写照。

大约从唐代开始，人们在清明扫墓的同时，也伴之以踏青游乐的活动。由于清明上坟都要到郊外去，在哀悼祖先之余，顺便在明媚的春光里骋足青青原野，也算是节哀自重转换心情的一种调剂方式吧。因此，清明节也被人们称作踏青节。秉性贪玩的孩童，常常不满足于踏青游乐仅仅在清明举行一次，诚如唐代大诗人王维诗句"少年分日作遨游，不用清明兼上巳"。

融汇了两个古老节日精华的清明节，终于在宋元时期形成一个以祭祖扫墓为中心，将寒食风俗与上巳踏青等活动相融合的传统节日。明清大体承接前代旧制，清明节仍然坚持并发展着其在春季生活中一个必不可少的大节的地位。民国时期，清明节这天，除了原有的扫墓、踏青等习俗，植树也被确定为常规项目，这实际上不过是对民间长期延续的植树风俗的一个官方认定。

在中国传统文化里，清明节是一个纪念祖先及离世亲人的节日。主要的纪念仪式是扫墓，并伴以踏青、植树等活动，节日体现饮水思源、凝聚族群、迎春健身及关爱自然的意义。杜牧的《七绝·清明》诗，勾画出了一幅美丽的水墨画，春雨、牧童、酒家，诗人匆匆的步履牵引着清明节的诗情。张择端的《清明上河图》则把人们带入另一番节日盛景，如林的店铺、熙熙攘攘的人流、形态各异的车马轿舟，一片忙碌、一派繁华尽在画卷中。今天的清明节，依然在人们的日常生活中占有着重要的位置。纪念先人，慎终追远；缅怀先烈，展望未来，共创幸福美好未来，是我们过节的主题。

从2008年开始，我国将清明节认定为法定节假日，放假一天。至2009年，又改为三天。一直延续至今。

### 9.2.5　端午节

农历五月初五，是中国传统的端午节。“端午”本名“端五”，端是初的意思，“五”与“午”互为谐音而通用，又有“端阳节”、“五月节”、“粽子节”之称。这一天，又是我国历史上伟大的爱国诗人屈原投江殉国的日子。传说端午节吃粽子、划龙舟等风俗，就是为把粽子投入江中祭祀屈原而来的。屈原投江后，沿江百姓不忍屈原尸体被蛟龙所吞食，便造龙舟争相竞捞，并鸣锣擂鼓驱赶蛟龙。经过漫长的岁月，这一举动便逐渐演化成为今天文体活动内容的赛龙舟了。

“端午节”主要习俗包括：家家户户吃粽子；小孩佩香囊（避邪驱瘟之意）及五色线；家家门楣插艾条、菖蒲等，以期驱瘴。有的地方还要洒扫庭院、饮雄黄酒、杀菌防病、洗药浴以及进行祭奠、庆贺、赛龙舟等文体活动。

**知识拓展 9-3**

**外国的端午节**

外国也有端午节。在朝鲜，这天也有用艾蒲的习惯，不同的是，朝鲜是吃艾饼，洗菖蒲澡。他们不是祭屈原，而是用艾饼、松皮饼祭祖先。他们不竞龙舟而是摔跤、荡秋千。日本的端午节与我国的习俗差不多：插艾草、吃粽子，沿海也要举行类似赛龙舟的活动叫“相会”、“爬龙”。有男孩的家庭，还要挂鲤鱼旗，期望儿子“鲤鱼跳龙门”。新加坡在端午节这天举行全国龙舟大赛。在美国从1979年开始，在波士顿儿童博物馆举行一年一度的波士顿龙舟会，并逐步形成了中国传统的文化节日。

### 9.2.6　七夕节和鬼节

1.“七夕节”

“七夕节”，即“七夕乞巧”。每年农历七月初七，是传说中牛郎织女鹊桥相会的日子。人们心中的织女是个勤劳善良、心灵手巧的天仙，所以七月七这天晚上，年轻的姑娘和少妇都要出来行拜祭的礼仪，并向织女乞巧，希望自己也能像织女一样有双灵巧的手，有颗聪慧的心，会过上幸福美满的生活。因为“七夕节”与女事关系密切，所以又叫“女儿节”或“乞巧节”、“七夕情人节”，是中国传统节日中的妇女节。

“七夕节”有吃巧食的风俗。巧食的内容有瓜果和各式各样的面点，各地风俗不一。各种巧食做成后，都要陈列到庭院中的几案上，好像要请天上的织女来品评。然后大家一面观赏着遥远的夜空，一面吃着各种巧食，认为这样会使人变得灵巧。汉代时，民间便开始向织女乞巧了。不但祈求心灵手巧，还祈求得到财富，拥有美满甜蜜的婚姻和得子。

2.“鬼节”

每年农历七月十五日为“中元节”，俗称“鬼节”。俗传去世的祖先七月初被阎王释放半月，故有七月初接祖、七月半送祖习俗。送祖时，纸钱冥财烧得很多，以便“祖先享用”。同时，在写有享用人姓名的纸封中装入纸钱，祭祀时焚烧，称“烧包”。后来除设斋供僧外，还增加了拜忏、放焰口等活动。到了晚上，家家户户还要在自己家门口焚香，把香插在地上，越多越好，象征着五谷丰登，叫做“布田”。

“上元节”是人间的元宵节，人们张灯结彩庆元宵。中元由上元而来。人们认为：“中元节”是“鬼节”，也应该张灯，为鬼庆祝节日。不过，人鬼有别，所以，中元张灯和上元张灯不一样。人为阳，鬼为阴；陆为阳，水为阴。水下神秘昏黑，使人想到传说中的幽冥地狱，鬼魂就在那里沉沦。所以，上元张灯是在陆地，中元张灯是在水里，称为“放水灯”，即在一块小木板上扎一盏灯，大多数都用彩纸做成荷花状，叫做“水旱灯”。按传统的说法，水灯是为了给那些冤死鬼引路的。灯灭了，水灯也就完成了把冤魂引过奈何桥的任务。

### 9.2.7 中秋节

农历八月十五，是一年秋季的中间，因此称“中秋节”或“仲秋节”，是我国仅次于春节的第二大传统节日。中秋之夜，除了赏月、祭月、吃月饼，有些地方还有舞草龙、砌宝塔等活动。除月饼外，各种时令鲜果干果也是中秋夜的美食。每当中秋月亮升起，人们于露天设案，将月饼、石榴、枣子等瓜果供于桌案上，拜月后，全家人围桌而坐，边吃边谈，共赏明月。现在，祭月拜月活动已被规模盛大、多彩多姿的群众赏月游乐活动所替代。

在中国，古人把圆月视为团圆的象征。中秋，月色皎洁，人们仰望如玉如盘的明月，自然会期盼家人团聚，所以，中秋又称“团圆节”。古往今来，人们常用“月圆”、“月缺”来形容“悲欢离合”，客居他乡的游子，更是以月来寄托深情。唐代诗人李白的“举头望明月，低头思故乡”，杜甫的“露从今夜白，月是故乡明”，宋代王安石的“春风又绿江南岸，明月何时照我还”等诗句，都是千古绝唱。

月饼，主要以瓜果、豆角、枣子等做馅，圆形较厚，饼面上有装饰图案，用于自食和赠送亲朋好友，以表达团圆和祝贺之意。其设计之精良，构图之美妙，花纹之灵细，使人获得艺术享受，既充分体现了月饼制作者的匠心独运，也反映出中华民族的灿烂文化。

### 9.2.8 重阳节

农历九月初九为中国的“重阳节”。我国古代以九为阳，九月九日正是阳月阳日，故名“重阳”。重阳节活动极为丰富，有登高、赏菊、喝菊花酒、吃重阳糕、举行庙会、插茱萸等习俗。唐代诗人王维有《九月九日忆山东兄弟》一诗："独在异乡为异客，每逢佳节倍思亲。遥知兄弟登高处，遍插茱萸少一人。"记载了当时的风俗习惯，由于该诗感情真挚，至今脍炙人口。

"重阳节"又是"老人节"，老人们在这一天或赏菊以陶冶情操，或登高以锻炼体魄，给桑榆晚景增添了无限乐趣，也反映了中华民族尊老爱幼的优良传统。

### 9.2.9 腊八节和冬至

古代十二月祭祀众神叫"腊"，因此农历十二月叫腊月。腊月初八这一天，传说释迦牟尼得道成佛，因此寺院每到这一天都要煮粥供佛，以后民间相沿成俗，发展成节，直至今日。腊八节要喝腊八粥，最早的腊八粥只是在米粥中加入红小豆，后来演变得极为复杂考究，主料有白米、黄米、江米、小米、菱角等数十种，添加核桃、杏仁、瓜子、花生、松仁、葡萄干、桂圆肉、百合、莲子等，通宵熬煮，香飘十里。

在每年的阳历12月22～23日之间，我国称为"冬至"，俗称"冬节"、"长至节"等。这天是北半球全年中白天最短、黑夜最长的一天。过了冬至，白天就会一天天变长。各地气候从"冬至"开始进入一个最寒冷的阶段，也就是人们常说的"进九"，我国民间有"冷在三九，热在三伏"的说法。在"冬至"这天，我国北方地区有宰羊、吃饺子、吃馄饨的习俗；南方地区有吃冬至米团、冬至长线面的习惯；有些地区还有祭天祭祖的习俗，如台湾至今仍保存着冬至用九层糕祭祖的传统，以示不忘根本，祝福阖家团圆。

总之，我国的传统节日，大多和天文、历法、数学，以及后来划分出的节气有关。节气为节日的产生提供了前提，神话传奇为节日增添了几分浪漫。宗教对节日有一定的影响。同时还有一些历史人物被赋予永恒的纪念渗入节日。所有这些，都融合凝聚在节日的内容里，使中国的节日有了深沉的历史感。随着历史的发展和时代的进步，传统的民俗节庆被注入了现代科技文明的新鲜活力，表现在内容和形式上都有较大的突破，具有浓郁的时代气息。

**小思考**；谈谈你对国家将清明节、端午节、中秋节确定为法定节假日的看法。

## 9.3 少数民族节日及习俗

我国是一个多民族的国家，各民族都有自己的文化习俗和众多的传统节日，是一份有待挖掘的文化宝藏。

### 9.3.1 北方地区少数民族的主要节日及习俗

我国北方地区主要分布着蒙古、满、朝鲜、达斡尔、锡伯、赫哲、回、东乡、维吾尔、哈萨克等少数民族。

1. 蒙古族的“那达慕”大会

蒙古族年节与汉族基本一致，最主要的传统节日是过年，但也有很多蒙古族传统习俗。如除夕吃“手把肉”，以示合家团圆。初一凌晨晚辈向长辈敬“辞岁酒”，亲朋间互赠哈达，恭贺新年吉祥如意。此外还有著名的“那达慕”等。

“那达慕”，蒙古语“娱乐或游戏”的意思，起源于13世纪初，在蒙古族人民生活中占有重要地位。一般在每年七八月牲畜肥壮的季节，即野花怒放、绿草如茵、风和日丽的日子，进行5～7天。届时，牧民们穿着崭新的民族服装，骑着马，赶着勒勒车，从四面八方汇集而来。在绿茵草地上搭起毡帐，熬茶煮肉。整个草原炊烟袅袅，人欢马叫，一片欢腾。主要活动项目是进行射箭、摔跤、赛马的比赛，此外还有争强斗智的棋艺、引人入胜的民族歌舞，如今还增加了物资交流、文艺演出等许多新内容。

2. 满族的“添仓节”和“虫王节”

满族受汉文化的影响，节日与汉族相近。重视过农历新年，此外还有“添仓节”和“虫王节”。

（1）“添仓节”

“添仓节”是在每年的正月二十五，满族农村家家讲究煮黏高粱米饭，放在仓库，用秫秸杆编织一只小马插在饭盆上，意思是马往家驮粮食，丰衣足食。第二天，再添新饭，连着添三回。也有的人家用高粱秸做两把锄头插在饭上。该节至今在东北农村保留着。

（2）“虫王节”

“虫王节”为六月初六。六月天，易闹虫灾，居住在辽宁一带的满族过去在六月初六这天，一户出一人到虫王庙朝拜，杀猪祭祀，求虫王爷免灾，保证地里的收成好。如今在这一天家家要晾晒衣物，以防虫蛀。

3. 朝鲜族的家庭节日

朝鲜族节日主要有春节、清明节、端午节、中秋节、老人节等。此外还有三个家庭节日，即婴儿周岁生日、回甲节（六十大寿）和回婚节（结婚六十周年纪念日）。

小儿周岁、结婚、老人六十大寿，都要大摆筵席，宴请宾客。先在餐桌上摆一只煮熟的大公鸡，公鸡的嘴里还要叼一只红辣椒。筵席的传统菜点不仅花样繁多，造型也要优美华丽，好多食品都要做成鸟兽形。所有礼仪筵席，以祝贺老人六十大寿的“花甲”席最为讲究和隆重，子女、亲友、邻居都向老人祝寿、祝福。

4. 锡伯族的“抹黑节”和“西迁节”

（1）“抹黑节”

每年农历正月十六，是锡伯族传统的“抹黑节”，这天不等天亮，人们便带上事先准备好的抹黑布或毡片，挨门串户，不分男女老少往脸上摸黑。青年人见了老人，先请安，后跪一腿，再向老者脸上象征性地抹一点黑，以示尊敬和节庆。

（2）“西迁节”

每年农历四月十八，是锡伯族人民独特的节日“西迁节”，男女老少穿上节日的盛装，兴高采烈地聚在一起，举行盛大的节日庙会，弹起民族的“乐布尔”，吹起欢快的“墨克调”，跳起刚健、节奏感很强的“贝勒恩”舞，尽情欢乐，表达对故乡的思念和对未来美好生活的憧憬。

#### 5. 鄂温克族的“米阔鲁”和“敖包会”

（1）“米阔鲁”

鄂温克族以农历新年为主要节日。腊月二十三日要祭火神。牧区五月二十二日要过“米阔鲁”节。“米阔鲁”节实际是由一种生产活动演变而成的节日。这一天，男女老幼穿上美丽别致的民族服装和亲朋好友会在一起，统计牲畜的数目，给马剪鬃尾，给牲畜打烙印。老人要送儿女、外甥、侄子等羊羔，以祝福他们以后有很多羊群。劳动结束后，主人请大家吃酒席，有奶茶、酒、肉等。席间主人向客人献哈达敬酒，宣布当年产幼畜的数字。客人向主人祝贺所养的牲畜兴旺。

（2）“敖包会”

“敖包会”又称“祭敖包”。每年农历四至六月，大地回春，风和日丽，牛羊肥壮，野花争艳，大家要宰杀牛羊作为贡品，然后举行赛马、摔跤等活动。喇嘛们在敖包前，焚香燃灯，诵经致祭，晚上大家开怀畅饮，尽兴狂欢。

#### 6. 回族的“开斋节”、“宰牲节”和“圣纪节”

（1）“开斋节”

伊斯兰教历每年十月一日，是回族人民的盛大节日——“开斋节”，又称“尔德节”、“肉孜节”。“尔德”是阿拉伯语的译音，即回归及欢乐的节日，“肉孜”就是“封斋”即减食的意思。这天，穆斯林们一早就来到清真寺举行礼拜、团拜活动，各家要炸“油香”饼，做馓子，有的全家吃“汤粉”。男人们当天到亲友家拜节。在新疆街上到处是人群，熙熙攘攘，马匹也盛装打扮，披红戴花。在甘肃，每个穆斯林家都准备好各式各样的节日食品，如油香、馓子、干果、肉类、糖和糕点等热情款待亲友。不少男女青年还选此良机举行婚礼，为新婚添上节日的色彩。

（2）“宰牲节”

“宰牲节”又称“古尔邦节”，是伊斯兰教最隆重的节日。“古尔邦”即阿拉伯语，含有“牺牲”、“献身”之意。节前各家各户要把房舍打扫得干干净净，并准备一些节日食品。节日这天，全家都要沐浴净身，室内焚香，斋戒半日。上午人们要去清真寺参加会礼，向麦加叩拜，请阿訇宰牲，并将所宰牛、羊肉的一部分分赠亲友，济贫施舍。这一天从早到晚都沉浸在无比的欢乐之中。

（3）“圣纪节”

“圣纪节”是纪念先知穆罕默德诞生的日子，这天是伊斯兰教历3月12日，也是穆罕默德逝世的日子。纪念活动一般在清真寺举行，在活动中要诵经演说，讲述圣绩。有的地方还在这天举行盛大的尔麦里会（善事宴会），宴请宾客。

维吾尔族也信奉伊斯兰教，传统节日与回族相似。

### 9.3.2 南方地区少数民族的主要节日及习俗

我国南方地区的少数民族主要有白族、哈尼族、傣族、傈僳族、纳西族、壮族、侗族、瑶族、京族等。

#### 1. 白族的“三月街”、“逛桑林”和“蝴蝶会”

（1）“三月街”

“三月街”又名“观音市”，是白族盛大的节日和佳期。每年夏历三月十五至二十日在大理举行。最初带有宗教活动色彩，后来演变为一个盛大的物资交流会，自1991年起，被定为“大理白族自治州三月街民族节”。随着旅游业的发展，三月街的会期逐渐延长，一般3～5天，多到10天；而且，除了进行大规模的物资交流外，还举行赛马、民族歌舞等文娱体育活动。三月街还是白族青年男女结识相会、谈情说爱的佳期。

（2）“逛桑林”

“逛桑林”又称“绕山林”或“绕三灵”，每年农历四月二十三日，在苍山五台峰南麓的圣源寺和濒临洱海的金龟寺等处举行。“逛桑林”的主要内容是祈求风调雨顺、人寿年丰，也兼有男女相会之义。据说，此期如果有找不到意中人的男女，他（她）们只要虔诚地采摘一片桑叶或柳叶回家，藏于枕下，来年此时定有佳音。

（3）“蝴蝶会”

在大理，情人相恋的美好去处，莫过于蝴蝶泉。“大理三月好风光，蝴蝶泉边好梳妆。蝴蝶飞来采花蜜，阿妹梳头为哪桩？”这动人心弦的歌曲，带着三月盛会的祝福，飞出大理，飞遍祖国四面八方。白族独特的蝴蝶会，每年农历四月十五日，中外游客云集这里，万人争观奇景。

#### 2. 苗族的“苗年”、“芦笙节”、“跳花节”和“龙船节”

（1）“苗年”

苗族的岁时节庆以过“苗年”最为隆重，相当于汉族的春节，一般在秋后举行。年前，各家各户都要备丰盛的年食，除杀猪、宰羊（牛）外，还要备足糯米酒，年饭丰盛，讲究“七色皆备”、“五味俱全”，并用最好的糯米打“年粑”，做腊肉香肠、血豆腐等，还要隆重祭祖。节日里，家家户户要在清晨到田间用青草祭田，祈求来年风调雨顺，还要在牛鼻子上洒酒，表示对牛的尊重，另外对家中的狗也要喂好食，以示酬劳，人们还要穿着节日的盛装举行盛大的娱乐活动，如斗牛、赛马、跳芦笙、踩鼓等。

（2）“芦笙节”

“芦笙节”，流行于黔东南，其中规模最大、影响最深的是每年农历正月十六到二十日和九月二十七日到二十九日分别在凯里县舟溪和黄平县古陇举行的“芦笙节”，届时人们聚集在广场跳芦笙舞，举办斗牛、赛马、球类等娱乐活动。

（3）“跳花节”

“跳花节”，一般在每年农历正月初一、初三、初六这几天举办。节日里，身着盛装的男女青年欢聚对歌，表演踩鼓、跳狮子和芦笙舞，热闹非凡。这既是苗族男女青年谈情说爱的好时机，也是苗族人民开展文体娱乐活动的重要场所。凡有苗族居住的各县，这几天都要立花杆，举行隆重的踩花山活动。苗家男女老少，穿金戴银，从四面八方赶到花杆脚下，吹芦生、跳脚架、要大刀、斗牛、摔跤、斗画眉、爬花杆。

（4）“龙船节”

“龙船节”，是黔东南清水江上苗族人民的盛大节日。每年农历五月二十四至二十七，几十个村寨相继举行龙船节。家家户户酿米酒，包粽粑，走亲访友，宴请宾朋。出嫁的姑娘要携带粽粑、鹅鸭等礼物回娘家，同父母兄妹团聚。龙船节期间，一般不举行竞赛，主要活动是串寨子，走亲访友。清晨龙船开始在江水中游动，所到之处，亲友们纷纷到岸边“接龙”，鞭炮齐名，岸上还有苗家传统的赛马、斗牛、踩鼓等活动。

### 3. 彝族的“彝族年”、“火把节”、“跳公节”和“插花节”

（1）“彝族年”

“彝族年”，是彝族一个重大的传统民族节日。很早以前彝族历一年为十个月，因此彝族传统过年日期与汉族不一样，后因受汉族影响，大部分彝族使用农历计年月，每年农历正月过春节，而在川、滇、大小凉山及贵州、滇东北的一些彝族聚居区还一直保留着自己的传统年节。

（2）“火把节”

“火把节”，古代被称为“星回节”，是以扎制和燃烧火把为节日的主要形式，一般多在农历六月二十四或二十五日举行。届时，男女老少身穿节日盛装，宰杀牲畜祭献灵牌，尽情跳舞、唱歌、赛马、摔跤。夜晚，手持火把，转绕住宅和田间，然后相聚一起燃起篝火，翩翩起舞，直至天明，预祝吉祥如意，四季平安。

（3）“跳公节”

“跳公节”，流传至今已有千余年的历史，它是欢庆子弟兵凯旋和纪念胜利的节日，这一节日大都集中在农历四月上旬。“跳公节”一般要过 3 天，内容主要是祭大地、祭祖先、祭山神、讲本民族历史、唱歌跳舞、吃菜喝酒、在舞坪上集体舞蹈等。

（4）“插花节”

“插花节”农历十月初八，云南昙花山彝族要举行传统的插花节。人们在山寨的路边、树旁搭起花棚，以祈人兴畜旺、五谷丰登。在昙花山，青年男女视插花节为神圣美好的爱情节日，他们将采来的花插在心爱人的头上，以示他们的爱情像花一样纯洁美好。

4. 傣族的“泼水节”、“赶花街”、“采花节”、“关门节”和“开门节”

（1）“泼水节”

“泼水节”，是傣族最富有民族特色的三大节日之一，也是傣历的新年，相当于汉族的春节。由于在节日期间人们相互泼水祝福，故名泼水节。届时，人们要宰杀畜禽，祈求佛祖保佑，并举行堆沙、赛龙舟、丢包、放高升、放飞灯等传统娱乐活动和歌舞晚会。

（2）“赶花街”

“赶花街”又称“赶新街”，在每年的春节后举行，共赶3个街子，10天一次，前后共1个月。第一街是十一二岁的少年，第二街是十八九岁的青年，第三街是二十岁以上的已婚成年人。

（3）“采花节”

“采花节”，时间在清明之日。各村寨男女老少身着盛装，手提花篮，肩挎“筒帕”上山采花。休息时男女青年背着象脚鼓跳民族舞蹈。采花归来，用鲜花点缀房屋，赠送亲朋好友，以示友谊和祝福。

（4）“关门节”

“关门节”，时间固定在傣历九月十五日（公历7月中旬）。期间，正是傣族农忙季节，所以除佛教活动外，一切活动都要停止。青年人可以谈情说爱，但不许结婚。人们不能外出，以表示对佛的虔诚，更重要的是人们集中精力搞好生产。

（5）“开门节”

“开门节”，即“出窿”。在三个月的佛教活动结束时，各村寨男女老幼都要举行盛大的集会，到佛寺去拜佛祷告、忏悔。

5. 纳西族的“海坡会”、“三朵节”、“棒棒会”、“当美空普”节和“骡马交易会”

（1）“海坡会”

泸沽湖一带的纳西人在农历七月二十五日这天，都要欢聚泸沽湖，参加一年一度的“海坡会”。人们载歌载舞，尽情娱乐，一是为女神助威，二是用隆重的仪式祭祀女神，祈求她保佑人们平安，五谷丰登，畜牧兴旺。男女青年也趁此良机，互结“阿注”。

（2）“三朵节”

“三朵节”是云南丽江一带纳西族的传统节日，每年农历二月初八举行。节日期间，纳西族男女老少踏青赏花，小伙子骑上骏马，进行拔旗、拾银圆赛马活动，胜者会备受姑娘们的青睐。晚饭后，人们围坐在篝火旁，能歌善舞的纳西姑娘跳起欢快的“阿哩哩”。

（3）“棒棒会”

纳西族农民每年要更换一些带把柄的农具的木把，所以把这种农具交易会称为

“棒棒会”。每年农历正月十五举行，以交流竹木农具为主要内容。在这里，犁耙、锄头、镰刀、竹筐、背篓、扁担等一应俱全。

（4）“当美空普”节

“当美空普”节，纳西语，意为“白沙庙会”。每年正月二十日，太宝积宫、琉璃殿和大定阁等殿宇全部开放，供人们进香和观赏壁画。街上的铺子摆满日用百货、铜铁竹木器具，人们熙熙攘攘，争相购买。所以“当美空普”节，其实是当地纳西族春耕前的一次物资交流会，对发展生产有积极的作用。

（5）“骡马交易会”

纳西族自古就有养马的优良传统，他们的马帮曾历经数百年而不衰，近到本省的大理、昆明，远达西藏的拉萨。明代洪武十五年，丽江土司木得曾亲自到南京向皇帝进贡丽江马，自此丽江马闻名于世。到清末民初，随着商品经济的发展，丽江马的销路越来越好，于是由此形成了一年一度的七月骡马交易会。改革开放的春风，给骡马交易会注入了新的活力。如同时举办民族体育运动会，民族歌舞和戏剧演出，承办书画展览，组织丽江古乐和民歌对唱等文娱活动，使传统的民族节日内容更加丰富，欢乐气氛更加浓厚，成为促进当地经济、文化繁荣的一个重要措施。

### 6. 傈僳族的“盍什节”与“刀杆节”

（1）“盍什节”

“盍什节”，是傈僳语的“岁首”之意，在农历正月初一至十五日之间举行，历时两三天，相当于汉族的春节。射弩比赛是节日的主要活动。青年男女身着节日盛装，聚集到村寨的打靶场，举行对歌、跳舞等文娱活动，同时也是定亲结友的好时机。

（2）“刀杆节”

“刀杆节”，每年农历二月初八举行。在节日会场的中央，竖起两根约 20 米的粗大长杆，上面像梯子一样绑上 36 把长刀作为横档，刀口向上，谓之刀杆。正午时刻，鞭炮鼓点齐鸣，本族男子身着大红袍，头戴蓝布帽，在刀杆下将斟满的白酒一饮而尽，纵身跳上刀杆。他们双手扶握住上层的刀面，赤脚蹬着锋利的刀刃，勇敢地攀援而上，爬至杆顶，取出鞭炮燃放，一时间鞭炮声欢呼声响成一片。爬杆者下来后，人们纷纷向他敬献美酒，能爬刀杆的人在傈僳族中很受尊敬。爬杆结束后，青年男女还进行丢烟包活动，男女各站一边，互相投掷，如果姑娘接着小伙子的烟包，并收藏起来，就说明姑娘接受了小伙子的爱慕之情。

### 7 藏族的“藏历新年”、“沐浴节”、“雪顿节”和“望果节”

藏族的节庆活动很多，几乎每月都有一个节日，而且民间节日和宗教节日互相穿插。其中，以“藏历新年”、“沐浴节”、“望果节”最有规模和特色。

（1）“藏历新年”

“藏历新年”是藏族人民最隆重、最欢乐的传统节日。从藏历十二月初，人们就着手准备过年的节日食品。家家都把压箱底的贵重盛装拿出室外晾晒。男人们这时宰杀牛羊，妇女们酿好青稞酒；中旬开始，又得准备酥油和白面炸馃子。新年临近，每家每户都要准备一个叫做“切玛”的五谷斗，装满酥油拌成的糌粑、炒麦粒、人参果等高原特有的食品，上面插几根青稞穗、鸡冠花以及酥油制作的彩花板。同时还要准备好用彩色酥油花雕成的羊头。这都表示过去一年的收成，预祝在新的一年里风调雨顺，农牧业丰收，人们吉祥如意。

年前两天，要进行大扫除。挂上新的窗帘，铺上新织的卡垫，贴上新的年画。二十九日下午，每家都要在打扫干净的灶房正中墙上，用干面粉或糌粑粉撒上“八吉祥徽”的图案；在大门前画上象征吉祥、永恒的符号，也有的藏族家庭在自家的房梁上用糌粑画上许多的粉点，以示人寿粮丰、吉祥如意。晚饭，各家吃面团“土巴”——喝面糊羹的意思，藏语叫“土巴”。除夕晚上，各家还要在佛像前摆好各种供品，准备好节日的盛装，家庭主妇还要煮好“欢颠”，即放有红糖、碎奶渣、糌粑的一种青稞酒。

大年初一早上，天还未大亮，家庭主妇及姑娘们首先起来，洗漱完以后，匆忙跑到河边或泉边背回第一桶水——吉祥水。全家人身着节日的盛装，按辈分排位坐定后，长辈端来五谷斗，每人抓上几粒，向天上撒去，嘴里呼着“扎西德勒”，表示敬神、敬天、敬地，来年五谷丰登，接着依次抓点送进自己的口里。这时，家庭主妇把已长到一两寸高的青稞苗摆于佛龛前茶几上，预祝新年青稞丰收。然后，由长辈带领全家祝吉祥如意，后辈跟着回贺“扎西德勒”。全家举行了新年仪式后，便吃青稞、麦片土巴和人参果拌酥油饭，接着互敬青稞酒。初一这天，藏族一般全家欢聚，互不访问。从初二开始，亲戚朋友互拜节日，祝新年吉祥，持续四五天。

（2）“沐浴节”

每年藏历七月上旬，高原雨季刚过，太阳暖和，在西藏的拉萨，藏族男女便会欢天喜地、游泳洗澡、嬉戏玩耍。活动延续7天，从五六岁的藏族小孩到七八十岁的老阿妈、老阿爸，都能毫无顾忌地下水洗澡。洗澡期间，有的可坐在岸边石阶上擦洗身子，有的则趴在岸上的石板上做日光浴。年过花甲的老阿妈站在水里，慈祥地为成年的儿子搓背洗头；婚后不久的新郎站在水中，殷勤地为年轻妻子擦臂洗颈；小伙子们调皮地连洗连游；姑娘们稳重地边洗边梳。有人带着藏族卡垫、毛毯，整天沐浴；有人拿着录音机，放着优美的藏族民歌，尽情地娱乐。当弃山星出现时，洗澡活动便进入高潮；弃山星隐没时，洗澡活动就告结束。

（3）“雪顿节”

“雪顿节”在每年藏历七月一日举行，为期5～7天。“雪顿”按藏语译音，是喝酸奶子的日子，后演变为演藏戏为主，因此，又叫“藏戏节”。这天，人们会饱饮一顿酸奶子，尽情地看戏，快乐地玩耍。

（4）“望果节”

“望果节”是藏族人民预祝农业丰收的节日。“望果”从字面意思，是庆祝粮食丰收，主要在西藏的农区流行，没有固定的日子，一般在青稞成熟之际举行。今天，随着藏族人民文化科学水平的不断提高，“望果节”普遍要举行赛马、唱藏戏、射箭、歌舞等活动。

### 8. 壮族的“歌圩节”、“拜山节”、“铜鼓节”和“祝寿节”

（1）“歌圩节”

“歌圩节”，是壮族的民间传统歌节，流行于广西、云南等地，多在春秋两季举行，为期数天。民间盛传跟唐代歌仙刘三姐有关。期间各路歌手汇集于秀丽的河边、山谷、庙观，来来往往，兴高采烈，年轻人用歌声和绣球寻找自己的心上人。文娱活动有抢花炮、演戏、杂技、舞龙、舞彩凤、唱采茶、擂台赛诗等，丰富多彩，还有各种庙会，形成商品集散盛会。在歌圩节中，几天几夜不绝于耳的歌声，寄托着壮族人民对丰收、爱情和幸福生活的憧憬与希望。

（2）“拜山节”

“拜山节”，每年农历三月初三举行，届时除为祖先扫墓上坟外，还要吃枫叶泡水蒸的乌米饭。同一家族的人有时要联合举行祭祖和会餐。

（3）“铜鼓节”

“铜鼓节”，广西东兰县壮族同胞每年农历正月初一、正月十五和正月末举行。铜鼓是我国南方许多少数民族的重器，多用于节日和祭祀活动，平时珍藏保护。节日里除祭祀外主要是赛铜鼓。青年人以村寨为单位，集中到赛场，搭起竹棚，对擂比赛。公鼓对公鼓，母鼓对母鼓，每鼓配三个选手，定好时辰，按鼓谱牌演奏敲打，要离了谱，乱了套，就被淘汰。

（4）“祝寿节”

“祝寿节”，每年农历九月初九举行。凡是有寿满60岁老人的家庭，其子孙都要给老人准备一个寿米缸，缸形如坛，口小肚大，缸盖下压有红纸或红布，平时里面总有些米，不断米表示岁寿持续。节日里，要给寿米缸中填满新米。晚辈及出嫁的女儿节日来祝贺时，要带最好的米回来，倒入缸中，表示为老人“添寿”、“养缸”。

### 9. 侗族的“斗牛节”和“花炮节”

（1）“斗牛节”

“斗牛节”，每年农历二月或八月逢亥日那天为侗族传统的“斗牛节”。期间人山人海、锣鼓喧天、芦笙阵阵。在打牛塘里，烟尘滚滚，牛王们打成一团，人们助威呐喊，跟着牛王团团转，构成一幅紧张激烈的画面。

（2）“花炮节”

“花炮节”是侗族人民最热闹的节日。各地举行的日期不同，形式多样。花炮分为头炮、二炮、三炮，都系上一个象征幸福的铁圈，外用红绿线包扎，燃放时以火药铁炮为冲力，把铁圈冲上高空，当铁圈掉下来时，人们便以铁圈为目标，蜂拥争夺，谓之“抢花炮”。据说，谁抢得花炮，谁在这一年里就能人财两旺、幸福安康。

10. 瑶族的“盘王节”和“达努节”

（1）“盘王节”

“盘王节”是瑶族人民纪念祖先的盛大传统节日。一般在冬季农闲季节。节日期间要跳长鼓舞，唱盘王歌和历史歌、爱情歌、生产歌。有的地方还打花棍，放花炮，请戏班子唱戏。人们盛装打扮，访亲探友，互致祝贺。“盘王节”表现了瑶族人民对祖先的怀念和对美好生活的追求，当今已成为欢庆丰收的节日活动。

（2）“达努节”

“达努节”是为纪念创世女神密洛陀而过的节日，日期为农历五月二十九日。节日期间，男女都身着盛装，姑娘们还要佩戴耳环、项链、项圈、手镯等饰物喜气洋洋的参加节日的活动。人们跳铜鼓舞，点冲天炮，人们欢腾雀跃，将优胜者抬起来，抛向天空，沉浸在节日的欢乐之中。

中国的节日有很强的内聚力和广泛的包容性。一到过节，举国同庆，这与我们中华民族源远流长的悠久历史一脉相承，是一份宝贵的精神文化遗产。众多的民族节日，闪现着不同的文化内涵。在新时期，这些富有民族特色的节日，越来越绚丽多彩，引人注目。

## 9.4 中国的节日民俗与旅游

节日民俗与旅游有着不解之缘。人们喜欢节日旅游，不仅因为节日期间有较多的闲暇时间，而且还因为其有着多姿多彩的民俗风情。

### 9.4.1 节日民俗与旅游的互动关系

节日民俗与旅游有着天然的联系：从节日与旅游的关系看，旅游本是节日的民俗活动内容之一，许多节日有旅游游乐的活动；从旅游对节日的影响来说，旅游能吸引更多的人参加节日活动，使传统节日焕发新的活力，并能促使新的节日及新的节日民俗发生发展。

1. 节日是旅游的载体

节日有各种各样的民俗活动，旅游是其中之一。节日旅游在古今社会广泛存在。古代的春节活动从正月初一开始持续到十五，与元宵节相连。例如，元宵节晚上张灯放焰火，把游乐活动推向高潮。古代城市为严格治安，平日多有宵禁，但元宵节破例允许士民通宵观灯，形成了家家外出、万人空巷的观灯盛景。连平时不大出门的妇女这时也纷纷联袂而出，结伴群游，俗称“走百病”、“走三桥”。从旅游的角度看，古人的元宵节是古代特有的全民夜游节日。

现代的节日旅游比古代更加丰富。不仅有自古代传承下来的传统节日旅游，而且有许多现代节日旅游。现代的新兴地方节日也有许多旅游活动的内容。

2. 节日是最吸引旅游者的旅游佳期

旅游可以在节日进行，也可在平日进行，但节日旅游的人数总要超过平日，主要原因如下。

（1）节日有丰富多彩的民俗活动

节日里，人们可以参加平日没有的活动，如庆贺性、娱乐性民俗活动，从中感受快乐与热烈的气氛。

（2）节日期间人们有较多的闲暇时间

现代社会，由于平日工作压力比较大，只有在假日里人们才有足够的时间进行旅游娱乐活动。

（3）节日期间人们的消费观念异于平日

节日是一些比较特殊的日子，人们受传统观念的影响，过节时花钱一般比较大方，异于平日。

“节日旅游”具有的传统民族特点是其发展的重要条件，古今节日旅游的盛况表明，节日是对大众最有吸引力的旅游假期，也是开展民俗旅游的最佳形式之一。

3. 旅游赋予传统节日新的活力

现代社会中，一些传统节日由于种种原因正趋衰落，若不加以拯救，会有自然消亡的可能。旅游可以把传统节日与旅游相结合，让传统节日中富有特色的民俗活动成为旅游观光的新内容。如浙江金华有斗牛的传统习俗，但近半个世纪以来，此项活动已渐为人们淡忘。1986 年，金华市设立斗牛节，恢复了传统的斗牛活动，以后每年举行。斗牛节期间，全市挑选 100 头壮牛参加角斗，场面壮观，吸引了大批中外游客前往观光。

旅游对于一些现代社会仍然流行的传统节日也有相当的促进作用。五月端午赛龙舟是经年不衰的节日民俗。近年来，许多地方在旅游上做文章，把赛龙舟的活动推向世界。如湖南岳阳举行的汨罗江龙舟竞赛已发展为国际性的龙舟节。

4. 旅游促进新兴节日产生发展

旅游对新兴节日（准民俗节日）及新的节日民俗的产生发展作用巨大。新兴节日的设置大多与各地发展旅游、商贸的目的有关，其中有许多是直接以旅游节来冠名的。据吴昌华编著的《节海导游》统计，1986 ～ 1997 年 10 年间各地出现的各类新兴节日 374 个。其中，以民俗活动为主题的有 164 个，冠以旅游节名称的有 19 个。这说明各类新兴节日有许多是取材于传统民俗，也有许多是以旅游或国际交流为目的的。新兴节日在国家有关部门发起的旅游活动中担任重要角色。

### 9.4.2 节日民俗旅游的类型

节日民俗旅游是指以节日为形式，以节日中的民俗活动为观赏对象的旅游行为。其类型可分为以下几种。

1. 传统节日民俗旅游

第一，逛集市庙会，看各种艺人表演的游戏杂耍，品尝小商小贩的小吃，欣赏民间工艺、玩具等。

第二，参加或观看文化游乐活动，如赛马、射箭、唱歌、跳舞等。

第三，参加以亲近大自然为主的踏青、登高等活动。

第四，参加烧香、拜神、还愿等活动。

2. 现代节日民俗旅游

（1）文化艺术类

如“中国民间艺术节”、“山东文化艺术节”等，集中展示中国特有的民间音乐、舞蹈、杂技、工艺美术等内容。

（2）历史文化类

如“无锡唐文化节”、“河南安阳殷商文化节”等，有楚剧、楚乐等古文化习俗的表演。

（3）饮食文化类

如“新上海美食节”、“天津食品街美食节”等以弘扬我国传统饮食文化为宗旨的涉及饮食习俗的内容。

（4）体育娱乐类

如“内蒙古草原旅游节”、“沈阳国际秧歌节”等包含民俗体育竞技类内容。

（5）商品物产类

如“江西景德镇陶瓷节”、“浙江绍兴黄酒节”等以展示传统民俗物品为主要旅游内容。

### 9.4.3 节日民俗旅游的开发

节日庆典系综合性的民俗，是民族或区域民俗生活的集中大展示。我国节日中丰富多彩的活动，丰盛的饮食，热闹愉悦的氛围，不仅使游人获得知识，得到休息、愉悦，而且交流了情感，增进了友谊。

以春节为例，十余年来，我国的春节旅游节节升温，其旅游市场的开发可在春节民俗旅游上下功夫。因为，从春节游客的客源分析，国内游客多数是城市居民，不熟悉充满乡土气息的春节习俗，国外游客更是对中国民间习俗怀有某种神秘感，春节的民俗风情对于他们具有较大的吸引力。上海 1990 年举办静安民俗文化节，以传统的春节民俗吸引中外游客，到 1995 年，该节扩大到 7 大系列 76 项节庆活动，吸引了本区

20万市民、海外人士及留沪民工参与节日，为春节增添了许多喜庆吉祥的气氛。

开发春节民俗旅游资源的方法很多，总体来说有两种：一是请出来，把各地富有特色的春节民俗集中展示。近年来在一些新兴的文化节中已有尝试，如建立民族文化村、民俗风情园，仿造一批少数民族民居，设一些民族歌舞节目表演。这些做法起初观众相当火爆，但过后很快被冷落。究其原因，是因为人工制作的景点和节俗活动缺乏真实感和生活气息。二是走出去，组织游客实地游览。发展春节民俗旅游最好还是采用走出去的方法，让旅游者亲自见到各地的真山真水，亲身感受当地富有魅力的民俗风情。此项活动不易开展，但其良好的发展前景是毋庸置疑的。

其他如泼水节是云南傣、阿昌、布朗、德昂等族辞旧迎新的节日。云南开发泼水节，将主办地定在傣乡的景洪市，时间安排在4月13～15日。第一天赛龙舟、跳孔雀舞；第二天进入高潮，举行泼水活动，全城狂欢；第三天赶摆，举行男女求爱活动，放火花、放高升、放孔明灯，预祝光明和吉祥。与节日配套，开设了景洪、打洛中缅边境一日游等五条游览线，丰富了泼水节的旅游内容。景洪泼水节现已成为云南王牌民俗旅游节日，深受国内外游客的喜爱。

总之，作为历史悠久的文明古国，丰富的民族传统节日是中国文化不可缺少的一个重要组成部分。每一个节日都有它的历史渊源、美妙传说、独特情趣和深广的群众基础。它们反映了民族的传统习惯、道德风尚和宗教观念，寄托着整个民族对美好生活的憧憬，是千百年来一代代岁月长途中欢乐的盛会。

## 小　结

节日是具有民俗意义或者纪念意义的社会进行活动的日子，一般有固定的日期、特定的主题和群众的广泛参与。节日民俗是指节日中的民俗活动内容。我国在漫长的历史进程中形成了形式多样、内容丰富的传统节日民俗和少数民族节日民俗。节日民俗作为民俗事象的重要组成部分，已融入到旅游活动的过程当中。

## 练　习

1. 谈谈你所了解的少数民族传统节日。
2. 谈谈如何进行节日民俗的旅游开发？
3. 如何看待新型节日及新兴节日民俗的出现？
4. 我国有哪些主要的传统节日？每个节日各有哪些民俗流传至今？
5. 走访一下身边的老人，请他们谈谈他们儿时的传统节日（如春节等）里有哪些民俗活动，思考和今天的节日有何异同，并分析原因。

# 第10章

# 中国游艺民俗

**概　　述**

在中国千姿百态的民俗活动中，游艺民俗是深受各族人民喜爱与传承的民俗事象，是我国民俗文化中的一朵绚丽奇葩。

**学习目标**

1．了解游艺民俗的含义和类型；
2．熟悉我国的民间游艺及民间工艺品；
3．掌握游艺民俗的旅游开发。

**学习任务**

挖掘游艺民俗的旅游价值。

**任务描述**

领会各种游艺民俗的内涵，需求游艺民俗与旅游开发的有机结合点。

## 10.1　游艺民俗概述

游艺民俗是所有民俗中最生动、最有感染力和吸引力的民俗。其内容丰富，范围广大。

### 10.1.1　游艺民俗的概念

有关游艺民俗的概念，学术界分歧较大：乌丙安认为，凡是民间传统的文化娱乐活动，不论是口头语言表演的，还是动作表演的，或用综合艺术手段表演的活动，都是游艺民俗，游戏、竞技也不例外；陶立璠认为，民间游艺民俗包括的项目很多，民间音乐、民间舞蹈、民间美术、民间竞技和民间游戏是此类民俗事象中比较突出的。由此可见，人们在游艺民俗概念的外延方面，有的广，有的窄，但都肯定了“游艺”这种民俗的存在及其核心内容。

由此，游艺民俗的定义可以这样表述：它是民间文艺活动、民间游戏、竞技等文化娱乐活动的模式化与传承行为的总称，有较强的娱乐性和群众性。由于这类民俗涉及人们生活的各个方面，因而它不仅可以反映广大劳动人民的生产、生活、理想和愿望，也可以表达人们的道德情操与审美意识，而且还对社会生活产生直接的具有实用价值的多功能作用。

### 10.1.2　游艺民俗的范围

根据游艺民俗的概念，游艺民俗的范围是以民间的群众性十分广泛的文化娱乐活动为内容，以群众广为喜闻乐见或自发参与表演的形式为标志的，具体包括以下几种。

1. 非宫廷化的广大民间层的表演活动

从民俗的民间传承特点出发，古代一些宫廷化的表演，基本都是为了满足当时上层统治者的需要，根本找不到其民间的传承依据；同时出于区分雅俗的考虑，那些为古典乐舞师创制的历代雅化，甚至僵化了的乐舞与出自民间的俗乐相去甚远。因此，不能把宫廷化文艺娱乐纳入到游艺民俗的范围中来。

2. 非宗教信仰的世俗生活表演活动

非宗教信仰的世俗生活表演活动主要是从民俗学的学科分类出发的。原始宗教的巫舞、北方少数民族的萨满舞等表演的主题是祀神、降神等，可作为民俗的信仰部分探讨，与游艺民俗的性质大有不同。

3. 非戏剧化、非大舞台化的表演活动

我国民间的一部分娱乐活动在发展中从随处表演走向戏台、戏房、乐棚等，使这部分表演相对地固定在大舞台上，如近现代戏曲、曲艺的表演已使其确立起戏曲艺术和曲艺艺术的专门学科。它们与民间庙会上的草戏班子表演的“社戏”有了很大距离，形成了与民间娱乐活动的其他形式很不相同的表演体系。

4. 非职业化的或半职业的民间文艺家的表演活动

非职业化的或半职业的民间文艺家的表演活动主要是指那些忙季生产闲季从事演

出的游动艺人。如走乡串村演猴戏、傀儡戏、杂技、戏法及演小戏的艺人的表演。他们不能走进剧场登上舞台，但在民间有一定地位。

5. 民间的竞技、游戏活动

民间的竞技活动如赛马、射箭、摔跤、斗牛、斗鸡、踢毽、赛龙舟等，有些已转变为传统的体育活动，成为健身的方法广泛流传。有些竞技民俗还和民间游戏相结合，变成了民间的娱乐活动。如荡秋千、跳跳板、放风筝、爬杆及各种儿童游戏等，在民间传承中给人们的生活带来轻松愉快的气氛。

6. 民间的工艺美术

民间的工艺制作也是民俗活动的一个重要门类，涉及的范围很广。如绘画、剪纸、雕刻、雕塑等内容丰富，形式多样。

### 10.1.3 我国游艺民俗的特色

游艺民俗的特色是多方面的，它不但具有社会性、群众性、娱乐性和季节性，而且还具有浓郁的地方特色和乡土气息。

1. 季节性与无季节性相结合

中国的游艺活动中，很多带有明显的四季感。如春季赏梅；初夏“斗百草”，盛暑玩“知了”；秋季斗蟋蟀，重阳登高、赏菊花；冬季踢毽子、抽陀螺等。但有些游艺是四季通行的，如搓麻将、下象棋、练拳、舞剑以及很多儿童游戏，都是可供人们随时玩乐的。

2. 竞技性与自娱性相融合

游艺民俗是最具观赏性的民俗种类。它之所以广为流传、经久不衰，根本原因在于游乐相戏中攀比的竞技性和群体的娱乐性。如扭秧歌、跳跳板、踢毽等活动，在比竞技的同时也给人们带来了许多笑声和愉悦。

3. 以传统节日为高潮

我国的游艺民俗多以节日为载体集中演出。在节日活动中，游艺活动往往是高潮所在。如我国民间的传统节日“三月三”里，壮族要举行对歌活动，侗族要进行抢花炮的游艺，极富民族特色，对歌、抢花炮自然成为节日里最精彩的内容。

4. 浓郁的乡土特色

游艺在民间广为流行，具有强烈的乡土气息。同时地区的差异，又形成了种种不同的地方特色。例如，舞龙是江南地区极其普遍的一种民间活动，抽陀螺是北方地区常见的冬季儿童游艺等。

5. 传统游艺民俗与该民族的地域分布大致相同

我国各民族的传统游艺活动具有鲜明的民族特色，与该民族的地域分布有着紧密的联系，属于某个民族独有的项目更是如此。如跳板和顶瓮竞走是朝鲜族特有的民族传统体育活动，流行于东北的朝鲜族聚居区；牦牛是青藏高原特有的动物，也是藏族人民长期驯养的牲畜，因此，只有藏族人民才进行赛牦牛这样的活动。

总之，人类社会的生活纷杂多样，游艺民俗的内容也丰富多彩，其娱乐性贯穿于许多民俗事象之中。

## 10.2　中国民间游艺

中国民间的游艺娱乐活动很多，其中比较突出的有民间喜闻乐见的口头文学、热烈欢快的歌舞表演、轻松愉悦的游戏玩耍、紧张激烈的竞技比赛、幽默风趣的民间杂艺、生动形象的民间工艺等，内容丰富，底蕴深厚。

### 10.2.1　民间口头文学

在游艺民俗中，民间文学主要是指在民间中产生与流传的口头文学，是一种口耳相传的活动，具有表演与娱乐的性质，包括口头讲述与韵语歌唱两部分。

1. 民间歌谣

民间歌谣，其传承往往是通过生产劳动、社交活动中的表演口耳相传的。我国民间流传的山歌、牧歌，包括大量的情歌在内都是在歌节、歌圩的社交场合传播的，其中见景生情的即兴表演在民间歌谣中占绝对优势。

民歌在各民族世代演唱的传承过程中，往往与婚姻和宗教祭祖联系在一起，形成了歌谣的各种体例、演唱方法和表演程序。如蒙古族的“婚礼歌”就由开场的序歌及劝嫁歌、迎新歌、求名对宴歌、献茶歌等序列组成；壮歌也很具代表性，每年传统的“三月三”歌圩活动中，一片歌海，日以继夜，甚至家家开门迎对歌男女进家唱歌“暖屋”，热闹异常。

此外，在一些民族的传统节日里，还流传着许多传统的神话歌、历史歌和各种知识歌，最具代表性的是民间说唱史诗和叙事长诗。史诗主要以诗歌为主体，唱与说交织，如藏族史诗“格萨尔王传”、蒙古族史诗“江格尔”、柯尔克孜族史诗“玛纳斯”、赫哲族史诗“伊玛堪”等都有专门的演唱者演唱，演唱时十分隆重，群情热烈。在西南一代的少数民族中还有唱（吟）叙事长诗的活动，如叙事长歌“五姑娘”等，内容与情调更富于抒情性。这些都是从歌手的传承活动中表现出来的口头文学的游艺民俗特色。

2. 故事与笑话

讲故事与说笑话是讲者与听者组成的活动。民间故事和神话，讲述了人们对天地由来、万物形成、民族生命本原的想象与理解，表达了人们对自然山川、创物发明、地方风情、历史人物的认识和情感，是世世代代积累的优秀口头文学。著名的民间故事和神话如《孟姜女》、《牛郎织女》、《白蛇传》、《女娲补天》等，都具有优美动人的故事情节，反映着人们对一些重大事件和生活实际的感受与思考。它们都是由故事传承人凭着记忆，利用讲述，寓教于乐中，潜移默化地进行着德才情趣的培育。

3. 谚语与谜语

（1）谚语

谚语与谜语是口头文学中具有智慧性的形式，它不像神话、传说和民间故事等大多是虚构的，而是直接从现实生活中取材，用特别的想象、比拟的手法和灵活的语言表现出来，并在流传过程中经过了人们的增删和锤炼。从广义上说，只要是在社会上流传，并有一定形式的简练通俗而富有意义的语句，都是谚语。谚语包括社会生产谚语（如农谚、气象谚等）、社会生活谚语以及由其他民间文学转化而来的谚语。

（2）谜语

谜语是民间文学中特殊的韵文作品，一般分为物谜、事谜和字谜三大类，富有浓烈的生活气息和幽默情趣。它虽是口头文学的一种式样，但表达其益智作用是要由讲者的出谜和对者的猜谜双方对应进行的。猜谜是日常生活中随处可表演的口头文学游艺项目，从培育儿童智力到成年人之间的测试，都有特定的方式，以及猜谜的体制、手法和作谜的艺术。古代猜谜的游艺不仅普及民间，而且还被纳入“百戏”，甚至有了专门说谜的艺人和猜谜的场所，可见民间猜谜活动的娱乐性是非常突出的。

4. 说唱与小戏

民间说唱是通过民间艺人的表演，把叙事体的口头文学传播给听众的一种独特形式。民间说唱涉及的方面十分广泛，形式多样。历史上的宋元话本与明清以后的鼓曲段子，在民间一直有很大的影响。如“评书”、“快板”等。民间小戏，则是民间艺术中的综合表现，是由艺人直接创作并演出。由于民间小戏长期在广大村镇流传，故又称“地方小戏”。如东北的“二人转”、南方的“评弹”等，它起源于劳动，后又与节日、宗教等活动发生了密切的关系。

口头文学，无论是民歌、韵文还是说唱，从创作到流传，都要依赖口头的方式进行讲述或演唱，极富流动性。这显然与作家们书面文学的固定化传播方式有很大的不同。其传承有两种方式：一是家传方式，即通过父母世代相传；二是社会传承，即以师徒关系为主导，通过师承形式世代相传。有时这两种方式可相互交叉，彼此依存。当然口头文学在创作方式上有艺人的贡献，但也是群众集体在不同场合共同合作完成的。没有经过各项劳动生产、群众集会、祭礼、生活仪礼、歌圩、业余文娱等场合的集体智慧的不断修改、加工与提升，就不可能有现在这样丰富的生活和文化底蕴，它是从人类生活中产生和发展起来的集体思想、情感和艺术才能的荟萃。

### 10.2.2 民间歌舞表演

我国56个民族中大多数民族能歌善舞，歌舞乐活动几乎是各民族生活的重要组成部分。

#### 1. 民间歌舞

民间歌舞，在其最初产生和流传时，是一种原始艺术。它不仅和生产实践有关，而且和宗教祭祀相联系。劳动舞和仪式舞充分表现了这两方面的内容。

原始的劳动舞，是一种模拟式艺术，舞蹈动作多体现飞禽走兽的不同姿态和人们的劳动动作。如鄂伦春族的黑熊舞、拉祜族的斗鸡舞、阿昌族的猴舞、独龙族的喜鹊舞、傣族的孔雀舞、布依族的织布舞、壮族的扁担舞、高山族的杵舞等都属于劳动的范畴，它们主要配合农业耕作、狩猎等活动进行表演。仪式性舞蹈，带有巫术和娱神的性质。如广西花山祭祀水神的水神舞、景颇族为死者送魂的“金冉冉”舞、蒙古族配合巫医诊病的安代舞等，此类舞蹈发展到后来，随着生产信仰成分的减弱，逐渐变成了娱乐性质。

在民间的歌舞表演中，有些是单纯的歌舞表演，如藏族的“跳锅庄”、达斡尔族的“郎突达”舞等。有些是歌舞乐结合的表演，如瑶族在“达努节”时跳的“兴郎铁玖舞”，就由大鼓伴歌和舞；藏族的“热巴”舞，男摇铜铃，女打手鼓，是说、唱、舞和杂技的综合；朝鲜族的“农乐舞”，男舞“象尾”时伴之以长鼓、喇叭、胡笛，节奏欢快，气氛热烈。

#### 2. 民间乐舞

乐舞即乐器伴舞，也是一种古老的舞蹈形式，主要是民间乐器的伴奏。其内容有娱乐、祭祀、表演等之分。

娱乐性的主要以打击乐器伴奏舞蹈，如汉族的腰鼓舞、朝鲜族和瑶族的长鼓舞、傣族的象脚鼓舞、苗族的鼓舞、维吾尔族的手鼓舞等，有的加之以唢呐之类的民族管乐；以民间乐器伴奏的舞蹈，如苗族和侗族用芦笙伴奏的“芦笙舞”，新疆维吾尔族以民族乐器及以大型套曲“木卡姆”的节奏伴奏的“多郎”舞，塔吉克族用鹰笛、手鼓伴奏的“拉泼依”，彝族用牛筋羊皮三弦为乐的群众性舞蹈“跳月”等。祭祀性的如京族随鼓而舞的“跳天灯”、土家族以锣鼓伴奏的“舍日巴”摆手舞、满汉民族的“太平鼓”舞等虽与宗教祭祀有关，如今也已演变成娱乐活动。技巧表演性的舞蹈如流行于我国江南各地的花灯、花鼓灯、打花鼓、采茶灯等。花鼓灯流行于安徽淮北，花鼓舞由男女二人表演，包括凤阳花鼓和山东、山西花鼓。

供群众观赏娱乐的乐舞在汉族游艺活动中比较多见，如大秧歌、踩高跷、跑旱船、舞狮、舞龙、玩芯子……可谓形式多样、技巧高超、引人入胜。这类舞蹈的吸引力除去表演技巧外，还表现在初具戏剧表演性的装扮故事表演方面，俗称“地故事”、“马故事”等。这种由民间锣鼓配唢呐伴奏的扮装舞蹈成为我国广大地区群众最喜闻乐见的游艺民俗形式。

### 10.2.3 民间游戏玩耍

民间游戏是指流行于广大人民生活中的嬉戏娱乐活动，俗称“玩耍”。它是游艺民俗中最常见、最普遍、最有趣的娱乐活动。主要流行于少年儿童中间以及节日里成人的娱乐节目之中。有些娱乐项目在发展中逐渐完备，最后形成了竞技项目及杂技项目。

1. *室内生活游戏*

室内生活游戏主要以儿童为主，多数为儿童在室内模仿成人家庭生活过程的游戏，如汉族的“过家家”、女孩抱布娃娃或“枕头娃娃”做母子游等，表现了儿童向长辈学习生活的初级阶段，以儿童自发进行的为多。

2. *庭院活动游戏*

庭院活动游戏多指少年的户外玩耍性活动，如捉迷藏、击花鼓、老鹰捉小鸡、丢手帕、拍泥巴、藏妈虎儿、跳房子、摸瞎鱼、踢毽子、弹玻璃球、抓石子、堆雪人、跑风车等。玩耍性游戏大多为自发性的集体追逐、竞赛性的游戏，有时还即兴表演，自己编排，反映了儿童天真浪漫的性格。

3. *户外游乐活动*

户外游乐活动偏重于健身旅游方面，少年儿童与成人都能进行，如郊游、赏梅、爬山挖宝、打雪仗、打口袋、跳皮筋，还有群众性的游会活动，如民间花会等，最受欢迎的当数放风筝。

4. *益智性游戏*

益智性游戏的形式最多，常与口头文艺活动相结合，包括“智”的游戏和“能”的游戏两种。

“智”的游戏，主要以培养“智”为目的，如猜谜语、猜掌中物、猜手指、藏物找物、填字等。用花灯悬谜，问难于人，这种猜谜方式始于南宋，属于一种风雅的益智娱乐，现在也有，只不过已不很流行，形式上也有很多变化。此外，民间还有许多创造，如计算性的测验游戏“葫芦罐分油”、“大小马驮百瓦”等数学游戏也都饶有兴趣。“能”的游戏，主要以培养“能”为目的，常见的有培养口头语言表达能力的“急口令”、“绕口令”、诵字数歌谣等。培养动手能力的游戏，多见的有折纸、编织、剪纸等民间美术工艺作业游戏。如折纸鹤、纸衣裤、纸车、纸船、纸桌、纸椅、纸帽，剪窗花、民间故事人物、动物图案等。培养工艺审美能力的游戏有竹编、草编等。

5. 助兴游戏

助兴游戏多用于节日聚会和宴饮，如行酒令、猜拳。酒令，古已有之，推一人做令官，其余人轮流按令表演，违令者罚酒。古人称："酒令如军令"，就是宴会上助兴的重要娱乐标志。

猜拳包括"拇战"和"猜枚"，是两种助兴游戏。前者用出指法规定胜负，即二人同时出指、喊数，口令符合双方指数之和的为胜，败者受罚；猜枚是掌中握小件物品供对方猜，在宴饮中多握盘中干果或随身带硬币等物。

农村助兴有时还以手势模拟"锤子"（"石头"）、"剪刀"、"布"之形以对出胜负；有的地方还用筷子对敲，每敲一下同时喊"虎"、"猎人"、"枪"等中的一种，以求互猜相克定胜负。

6. 各类博戏

博戏是赌赛输赢的游戏，早在战国时期就有了"六博"，以后又有了骨牌、掷骰子、叶子戏等赌博形式。叶子即纸制赌牌，叶子戏早在唐代中期已很风行，且有不同的类型。明清以来，叶子戏又发展为108张，以梁山好汉命名。以后又以象棋子为赌具，创制了竹块刻成的"麻将"等，形形色色，玩法不一。古代博戏还常与动物斗赛结合，如斗鸡、斗蟋蟀、斗牛、赛马等。赌博性游戏有竞赛、娱乐的一面，同时又有极大的危害。对这一类民俗行为应当有所禁止，有所引导。

### 10.2.4　民间竞技比赛

民间竞技比赛是指民间各种形式的体育、技巧的比赛活动。它的最初形成，除与生产劳动有关外，还和战争、信仰祭祀活动有密切关系。今天，许多竞技活动已发展成为体育活动项目。

1. 赛力竞技

赛力竞技主要比赛力量，是民间竞技的常见项目，如举重、摔跤、拔河等。民间举重和我国武术有关，唐以下各朝直至清代的武举科考，往往以举重为主科目。我国民间举重多举"石锁"、"石担"等。摔跤是蒙、彝、藏、维、壮、瑶、朝等许多民族古代传习下来的角力竞技。拔河是一种集体活动，各地都有流行，藏族称"格吞"，朝鲜族叫"索战"。比赛时双方人数对等，对拉长绳，中间规定界河，这种竞技与水上拉纤劳动有关。

此外，赛力竞技还有蒙古族的布鲁（意即"投掷"），壮族的换漏介（打棍），柯尔克孜族的耶尔奥达利希（马上拉力），土家族的斗角、苗、瑶、壮等族的斗牛，京族的顶棍，黎族的拉海龟，达斡尔族的颈力赛，仡佬族的象步虎，哈尼族的拔腰等。

2. 赛技竞技

赛技竞技主要比赛技巧、技能，主要有踢、跳、蹬（荡）、打、抽、举等上下肢各项技巧比赛。

汉族的踢毽，北方有"里踢外拐，蹦前过海"之谚；苗族的"打毽子"，有单打双打之分，后发展成"板羽球"，所用毽子改称"毽球"；跳绳属于庭院游戏，后发展成竞技运动，方式有一人单跳、双人对跳、多人同跳，种类有以娱乐为主、边唱边跳的游戏性跳绳和边跳边变换花样的技巧性跳绳以及快速跳绳。跳高在民间常利用劳动生产间隙进行，如傣族多在打谷场上跳谷堆草垛；汉族、满族、蒙古族常用人俯身作"马"，其他人排列进行扶背跳跃；藏族有放牧时的跳水牛比赛等。荡秋千是许多民族喜爱的游戏活动，初见于古代的少数民族，主要比蹬技，有单人、双人两种形式，以荡高为取胜目标，测法不一。

此外，赛技竞技还有蒙古等游牧民族的射箭，朝鲜族的跳跳板，汉族的抽陀螺、打弹弓、武术，仡佬族的打蔑鸡蛋（打竹球），回族的打水球，傣族、白族的打磨球，黎族的穿藤圈，保安、东乡等族的打石头，赫哲族的叉草球，高山族的竿球等。

3. 赛艺竞技

赛艺竞技主要比赛技艺，以各种民间棋类为代表。我国棋类最重要的是围棋、中国象棋。此外，还有区域或民族性的棋类，如蒙古族的蒙古象棋和鹿棋、藏族的藏棋、朝鲜族的朝鲜棋、鄂伦春族的玩班吉、青海土族的喇嘛跃和阿斯掏等。

我国棋艺早在春秋战国时代就风行了，围棋在春秋时代称"奕"，战国时有了"象棋"的记载。这些棋类都以其精巧的结构和变化多端的竞技得到了各阶层人民的喜爱，传承之久远，流传之广泛，异常惊人，现在都已被列入正式的比赛项目。

4. 赛速竞技

赛速竞技主要比速度，看谁先到达终点。最为人们熟知的为赛马和赛龙舟。此外，还有甘肃保安、东乡、撒拉等族的羊皮筏赛，湖南、广西等地瑶族的独木滑水，东北的朝鲜族的顶瓮竞走，贵州苗族的爬坡竿，福建畲族的赛海马，新疆塔塔尔族的赛跳跑，青藏高原藏族的赛牦牛等。

赛马是我国许多民族的主要竞技项目，如蒙古、藏、彝、维吾尔、哈萨克、回等族都举行赛马活动。蒙古族的"敖包会"、"那达慕"最引人注目的便是赛马、套马。哈萨克、柯尔克孜、锡伯等族盛行的"刁羊"比赛，是赛马的另一种形式。

游戏竞技民俗产生于不同地区，具有鲜明的民族特色和地域特征，是我国民间的主要娱乐活动，在民间的传承中给人们的生活带来了无尽的愉悦。

**小思考**：向同学介绍你的幼儿时的游戏与竞技。

### 10.2.5 民间杂艺表演

在民间有些游戏与竞技极其相似但又有不同，因而可归入民间杂艺类。它是集技巧性、灵敏性、表演性于一体的游戏活动，像猴戏、杂技、戏法、皮影等。民间杂艺是我国传承已久的娱乐形式，它们的技巧、道具和表演都与戏曲、曲艺体系有所区别，是古代瓦肆百戏中最具生命力的一部分，具有人民喜闻乐见的形式。它们往往始终保持着固有的朴素风格和传统的表演技法，成为民俗性格中突出的娱乐活动，其中比较重要的一部分娱乐活动是以观赏为主的表演性杂艺。

1. 抓子

一般用小口袋装米、麦或沙缝口而成，也有以光滑的砖、瓦、石子等物制成。通常设三子以上。玩耍时将一子抛起，迅速抓起其他子后再接住抛起下落的子，以抓起其他子的多少（而又能接住下落的子）决胜负。

2. 抖空竹

抖空竹盛行于京津及北方各地，是春季游艺的常见项目。空竹又称空钟、响簧、闷葫芦，分双轴和单轴。竹盒中间为空，有哨孔，旋转时发声。中柱腰细，便于缠绳抖动产生旋转。玩者双手各持小棍，顶端系一绳的两头，悬空竹扯拉加速旋转使之发鸣声。抖动时姿态多变，绳索翻花，出现各种技巧。这种游艺现已正式进入大型杂技，多有新发展。

3. 木偶戏

在我国民间，历史悠久，种类繁多，保留至今的有提线木偶、掌中木偶和杖头木偶。其中，福建泉州流行提线木偶，漳州流行掌中木偶，广州等流行鬼仔戏，属于杖头木偶。

（1）提线木偶

提线木偶又称“傀儡戏”，木偶由头、躯干和四肢三部分组成。头像采用三段合并而成，既能活动又大胆夸张，弥补了木偶“肌肉”不会动的不足；躯干分为胸部和臀部两段；手掌和足趾也是木刻的。木偶们由演员在幕后通过悬线牵引操纵，在提线的牵引下，木偶活动自如，形象灵活逼真。配乐称“傀儡调”，采用闽南地方剧种音乐，节奏明快，唱腔高亢，富有地方特色。

（2）掌中木偶

掌中木偶又称“布袋戏”。演员将五个手指套在木偶身中，用食指托着木偶的头部，大拇指撑着左臂，其余三指撑着右臂，有时用另一只手做两脚行走动作。表演时再加上利用布内套的拉扯、张弛作用，木偶就能做出各种逼真的动作，技艺高超的老艺人甚至可以用双手同时表演两个不同角色的木偶，如两人对打的动作等。人物形象分生、旦、净、末、丑，在写实基础上运用夸张手法来制作和表演。道具只需木偶数个，随时随地进行表演，既能唱、做、念、打，还能表现喜怒哀乐的感情，也能演出诸如骑马、射箭、翻越城墙、转碟碗等较难动作，惟妙惟肖，很受群众欢迎。

（3）仗头木偶

仗头木偶在古代称“杖头傀儡”，是以木杖来操纵动作完成，它内部虚空，眼嘴可以活动，劲部下面接一节木棒或竹竿，表演者一手掌握两根操纵杆进行表演，因而又称“举偶”。就杖头木偶的偶型而言，有大中小三种，分布地域不同，各有特色。

杖头木偶在中国许多地区都有流传，各有不同的风格特征，称谓也有所不同，在中国西北部的“耍杆子”、西南部四川的“木脑壳戏”、南部广东的“托戏”都属杖头木偶。各地木偶头的造型、脸谱、装饰和雕刻工艺及演出风格也结合了地方戏曲剧种以及唱腔，各有特色。

4. 皮影戏

皮影戏俗称“灯影戏”，兴于11世纪，流行于中国大部分地区。有“电影始祖”之称，是我国民间工艺美术与戏曲巧妙结合的独特艺术品种。老北京人叫它“驴皮影”，即用驴、马、骡皮，经过选料、雕刻、上色、缝缀、涂漆等几道工序加工而成，制作考究，工艺精湛。艺人在表演时将皮影投放到幕上，借助光源，用竹竿支撑、规则抖动或穿插移位令皮影人物行动自如，活灵活现，妙趣横生。精湛的技艺配合完美的剧情使人感受到无尽的乐趣。

在我国少数民族中也有相应的杂艺游戏，如满、锡伯、蒙古族玩的“嘎拉哈”，侗族的抢花炮，拉祜族的“大马桩”，傣族和瑶族的丢花包等，气氛活跃，场面热烈。

在游艺民俗中，除了上述内容外，还包括部分民间工艺，如民间玩具、剪纸、雕塑，由于中国的民间工艺内容丰富，历史悠久，文化底蕴深厚，民族特色鲜明，在世界上影响较大，故在本章中单独作为一个问题加以介绍。

## 10.3 中国民间工艺

民间工艺的制作和传承，是民俗活动的一个重要门类，涉及的范围很广，包括民间美术、剪纸、雕刻、雕塑、织绣、玩具、编织等，内容丰富，形式多样，具有深厚的文化价值和艺术欣赏与美学价值。其特点为尽物之美，得物之趣；造型、色彩和纹饰朴素、单纯、鲜明；拥有强烈的地方特色。

### 10.3.1 民间美术作品

在民间美术中，最引人注意的是民间的年画和剪纸，这种民俗在我国民间特别是农村，有着深厚的群众基础。

1. 年画

年画是一种造型艺术，起源于对神的偶像崇拜，表现了人们对生活的热爱，对善与恶、美与丑的认识和褒贬，是广大群众喜闻乐见的艺术形式，也受到世界各国友人的赞誉。其内容有以神像为主的，如门神、灶神、财神；有体现喜庆的，如《金玉满堂》、《榴开百子》；有表现神话故事的，如《水浒传》、《三国演义》；有反映农民生活的，如《男十忙》、《女十忙》等。民间风俗年画，是年画中比较流行的作品，因其表现劳动者的生活、审美情趣和美好愿望，得到群众的喜爱。著名的四大年画有天津的杨柳青，山东潍坊的杨家埠，苏州的桃花坞和四川的绵竹。其他如浙江杭州，江苏扬州，福建漳州、泉州，河北武强等也盛产年画。

2. 内画壶

内画壶是清末咸丰年间发展起来的一种中国民间工艺品，最初是为了装饰鼻烟壶，后来发展成为一种独特的工艺。产地为北京、山东、河北省等。制作时选用半透明料器制造的鼻烟壶，用铁砂在壶中摇动，使内部表面变成毛玻璃状，然后用一种特制的小竹笔蘸色，从壶口伸入，在瓶内反画出各种人物、山水、花鸟等。工艺复杂，完全用手工制造，艺人需要有非常高超的技艺，深受国内外顾客欢迎。

3. 木版水印画

木版水印画是我国独有的绘画与木刻、印刷技艺相结合的艺术品。它是根据活版印刷原理，先将绘画原作勾描成底稿，再分成若干块刻版，以水调色印刷而成。最著名的有荣宝斋木版水印画和上海朵云轩木版水印画。

4. 漆画

漆画以天然大漆为主要材料的绘画，此外还有金、银、铅、锡等原料，具有悠久的历史。它既可作艺术品，又可作装饰品，如壁饰、屏风和壁画等。其技法丰富多彩，有绘、嵌、磨、刻、堆及施以金银等。由于专业美术家的参与，工艺上有了革新和发展，成为与中国画、油画相平行的年轻画种。

此外，中国民间的美术作品还有贝雕画、羽毛画、粮食画、烙画、麦秸画、竹帘画、铁画、绢贴画等。

5. 剪纸

剪纸是中国古老的传统民间艺术，以纸为加工对象，以剪刀等为工具进行创作，其历史悠久，风格独特，最早可以追溯到南北朝时期。由于材料易得、成本低廉、效果立见、适应面广而在民间流传极广，尤其受北方农村妇女欢迎。制作过程中，往往通过谐音、象征、寓意等手法提炼、概括自然形态，构成美丽图案。其特点是不注重自然形态的模拟，而强调夸张，使人在似与不似之间展开丰富的联想，得到美感。它不仅表现了群众的审美爱好，还蕴含了民族的社会深层心理，深受国内外人士的喜爱。现今剪纸已遍布全国各地，并形成了北方粗犷浑厚，南方玲珑剔透的不同地域风格。

传统的民间剪纸，是一种生活用品，主要用于节庆或婚丧嫁娶，如今还具有了观赏性和装饰性，很受现代家庭包括年轻人的喜爱。

### 10.3.2 民间传统雕塑

中国民间雕塑产生于民间，发展于民间，是我国民间艺术的艳丽奇葩。

#### 1. 民间雕刻

中国的民间雕刻工艺品种类繁多，包括玉雕、石雕、牙雕、木雕、竹雕、椰雕、漆雕、根雕、砖雕、冰雕、贝雕等。

（1）玉雕

中国是世界三大玉器工艺品产地之一，玉器工艺历史久远，技艺精湛，被国际上誉为“东方艺术瑰宝”。玉石主要产于新疆和田、河南南阳、辽宁岫岩等，玉雕主要产于北京、江苏、上海、广东、甘肃、新疆、辽宁等。

（2）石雕

石雕原料较多，以昌化的鸡血石、青田的冻石和福建寿山的田黄石最为著名。其中昌化鸡血石，色红如鸡血，硬度不高，纹彩艳丽，光泽晶莹，内质温润，极易制作印章，最受收藏家和篆刻家热爱；青田冻石，是青田石中最为名贵的品类，石质脆软相宜，适宜手工精雕细镂，被广泛用于雕刻艺术和镌刻图章；寿山石以田黄石最为名贵，素有“一两田黄一两金”之说。

（3）木雕

木雕在我国比较普遍，主要分布在浙江东阳、乐清（黄杨木雕），福建（龙眼木雕），江苏（苏州红木雕），广东（潮州金漆木雕），湖北（木雕船），山东（曲阜楷木雕）等地。东阳有“木雕之乡”的美誉，以浮雕见长，平面镂空和多层镂空独具特色。

#### 2. 民间雕塑

中国民间雕塑主要分为泥塑和面塑两种。

（1）泥塑

泥塑，以天津的“泥人张”和无锡的惠山泥人为著名。“泥人张”，始创于清代末年，流传于中国北方。创始者张明山，在传统的泥塑艺术基础上，借鉴了绘画、戏曲、民间木版年画等艺术技法，对民间故事、戏曲、小说中的人物肖像的创作卓有成就，使其泥塑单纯雅致，富于装饰趣味。作品透出一种明快清新的气息，表现了弃恶扬善的道德意义。“惠山泥人”，产于江苏无锡惠山，清末曾为贡品，有粗货、细货之分。粗货为玩具，用模具翻制，大批量生产；细货手捏而成，制作精细。题材多为戏曲人物，如祈福避邪的春牛、老虎、大阿福、寿星等，其造型丰满、简练，兮大头部，着重刻画表情。泥塑重视彩绘，有所谓“三分坯子七分画”之说，对比强烈，主次分明。如果说泥人张的作品清新雅致，那么惠山泥人则鲜明艳丽。

（2）面塑

面塑俗称“面人”，是用糯米粉和面制成面团，里面添加各种色彩，手工捏制而成。题材受民俗、宗教等影响，内容广泛，如“十八罗汉”、“黑袍钟馗”、“麻姑献寿”等。著名面塑艺人有北京的“面人汤”、上海的赵阔明、山东的李俊兴等。经过几千年的传承和经营，面塑已成为中国文化和民间艺术的一个重要组成部分。近来，由于面塑体积小，便于携带，且又经久不霉、不裂、不变形、不褪色，因此为旅游者所宠爱，是馈赠亲友的纪念佳品。

### 10.3.3　民间手工织绣

丝织刺绣是以蚕丝为原料的纺织品和刺绣品的总称。中国织绣工艺历史悠久，技艺精湛，世界闻名。

#### 1. 丝织品

丝绸起源于中国，其中织锦是我国古代传统的用彩色经纬丝提花织成的各种图案花纹的熟丝织品，种类繁多，别具特色。比较著名的有云锦、蜀锦、宋锦、织锦、壮锦、傣锦等。

（1）云锦

产于江苏南京，因锦纹如云而得名，始织于南朝，兴盛于明清。花纹图案富于民族风格和地方色彩，题材为各种飞禽走兽、花卉鱼虫。由于云锦使用大量的金线装饰，因此织品明丽辉煌，光彩夺目。

（2）蜀锦

产于四川成都，宋元时期成为著名品种，近代蜀锦仍沿用染色熟丝织造的传统方法，质地坚硬，五彩缤纷，富有独特的地方风格和构图。

（3）宋锦

产于江苏苏州，始于北宋，故名宋锦。其在图案花纹上继承了古代规矩锦的传统，主要用于装裱书画和礼品装饰。

（4）织锦

产于浙江杭州，特点为色彩瑰丽，织工精细，名品有五彩风景织锦，曾获美国国际博览会金奖。

（5）壮锦

产于广西宾阳，是壮族的民间织品，用原色棉纱作经线，彩色丝绒作纬线。织工精巧，结实耐用，多用红、绿、黄三色，喜用花卉、动物、植物等纹样，色彩古艳深厚，斑斓绚丽，富于变化，极富民族特色。

（6）傣锦

产于云南傣族居住区，多以彩色棉线为主，以白色或浅色为底。特点为线条宽窄错落，形体夸张简练，图案规律化，地方特色明显。

2. 刺绣品

刺绣是中国优秀的民族传统工艺之一，历史悠久，品种众多。著名的“四大名绣”有苏绣、粤绣、湘绣和蜀绣，少数民族地区也有许多富有民族特色的刺绣工艺品，如苗绣、土花铺盖等。

（1）苏绣

主要产于江苏苏州、南通一带，绣工精细，针法活泼，图案秀丽，色彩雅致，有平、齐、细、密、匀、顺、和、光八大特点。其艺术特征为“双面绣”，可供人们从两面观赏。其代表作品为“猫”。

（2）粤绣

也叫“广绣”，是近二三百年来发展起来的广东地区刺绣名品。技法为金银线垫绣，织法均匀多变，纹理分明，构图丰满，形象逼真，色彩鲜艳，装饰性强，风格特异，富有情趣。其代表作品为“百鸟朝凤”。

（3）湘绣

湖南长沙一带民间刺绣工艺品，吸收了苏绣和广绣的优点，在本地民间刺绣基础上发展而来。特点是以国画为基础，章法严谨，构图完美，色彩鲜明，善绣飞鸟走兽、山水花卉，风格写实，生动自然。代表作品为“虎”。

（4）蜀绣

也叫“川绣”，是以四川成都为中心的传统刺绣工艺品的总称，历史悠久。主要以软缎和彩丝为主要原料，运用独特的技法，绣制背面、枕套、衣物、鞋靴及画屏等产品。针法严谨，针脚平齐，色泽光亮，有张有弛，浓淡适宜，疏密得体，有水墨写意画的效果。代表作品有“熊猫”及陈列在人民大会堂四川厅的巨幅作品“芙蓉鲤鱼”。

（5）苗绣

是苗族地区的手工绣品，主要用于苗族的服装装饰，具有悠久的刺绣传统。其绣品花纹严谨细密，以几何纹为主题，色彩强烈，有鲜明的地方特色。

（6）土花铺盖

土家族的家庭手工艺品，图案瑰丽朴素，富有民族特色。题材主要来自于劳动和生活，在其纹样和色彩里蕴藏着丰富的情感以及对生活的理想和希望。

在我国民间，属于刺绣范畴的著名产品还有“抽纱”、“挑花”、“织花”、“绒绣”等。

3. 印染织品

印染织品目前主要是我国少数民族的特色手工产品。

（1）维吾尔族的印花布

维吾尔族的印花布古朴、厚重、素雅、大方，是维吾尔族民族个性的反映。多用作墙围、壁挂、窗帘、餐巾、桌单等。装饰纹样多取材于现实生活，图案严谨饱满、疏密适度、谐调得当、宾主分明、点线衬托。色彩主要为黑、红、绯三色套印，由于受伊斯兰教文化影响，圣龛外形作为其一种特定的图案骨架，广泛用于印花布上。

（2）蜡染

流行于我国南方的布依、瑶、苗、仡佬等少数民族中，是我国古老的民间传统纺织印染手工艺，与扎染、镂空印花并称为我国古代三大印花技艺。可做衣裙、被毯、包单等。主要方法是用蜡刀蘸蜡液，在白布上描绘几何图案或花、鸟、虫、鱼等纹样，再浸入靛蓝缸中，然后用水煮脱蜡，即出现白色花纹。蜡染花布以蓝色为多，也可以染其他颜色。纹样结构严谨，线条流畅，装饰趣味很强，具有鲜明的民族风格。

### 10.3.4　民间玩具艺术品

游戏民俗的一个重要方面在于各种玩具在游戏中的运用。游戏民俗的流行，对促进民间玩具的制作有很大促进。

#### 1. 脸谱

脸谱起源于原始图腾，是中国戏曲演员用于舞台演出时脸上的化妆造型艺术。它与面具等艺术及戏剧有直接关系，是从地方戏剧美术中演变而来的观赏工艺品。脸谱可分为两大类：一是工艺美术性脸谱，即作者根据自己的思维想象，在石膏材质的脸形上，用绘画、编织、刺绣等手法制作出形态各异，色彩图案变化多样的脸谱制品，这类脸谱有一定的观赏价值；二是舞台实用脸谱，即演员根据剧情和剧中人物的需要，用夸张的手法在脸上勾画出不同颜色、不同图案和纹样的脸谱。

（1）中国京剧脸谱

中国京剧脸谱，是广大戏曲爱好者非常喜爱的艺术门类，在国内外流行的范围相当广泛，已被大家公认为是中华民族传统文化的标识。它吸收了不同剧种的精华，经过艺人们的创作，多达几百种，形成了绚丽多姿的脸谱艺术，成为中华民族传统文化的瑰宝。其他还有豫剧、川剧、徽剧、汉剧、昆曲、秦腔等我国古老戏剧剧种，也都有自己的脸谱形式，各有风姿。

（2）工艺美术脸谱

工艺美术脸谱在近几年备受人们的欢迎和喜爱，种类很多，造型新颖。其中泥塑的彩绘小型脸谱是以戏剧脸谱为依据而制成的观赏工艺品，它以地方戏剧的生、旦、净、末、丑角的脸谱为蓝本，用泥或石膏做出面部形状，施以彩绘而成为独特工艺品，有名的为北京及惠山脸谱，具有鲜明的民族特色。此外，剪纸脸谱色彩明快，对比强烈，别具特色，以河北蔚县所产为最佳。

2. 面具

面具又称“假面”、“脸子”，产生于远古的狩猎活动。在民俗活动中，人们往往用面具把自己装扮成神鬼及各种奇禽怪兽，以表示对自然力的崇拜或在想象中征服自然力。在民间的一些戏曲表演活动中，面具至今仍是主要的化妆手段。

（1）藏戏面具

藏戏面具主要用于藏族的各种民间表演活动，与人们日常生活、劳动、娱乐有着直接的关系。传统藏戏多使用面具，它与宗教面具相比，造型带有浓郁的世俗倾向和民间色彩。题材为表现善恶斗争的民间故事。剧中神灵、鬼怪和动物面具的塑造，尽管带有宗教的明显痕迹，但大都被人格化，并赋予了人的情感。剧中反面人物多用丑恶的面具，正面人物多用和善的面具，人类的真、善、美和假、丑、恶，都在面具中得了具体的表现。

（2）傩面具

傩，起源于原始宗教的“傩祭”，傩面具是傩堂戏（又称傩坛戏或傩愿戏）所戴的面具。主要流传于黔东、黔北、黔南一带的土家族、苗族、布依族、侗族、仡佬族和汉族之中，其演出总是和“冲傩还愿”的习俗结合在一起，很少作为戏剧单独表演。材质一般用柳木或白杨木。白杨木质轻，不易开裂；柳木在民间被认为避邪之物，用它制作面具，有求吉祥之意。傩面具制作工艺复杂，重视色彩调配，浑厚凝重大方，造型丰富，虽浑厚、粗犷，但不乏精雕细刻。拙朴的民间造型手法赋予了面具以生命活力，形象地刻画出了民间神话中的神灵、鬼怪及传说中各类人物的喜、怒、哀、乐，表情丰富，性格鲜明，令人叹为观止，是中华民间文化艺术的瑰宝。

（3）地戏面具

地戏不用戏台，在村野旷地演出。主要分布于贵州安顺和贵阳周围地域。演出中，演员都要佩戴面具，当地群众称为“脸子”。面具用木质细腻的白杨、丁香、白果等木料制成，刻工精细，着色讲究，以武将最有特色。艺人制作面具，要参照“地戏谱”和民间传说，有一定规矩，有的还有口诀。

3. 民间玩具

民间玩具主要指民间专供儿童玩耍游戏的器具。在汉代的史料中，记录了马骑、假面、偶人、泥车、瓦狗等玩具。唐宋时，出现了陶瓷玩具以及丝绸制作的人形玩具。

（1）陶瓷玩具

陶瓷玩具流传各地，一般以动物、人、生活器具等为题材，形制不大，造型生动有趣。有手工捏制的，也有模制的。

（2）车木玩具

车木玩具有彩棒、棒棒人、响轮等。彩棒产于山东临沂，取路边柳木、槐木，在土车床上信手车成中空，装入豆粒，摇晃可发声响，外壁水色涂绘；棒棒人流传于山东、河南等地，取杨柳、槐树、梧桐边角料，身体和头部分开车制，头形车出后，削制发型，装上身体，再用蛋青调水色绘制；响轮系在圆盘状的木转轮上，嵌进白果雕成的哨子，穿以双线，玩时，将线穿在手上，一分一合，转轮旋转，哨子便发出响声。

（3）鬃人

鬃人，受皮影戏和京剧的影响而产生，已有百年历史。身高为9厘米，设计巧妙，制作精细。头和底座采用胶泥脱胎，用秫秸做身架，外裹棉花，勾画脸谱，描绘服饰。底座粘有一圈猪鬃，受震动后，鬃人可自行转动表演。

中国民间玩具历史悠久，乡土气息浓郁，按其制作方法可分为：捏塑类，如面人、糖人、泥塑、料器等；削刻类，如东木、竹龙、空竹等；缝缀类，以织物、羽毛、皮毛、纸等为材料，用丝、线、钉、浆糊等缝缀粘连；编织类，用棕丝、麦秸、竹篾、玉米皮、树皮等编织。按其制造材料可分为：布玩具，如布娃娃及布老虎、狗、猴等动物；木竹玩具，如各种假兵器和竹编等物；泥塑玩具，如泥娃娃“阿福”、不倒翁，各种面具傀儡人形等；金属玩具，如笛、哨、小锣等；皮玩具，如小鼓及皮球等；琉璃玩具，如球丸之类等。每类玩具都有非常突出的民族、区域特色，它们都可以成为民俗旅游的重要商品。随着民间玩具在民间美术领域中地位的加强与提高，将越来越被人们认识和重视。

**知识拓展10-1**

### 风　筝

风筝，出现于春秋战国时期，是集彩扎与绘画为一体、以线牵拉、借助风力升空的传统玩具与艺术欣赏品，古称“纸鸢”。其制作精细、讲究，包括扎细竹骨架、糊纸绢、涂彩绘、调准提线等工序。有硬翅与软翅，有尾与无尾之分：硬翅风筝吃风大，易迅速飞高，软翅风筝不兜风，只能飞远而飞不高；无尾风筝易摇摆失控，有尾风筝稳定性强，易于升高，便于控制。其形象常见的有蝴蝶、燕子、蜈蚣等动物和孙悟空、猪八戒等人物形象。我国大多地区有放风筝的习俗，其中，山东的潍坊风筝最为有名，历史也很悠久。现在潍坊每年都要举行国际风筝节，吸引国内外大批风筝爱好者来潍坊进行放飞表演和游玩、观赏，进而使潍坊成为风筝“扎、糊、绘、放”四艺的中心和集散地。

### 10.3.5　编织工艺

编织工艺是我国民间工艺美术中的一朵绚丽多彩的奇葩，是中华民族智慧的结晶及爱美、创美心态的展示，包括竹编、草编、柳编、藤编、棕编、麻编等。

1. 竹编

竹编，即利用竹子剖削成竹蔑编织的工艺品。竹子经过切丝、刮纹、打光和劈细工序，编结成各种精巧的生活日用品，如竹篮、果盒、屏风、门帘、扇子等。其主要产地有浙江东阳、嵊县（现更名为嵊州市），福建泉州、古田，上海嘉定，四川自贡等地。

瓷胎竹编，是在瓷质花瓶、茶具、杯、碟等器皿上编织的外套。这种瓷胎竹编发展于清代光绪年间，色调和谐，美观大方。中华人民共和国成立以来又有新创造，出现了扭丝编、雕花、漏花、剔花、贴花等多种技法。除瓷胎外，还有银胎、陶胎等竹编。

2. 草编

草编可就地取材，编成各种生产用品，如提篮、果盒、杯套、盆垫、帽子、拖鞋和枕、席等。有的利用事先染有各种色彩的草，编织各种图案；有的则编好后加印装饰纹样。主要品种有河北、河南、山东的麦草编；上海嘉定，广东高要、东莞的黄草编；浙江的金丝草编；湖南的龙须草编；台湾省的草席等。

草帽辫，是用麦秸编结的手工艺品。因中华人民共和国成立前仅用于编制草帽，故名。现用来制作各式各样的草帽、手提篮、茶杯套、茶壶垫、扇子、玩具等2000余品种，产于山东、河北、河南等地，尤以山东掖县的产品最为著名。

3. 棕编

棕编即用棕丝制成的工艺品，产于四川新繁地区。它比一般草编工艺坚实耐磨，主要产品有提兜、箱子、凉帽、拖鞋、玩具等。

此外还有藤编等，如四川的藤编有成套的家具，不仅有民族传统式样，也有现代家具如沙发之类的产品。

知识拓展10-2

## 中国结

中国结贯穿于中华文明史，漫长的文化沉淀使其渗透着中华民族特有的、纯粹的文化精髓和丰富的文化底蕴。

每一个结从头到尾都是用一根丝线编结而成，不同的结饰互相结合在一起，或与其他饰物搭配组合，就形成了造型独特、绚丽多彩、寓意深刻、内涵丰富的中国传统吉祥装饰物品。中国结因形意而得名，体现了我国古代的文化信仰及浓郁的宗教色彩和人们追求真、善、美的良好愿望。如“盘长结”，寓意一对相爱的人永远相随相依，永不分离；“如意结”，引申为称心如意，万事如意等。

中国结与现代生活相结合，已发展成为多种产品，具有作为典雅饰品的独立价值。

### 10.3.6　陶瓷制品

陶瓷器是陶器制品和瓷器制品的总称。中国陶器的生产历史悠久，并在此基础上制成了瓷器，并享有“瓷国”之称。

1. 陶器

（1）宜兴陶器

宜兴陶器，始创于宋代，有天下“神品”之称。其是用一种质地细腻，含铁元素较高的特殊陶土烧制成的无釉细陶器，呈现赤褐、淡黄、紫黑色泽。以日用品为主要产品，尤以紫砂陶为其精品。

（2）淄博美术陶瓷

淄博美术陶瓷，产于山东淄博，质地细腻，造型新颖，工艺精湛，釉色鲜艳。其中“雨点釉”和“茶叶末釉”最为著名。

（3）界首陶器

界首陶器，产于安徽界首，继承了唐三彩的工艺手法，构图丰满浑圆，釉色光亮华丽，花纹古朴典雅，线条刚劲流畅。其代表为仿唐三彩骆驼、马等。

（4）石湾陶器

石湾陶器，产于广东佛山石湾镇，以人物、器皿为佳品。特点是浑厚凝重、古朴雅拙、豪放洒脱、神形兼备、美观实用。

2. 瓷器

（1）景德镇名瓷

景德镇名瓷，产于江西景德镇，始于汉代。其特点为瓷质细腻，造型精巧，滋润清雅，素有“白如玉、薄如纸、明如镜、声如磬”的美誉。品种齐全，其中，青花瓷、青花玲珑瓷、粉彩瓷、薄胎瓷被称为景德镇“四大名瓷”。

（2）德化瓷塑

德化瓷塑，产于福建德化，以烧制白瓷而著称。其制作精细，质地坚密洁白，细腻如玉，釉面滋润似脂，海外赞其为“象牙白”，其薄胎产品被国际上誉为“东方艺术之花”。

（3）醴陵釉下彩瓷

醴陵釉下彩瓷，产于湖南醴陵，起源于清雍正年间。品种丰富，造型新颖、色彩古雅、纹饰大方，有餐具、茶具、酒具及艺术瓷。其特点为清新、柔和、明亮。

（4）钧瓷

钧瓷，产于河南禹州，为宋代五大名瓷之首。以红、蓝、灰、白为基本色调。宋以后，被定为“御用品”。现已远销海外。

总之，中国民间工艺品是劳动人民为适应生活需要和审美要求，就地取材，以手工制作的工艺美术品。由于各地区、各民族的历史、风俗习尚、地理环境、审美观点的不同，各有其独特风格。

# 10.4 游艺民俗的旅游开发

游艺民俗在民俗旅游资源中集观赏性、参与性、娱乐性为一体，其旅游价值越来越被人们所认识和重视。对游艺民俗旅游资源的开发，可以使民俗旅游更加多姿多彩。

## 10.4.1 游艺民俗旅游开发的意义

游艺民俗丰富了人们的旅游生活，增加了旅游者的情趣。中国传统的游艺民俗，大多具有悠久的历史和文化意蕴，地域性和民族性明显。例如，舞龙的游艺：中国人崇尚龙，视龙为神物，舞龙的目的是希望龙能够保佑农业丰收、五谷丰登。舞龙的同时还伴随着舞狮，狮在中国人眼中能避邪镇妖。在节日里的舞龙表演，一方面表示对龙的尊崇，另一方面也烘托节日的喜庆气氛。观看舞龙舞狮表演，既能丰富旅游者的文化知识，又能增加其旅游情趣。

游艺民俗推动了旅游活动的内涵发展。在游艺民俗中，作为各民族创造和传承的民间艺术具有体现中华民族精神的独特美学气质和表现形式，其流传延续的风格样式和活动形式，蕴涵着丰富的历史文化信息，反映了中华民族的价值取向和精神风貌，表现了广大人民群众的社会认识、道德观念、实践经验、人生理想和审美情趣。例如，民间剪纸，题材广泛，意寓深长，生活气息浓郁。无论是反映人们对吉祥幸福的喜爱，还是人们喜闻乐见的历史故事、民间传说；无论是北方特有的文化背景和民俗风情的再现，还是四时节令、婚寿礼仪的装饰，都体现了民间艺人高超的智慧和丰富的想象力。在中国艺术体系中，民间艺术始终保持着功利价值和审美价值的统一，有着认知、教化、表意、抒情、娱乐等多重的积极社会意义。它们作为珍贵艺术传统和人文资源的存在，客观上推动了旅游活动的内涵发展。

## 10.4.2 游艺民俗的特征

当今的旅游市场，旅游者一般都希望旅游活动的内容具有一定的娱乐性、刺激性和可参与性，而这些恰恰都是游艺民俗的特点与优势所在。

### 1. 娱乐性

从娱乐性的方面来看，游艺民俗大都以流行在民间的群众性十分广泛的文化娱乐活动为内容，以人们喜闻乐见或自发参与表演的形式为标志。如民间歌舞，我国有 56 个民族，大多数民族都能歌善舞，无论是生产劳动，还是谈情说爱，生活喜庆，甚至悲哀幽怨都能作歌跳舞。这些民间的歌舞，质朴、欢快，散发着泥土的芳香，能以淳厚的地方特色和活泼向上、健康娱乐的生活气息扣动每一个旅游者的心弦，激发他们的旅游愿望。

2. 刺激性

从刺激性的方面来看，在游艺民俗中，其竞技民俗具有较强的刺激性，不但有强筋健体的实用价值，而且对国内外游人来讲，也具有很大的观赏价值。如侗族的抢花炮、苗族的龙舟竞渡和上刀梯、仡佬族的“打蔑鸡蛋”、蒙古族的赛马等，都十分热烈而刺激，能极大地刺激游客的观赏欲望。

3. 参与性

从参与性的方面来看，绝大多数游艺民俗，活动内容不但有极强的观赏性，而且还有较大的参与性。旅游者可以亲身领略民俗活动的魅力，像一些游戏、杂要、竞技，都可以直接参与其中，进行活动。如北方汉民族的秧歌表演，队员们踩着锣鼓点走场，歌手伴着唢呐演唱。游人在明快的节奏感染下，可与队员一起走场，参与表演，共同分享秧歌舞的快乐。这也是广大中外游客喜欢中国民俗旅游的主要原因。

### 10.4.3 游艺民俗的旅游开发

游艺民俗的内容极为丰富，形式千姿百态，具有浓厚的愉悦气氛和地方特色，开发游艺民俗旅游资源是适应日益发展的旅游的需要。

在游赏项目中增设游艺民俗节目。例如，三峡民族风情漂流线，除漂流、观赏古龙溪两岸的自然风光外，为增加旅游趣味，还专门设立了土家巴山舞、山歌对唱、民乐吹打等节目，取得了较好的效果。

举办专门的游艺民俗旅游节，集中展示游艺民俗的风采。近年来各地都做了不少工作，有了一定的成效。如有“灯彩之乡”之称的浙江海宁，在每年的正月十三至十八日举办灯节，入夜一片灯海，迎灯队伍多至上千人。从附近的上海、杭州等地赶来观灯旅游的人多达十余万，堪称盛况。可见，传统的民俗活动化为新颖的旅游内容，会使人产生特别的旅游兴趣。

推出丰富的、适时的旅游商品。旅游总是与购物相伴而行，旅游购物不仅能增加旅游气氛，而且也是一种重要的旅游动机。适时的推出喜闻乐见的旅游商品，可以带动地方旅游资源的发展。在游艺民俗中，民间工艺品历史悠久，造型美观，地方特色鲜明，具有非常大的开发空间。许多产品诸如北京的景泰蓝、景德镇的瓷器、贵州的蜡染制品、苏绣、湘绣、杨柳青的年画、歙县的徽墨等，早已转化为民俗旅游商品而闻名遐迩，深受中外游客的喜爱。其他如大理的草编，近几年来，由于市场的需求，其工艺制品种类越来越多，有草帘、草垫、草篮、草扇、草席、草制玩具等数百种花色样式。草编制品上面绣着蝴蝶、茶花、三塔、洱海等民族民间喜闻乐见的图案，既别致美观，又经济实用，不仅国内各族群众喜欢，而且远销美、欧、东南亚各国。再如，皮影戏中的人物制品（简称影人），不只是用于皮影戏的演出，而且每个人都可以用双手耍玩娱乐，还可以置于窗前或白墙之上，作为室内艺术装饰。由于皮影造型古朴典雅，民族气息浓厚，既有艺术欣赏性，又有收藏的价值，所以国内外很多博物馆、收藏家、艺术工作者和皮影爱好者都藏有中国皮影。在国际交往中，也常有国人以中国皮影为上等礼品赠与国际友人。旅游商品与一般商品的区别在于它的实用性、纪念性和工艺性三者的有机结合。如果在这三者的基础上，再赋予民俗特色，那么这样的旅游商品就具有强大的吸引力。

### 10.4.4 游艺民俗旅游开发的注意事项

民间艺术的鲜活性是一个民族的文化生存的具体体现。保护中国民间艺术，不只是保存物质化的“遗产”或收藏遗产化的“文物”，根本要旨是使传统文化形态能够“生活”在当代，成为当代社会生态系统的实际构成。

随着时代的变迁和社会的发展，许多民间艺术杰作面临着“人亡艺绝”的危机。如民间的剪纸艺术，今天都市里的人们往往从工艺品商店、旧货市场、书本里或电视里去认识剪纸，只看到了“纸”，并不了解怎么剪，为什么剪；不了解与剪纸相关的民俗生活和花样里的内涵；不知道剪纸今天仍是一种民间活态的文化。再如皮影艺术，是我国出现的最早的戏曲剧种之一，千百年来，深受广大民众的喜爱，它所用的幕影演出原理，以及表演艺术手段，对近代电影的发明和现代电影美术片的发展都起过先导作用。然而，当今皮影艺术也面临着濒危的处境。

在现代情境中，我们不能指望老百姓把他们的生活状态永远锁定在过去的时间点上。这不公平也不可能；不能像一些“生态博物馆”那样把文化保护变成一种毫无生活真实性的“文化表演”，因为生活形式和生活内容不可分割；也不能通过呼唤、倡导毫无社会生产方式保障的“保护意识”来形成文化保护的社会氛围，因为社会意识和社会存在不可分割。

文化保护的关键，是要保护文化的“生产方式”，使之不断被“生产”，成为永葆生命活力并与时俱进的活文化。倡导和发展手工生产方式，就是要保护民间艺术作为一种文化的“生产方式”，这也是避免人为外力将其逐出现实生态系统的最有力的手段。文化保护是巨大的系统工程，所要考虑的不只是文化表现形式的保存，还要综合考虑政治、经济、社会、民生等方方面面的利益维护。民俗是民间艺术的文化生态环境，民俗机制是民间艺术生态的切实人文保障。如果没有一系列经济、社会、信仰和游艺方面的习俗以及相关的节日，民间艺术保护便会落空，便会沦为“无土栽培”或“温室培育”。当代文化建设工作的重心需要“下降”到社会基层，需要激活民俗，靠日常的民俗机制和自发的民众力量来实现民族文化的创造性复兴。

民俗一旦活跃起来，就无须为传统文化表现形式的生存和发展而担忧，也不必居高临下地去为老百姓做刻意的“生活方式设计”。只要中国人依然心存年俗，“年画”

和“窗花”自然就能留住。至于今天的“门神”和“花样”会是怎样的一个样子，那要取决于广大的民众。还民间艺术创作于民间，还激发机制于民俗，还审美权益于百姓，这是实现民间艺术活态保护的根本途径。

## 小　结

游艺民俗是所有民俗中最生动、最具感染力和吸引力的民俗。在我国其内容丰富，范围广大，既可展示中华民族的价值取向和精神风貌，表现人们的社会认识、道德观念、实践经验、人生理想和审美情趣，又可调动人们参与的积极性，具有良好的旅游开发和应用价值。

## 练　习

1. 为何说游艺民俗具有广阔的旅游开发前景？
2. 我国民间艺术大体有哪些类型？
3. 如何开发民间工艺品？
4. 谈谈你家乡的民间娱乐游艺。
5. 搜集身边的民间艺术品，如剪纸、风筝等，研究其形制的历史沿革和发展趋势。

# 第11章

# 中国民俗旅游资源的开发

**概　述**

中华文化光辉灿烂，民俗旅游资源丰富多彩，种类繁多，蕴藏着很高的旅游价值和旅游功能。它既是我国发展旅游业的宝库，又是我国招徕国际游客的优势与长处。如何挖掘民俗旅游资源，变资源优势为经济优势，以适应社会发展的需要，是摆在我们面前亟待研究的一个重要课题。

**学习目标**

1．了解中国民俗旅游资源开发中存在的问题；
2．熟悉民俗旅游资源开发的原则和模式；
3．掌握民俗旅游资源开发中应注意的问题。

**学习任务**

把握民俗旅游资源开发中应注意的问题。

**任务描述**

分析中国民俗旅游资源开发中存在的问题，结合民俗旅游资源开发的原则与开发的模式，提炼民俗旅游资源开发中应注意的问题。

## 11.1　中国民俗旅游资源开发中存在的问题

随着旅游业的飞速发展，我国的民俗旅游资源开发取得了一定的成绩，但同时也存在着一些问题。

### 11.1.1　民俗庸俗化

民俗旅游资源的开发应尊重民俗，弘扬民俗文化，但个别地方却打着民俗的旗号去亵渎民俗文化。如盲目地利用现代光电技术，低格调地猎奇等，使民俗被随意地庸俗化。

### 11.1.2　民俗旅游项目过于艺术化、舞台化

民俗的本色在于乡土气息和原始气息，而目前民俗项目尤其是民俗村等只注重外表形象，给人以表演的印象。

### 11.1.3　匆忙上马，开发粗糙

民俗旅游资源开发是项严肃认真的科学工作，来不得半点马虎。有些单位和旅游部门不做充分研究论证，匆忙上马，使题材缺乏新意与创意，导致目前民俗旅游资源开发的项目很多，但真正成功的范例却不多。

### 11.1.4　开发重点不突出

民俗的地域特色是吸引游客的主要动力，自然也应成为民俗旅游资源开发的重点。不同的地域，民俗各有特点。不少地方热衷仿建，而忽视本地民俗特色资源的发掘和开发。

### 11.1.5　民俗旅游商品雷同化

民俗旅游商品既是旅游者购买的物品，又是一种重要的旅游吸引物。目前虽然各地的民俗旅游商品开发很热闹，但大都似曾相识，雷同现象十分普遍。这不能不说是种缺憾，是种浪费。

## 11.2　民俗旅游资源开发的原则

针对我国的国情和民俗旅游资源的开发现状，在开发民俗旅游资源时，应当遵循以下一些原则。

### 11.2.1　因地制宜原则

我国地大物博，民族众多，各地、各族的民俗旅游资源既千姿百态，又千差万别。俗话说“靠山吃山，靠水吃水”，开发民俗旅游资源必须因地制宜，就地取材，从当地客观实际出发，而且还要重发掘，轻仿制。这样各地的民俗旅游才能有特色，我国民

俗旅游景观的布局和配置才够合理。

### 11.2.2 特色原则

特色是民俗旅游景观焕发感召力的基础，葆有长久生命力的灵魂。在民俗旅游开发过程中不能千篇一律，大同小异，要最大可能地突出本地区、本民族的旅游资源特色，树立独特性意识，遵循特色性原则，即民族特色、地方特色和历史特色。

民俗的地方特色，是民俗旅游的生命所在，抓住了它，也就发挥了地方优势。同时开发民俗旅游资源还要尽可能地保持民俗的历史原貌，挖掘历史上的民俗，丰富民俗景观，从而做到“人无我有，人有我优”，开发出独具个性的民俗旅游产品。

### 11.2.3 游客中心原则

民俗旅游的主体为游客，民俗旅游资源的开发应当以游客为中心，按游客的需要挖掘适销对路的民俗旅游产品。根据现代旅游心理学的研究，旅游者的旅游心理虽然复杂多样，但最基本的还是“求似”、“求异”、“求古”、“求体验”等心理。我们在开发时应当充分利用游客的这些心理，开发近似、特异、拟古、体验的资源，增加民俗旅游景观（产品）的魅力。

### 11.2.4 文化原则

随着旅游业的深度开发，以文化旅游为内涵的旅游将会超越以观光为特点的旅游。而民俗旅游本身就是一种文化旅游，其魅力在于民俗旅游景观所体现的深厚的文化内涵。因此，开发民俗旅游资源必须遵循文化原则。既要有较强的文化意识，从多学科角度来研究某地区或某类的民俗事象，发掘民俗深层次的内容，丰富民俗旅游项目的文化意蕴；同时还要营造民俗旅游资源的文化氛围，表现民俗文化的精华，使其“神”与“形”合一。

### 11.2.5 多样性与专题性相结合原则

现代旅游已步入大众旅游时代，旅游者的成分和需求复杂多样，民俗旅游资源的开发应针对游客需求的多样性，走多样化开发的道路。既包括民俗景观（节目）的丰富、多样，类型不单一；还包括民俗景观与其他自然、历史文化景观的多形式组合。专题性是指为满足某类旅游者的需求或旅游者的某一方面需求而实施的专项开发。其优点为主题鲜明，独特性突出，容易在旅游者中引起共鸣，给游客留下较深刻的印象，争取更多的回头客。

多样性和专题性是既对立又统一的两个方面，结合得好，多样性不仅不会冲淡专题性，而且还能起到衬托专题性的效果；专题性也能丰富多样性，使多样性既有广度又有深度。

### 11.2.6 开发与保护相结合原则

开发，就是民俗旅游资源的产品化，它的根本目的是为民俗旅游服务，为当地发展经济、改善人民生活服务，为民俗的继承、发展服务。保护，就是对民俗旅游资源进行维护、修缮、抢救，防止被同化和消亡。它既指对民俗旅游资源的保护，还有对民俗生存空间的保护。

在开发民俗旅游资源时，必须以保护为前提。没有保护的开发是掠夺性、破坏性的开发，要做到开发与保护相结合，使开发与保护并重。同时发挥规划的约束作用，尽可能地减少开发所带来的负面效应。

### 11.2.7 经济效益、社会效益、文化效益相结合原则

获取经济效益是民俗旅游资源开发的重要目的。但不允许只顾争取经济利益，而忽视社会效益、文化效益。任何破坏民俗文化环境、损害社会公共利益的开发行为，都必须坚决禁止。要从可持续发展的角度来看待开发问题，把经济效益、社会效益、文化效益协调统一起来。

## 11.3 民俗旅游资源开发的模式

我国的民俗旅游目前正蓬勃发展，民俗旅游资源开发也是社会关注的热点。从资源的开发方式看，我国民俗旅游资源大致有五种模式。

### 11.3.1 本原式——天然民俗村寨、原生民俗开发

民俗旅游资源开发的本原式，是最常见的也是最能激发游客兴致的模式。它是以民俗文化的原样开发而成，强调民俗的原版性、原汁原味性，要求绝对完整地展示民俗的风貌，不能有任何形式的篡改，具有原真性的特色。按其内容又有以下两种情形。

1. 天然民俗（民族）村寨

天然民俗（民族）村寨属于一种原地保护型的民俗旅游资源开发，源于国外的露天博物馆。最早的露天博物馆建设于1891年瑞典斯德哥尔摩市的基尔哥登岛，由瑞典语言学家、历史学家哈契利乌斯创建。我国天然民俗（民族）村寨的开发始于20世纪80年代。

天然民俗（民族）村寨的开发要适度，布局要合理。我国是一个多民族国家，天然的民俗（民族）村寨很多，但并不是所有的村寨都具有眼前的开发价值，应注意以下几个方面。

第一，村寨的民俗事象要典型、集中，有很强的外显特征，特别是在建筑、服饰

上。民族特色、区域特色鲜明的建筑、服饰能给人耳目一新的感觉，只要游客一接触，便能为它们所吸引，情不自禁地入村寨探幽访奇。

第二，村寨的位置相对偏远，但又不能过于偏远。离交通线和县城、中心城镇应有一定的距离，以车程 1 天以内为宜。交通有改善的前提和条件。

第三，村寨以村民的自然生产、生活和村落的自然形态为旅游内容。也就是说，以原生态的自然风光、传统民居、服饰、饮食、礼仪、节令、生产、游艺等，展现民俗（民族）村人民活生生的现实生产、生活与环境。

第四，民俗的主要载体是人。为了让游客有真实感，村寨应给游客有很大的自由活动度，让游客与村民打成一片，自由交流，甚至同吃、同住、同玩，参与劳作。

第五，村寨的旅游内容要丰富，同时须有一定的规模。它不能成为一个孤立的旅游点，应与其他景点构成一条旅游线或旅游区。

第六，村寨管理既不能太死，也不能放任自流。目前可行的是，在旅游管理部门的指导下，成立以村书记、村长为核心的旅游管理小组，负责管理、协调，聘请工作人员，处理利益分配等问题。

2. 原生民俗开发

原生民俗开发是为旅游活动的需要，让游客在同中求异，在异中求同，特开发的原生民俗旅游项目。其特点为以下几点：

（1）适应面广

在民俗的原生地可以开发供民俗旅游专用，又可作为自然风光旅游、名胜古迹游的补充。在非民俗原生地，还可以将原生地的民俗旅游项目移过来做短时期的表演。

（2）种类多样，方式灵活

原生民俗开发不像天然民俗村寨建立那样严格，必须以原村寨的民俗为开发基础，而是有较大的灵活度。它既可用本地民俗开发，也可以其他地方的民俗为开发素材，凡是具有旅游价值的民俗均在开发之列。

（3）品位高

由于是原生民俗开发，其内容最自然、朴实、原始，也最容易令人感到新奇。这样的旅游项目不仅能让游客“一饱眼福”，而且越看越有滋味，为深奥博大的民俗文化所陶醉。

### 11.3.2 主题公园式——民俗文化村

主题公园，又称微缩园或人造景观，是指充分利用现代科学技术将自然、人文遗产和文化以及各种可能溶入的景物融会在一起，以突出某一个或多个主题的人造景观。民俗文化村或民俗园，属于主题公园的范畴，是一种新兴的民俗旅游资源开发模式。它是指在旅游点兴建的，把某一时期或某一民族、某一区域的民俗文化，依照一定的方式和风格加以集中反映的人造旅游景观。

自1950年荷兰海牙“小人国马都洛丹”和1955年美国加利福尼亚“迪斯尼乐园”开放以后，带来了主题公园在全世界的昌盛。中国内地于20世纪80年代末90年代初开始兴建民俗文化村，较早起步的是广西桂林的“漓江民俗风情园”，引进壮、瑶、苗、侗等少数民族的建筑、歌舞乐曲、工艺特产、斗马、斗牛等习俗活动，供游客参观；深圳的“锦绣中华”、“中国民俗文化村”，将20余个民族的民居、园林、礼仪、歌舞、生活场景等民俗融为一体，成为深圳两大盛景，吸引了海内外众多旅游者。以后，内地的民俗文化村建设风起云涌，有的建设得比较成功，有的则很失败，其中有许多经验教训值得总结。民俗文化村在我国还是个新生事物，从理论上看，可有如下两种建设类型。

1. 传承民俗浓缩型

传承民俗浓缩型即按照一定的比例尺度建设某一地域或某一民族的独特村寨和民居，把该地或该族的衣食住行、生产生活、宗教礼仪、音乐舞蹈等典型民俗汇入一村，向游客集中展示该地或该族的民俗文化，帮助游客在很短的时间里领略其民俗精华。如深圳的“中国民俗文化村”、昆明的“云南民族村”、桂林的“漓江民俗风情园”等都属此类。

2. 民俗资源恢复型

民俗资源恢复型即通过文献资料、考古报告和器物的搜集、整理，将湮没失传的古代民俗旅游资源挖掘出来，加以恢复、再现，让游客了解原本不能看见的历史民俗，满足他们求新、求异、求奇的心理。如甘肃敦煌鸣沙山的“西北民俗文化村”，堡坞式建筑，设有小药铺、小茶馆、小肆、杂耍铺等，店铺门前幌子高悬，员工身着古装，统一用古钱币消费，向游客表现了古代丝绸之路的传统民俗。

这两种形式各有所重，各地在建设民俗文化村时应根据实际情况因地制宜。

知识拓展 11-1

**深圳的“锦绣中华”和“中国民俗文化村”**

深圳锦绣中华发展有限公司位于深圳特区美丽的深圳湾畔，下辖闻名遐迩的锦绣中华微缩景区和中国民俗文化村两大文化旅游景区。开业至今，两景区共接待中外游客七千多万人次，其中包括邓小平、江泽民等时任党和国家领导人和尼克松、布什等各国政府首脑、国家政要200多位及各界知名人士，获得了广泛好评。锦绣中华和中国民俗文化村获得“全国首批AAAA旅游度假区”等殊荣，并且成为中国第一个获得国际17国互认的ISO9002国际标准质量证书的旅游景区，也是深圳市政府重要外事接待基地和广东省青少年爱国主义教育基地。

锦绣中华微缩景区占地30万平方米，汇集了中国五千年历史文化和风景名胜，是世界上面积最大的实景微缩景区，景区的80多个景点按中国版图位置分布，它集中反映了中国多民族国家风格迥异的建筑、生活习俗和风土人情。“一步迈进历史，一是畅游中国”是锦绣中华微缩景区的生动写照。进入新世纪，锦绣中华微缩景区呈现出一片绿的世界、花的世界，园内花团锦簇，绿树成荫，人文景观与自然景观和谐统一，形成一幅壮美的图画。

中国民俗文化村是国内第一个荟萃各民族民间艺术、民俗风情和民居建筑于一园的大型文化游览景区，它占地20万平方米，村内24个各具特色的山寨、庭院和街市按原貌以1∶1的比例建成，并以“源于生活，高于生活，荟萃精华，有所取舍”为建村原则，从不同角度多侧面地反映了中国丰富多彩的民俗文化。村寨的风情表演、中心剧场的民族歌舞表演和凤凰广场的大型广场艺术汇演，从三个不同层次将民族歌舞艺术的神韵展示得淋漓尽致。

### 11.3.3 资源凝聚式——民俗博物馆

博物馆是收藏、展览、研究文物的收藏、宣传教育和科学研究机构。旅游学认为，博物馆收藏的文物系历史的见证，反映了一个国家或一个民族、地区的文化创造。其中，民俗文物是构成博物馆这种人文旅游景观的重要内容之一。由此产生了一种新型的民俗旅游资源开发模式——民俗博物馆，如山东安丘石家庄民俗博物馆、深圳民俗博物馆等。特别是“1994中国文物旅游年”、“1995中国民俗风情旅游年”的举办，更是推动了民俗博物馆的发展。

民俗博物馆与民俗文化村的不同之处在于：一个采用凝聚方式，一个采取缩微方式；一个主要按固态形式展示，另一个以活态形式表现。二者可以互为补充，相辅相成，共同为民俗旅游服务。民俗博物馆按照内容来区别，又可分为以下两种类型。

#### 1. 综合性民俗博物馆

综合性民俗博物馆不受民俗单一种类所限，以民俗文物的“广博性”为特色，所藏的民俗文物，门类众多，涉及广泛，举凡从遥远的古代到现实生活，从物质生产到精神生活，从实物到资料，都是收藏、陈列的对象。国内该类博物馆很多，如山西汾县丁村民俗博物馆、苏州民俗博物馆、山西祁县乔家堡民俗博物馆、海南通什民族博物馆、湖南永顺土家族民俗博物馆、吉林延边朝鲜族民俗博物馆、辽宁沈阳三农博览园等。

#### 2. 专题性民俗博物馆

专题性民俗博物馆即以民俗的某一专门内容为征集、收藏、展示对象的博物馆，它所搜集、展示的藏品既可为全国范围的，也可以是区域范围内的，或某一民族的。能够形成专题性博物馆的民俗事象很多，常见的有婚姻、丧葬、民居、交通、戏剧、工艺美术、手工业、民间信仰等。国内该类博物馆有安徽潜口民居博物馆、山东潍坊风筝博物馆、河南安阳民间艺术博物馆、贵州酒文化博物馆、平坝天台山民族戏剧博物馆、安顺文庙蜡染博物馆、台江民族刺绣博物馆等。

民俗博物馆的建设作为民俗旅游资源开发的重要模式，其选址相当关键。一般情况下，应建在民俗旅游资源丰富、特色明显的地区，而且要在或临近现有的旅游线上，或者在规划区域内。博物馆建筑要具有地方特色和民族特色，与周围环境融为一体。藏品的陈列以实物为主，配以文字、照片、图画、模型、录音、录像和幻灯片等。陈列设计要做到五个结合，即学术性与观赏性相结合、知识性与趣味性相结合、思想性与艺术性相结合、共性与个性相结合、复原与展览相结合。

**知识拓展 11-2**

### 潍坊风筝博物馆

潍坊风筝博物馆是我国第一座大型风筝博物馆，建于1987年，建筑面积8100平方米，建筑造型选取了潍坊龙头蜈蚣风筝的特点，屋脊是一条完整的组合陶瓷巨龙，屋顶用孔雀蓝琉璃瓦铺成，似蛟龙遨游长空伏而又起，设计风格在国内独树一帜。在2001平方米的展厅里，汇集了世界各地造型优美、绘制精细、构思大方、飞行性好的风筝精品1000余只，并配有300余件翔实的风筝文物以及照片、文字、绘画、复制品等，具有较高的研究价值和欣赏价值。重现了1988年各国风筝组织代表推举潍坊为“世界风筝都”及1989年“国际风筝联合会”成立的重大史实。此外，潍坊风筝博物馆还设有书画、民俗、奇石、工艺品景德镇精品瓷器等展厅，生动展示了中华民族璀璨文化所独具的艺术魅力。为生动全面地展现世界风筝都的迷人风姿，2002年初博物馆投资500万元新上环幕电影。全方位，全视角的展现了潍坊的人文景观、市容市貌及旅游景点，环幕电影与风筝展览交互辉映。

潍坊风筝博物馆展出的风筝有：①传统风筝。主要有各种大中小型龙头蜈蚣，软硬翅蝴蝶风筝，七星、八卦风筝，各种鱼鸟、昆虫风筝以及筒子风筝和传说故事人物造型的人物风筝。还展有吉林、济南、浙江的优秀作品。②潍坊创新风筝。是潍坊风筝艺人和业余爱好者扎制的新意风筝、特技风筝、多特点风筝、微型和巨型风筝，表现出潍坊风筝爱好者大胆创新的精神和丰富的想象力。③国外风筝。是近几年来国外风筝爱好者制作的具有本国风情特色的风筝。所收藏陈列的风筝在选材、色彩、艺术等方面，把自然界千姿百态的物象进行夸张升华、剪裁加工后运用于风筝的创作之中，使主体内容与风筝造型协调，生活气息和地方特色相溶，表现了潍坊风筝工精艺巧、浑厚大方的独特民俗风格。

### 11.3.4 节会式——节庆、集会

现代旅游的重要特征在于娱乐，追寻异域文化的情和趣。节会凝聚着一个地区或民族的民俗风情精华，是该地区或民族民俗文化的集中展现，旅游者参与其中，不仅能便捷地了解和考察异域他乡的民俗文化，而且还可在大众性的狂欢中受到感染和熏陶，获得情感的共鸣、交流，身心的愉悦。利用节会模式，开发民俗旅游的定时定点产品，应是我们民俗旅游资源开发的主要发展方向。

1. 节庆开发

节庆，顾名思义就是节日庆典。它是某一区域或民族的人民为庆祝农业丰产、祭祀祖先，或出于某种需要而举行的纪念性的庆典活动。节庆场面壮观，节目精彩，娱乐性强。开发节庆为旅游服务，首先是选择传统节日。

中华传统节日源远流长，数目繁多，俗谚有“大节月月有，小节三六九”之说，且地方特色强、民族特征鲜明、风情浓郁。开发传统节日，从宏观上说应把重点放在东北、西北、西南等少数民族聚居区。他们的节日众多，千姿百态、淳朴自然、神秘原始，率先开发最能发挥其资源优势，取得较好的成效。从微观上看，要有重点地加以开发，如傣族的“泼水节”、哈尼族的“扎勒特节”、彝族的“火把节”、朝鲜族的“老人节”、藏族的“雪顿节”、苗族的“芦笙节”、瑶族的“达努节”等，同时要重视与其他旅游景观、旅游线路的组合，也就是游览地点的搭配，时间的协调，景观类型的互补，尽量延长游客的逗留时间，让他们得到多方面的旅游心理满足。

节日活动的安排一般以传统内容为主，适当增加新节目。要注意提高节日的思想性、艺术性、娱乐性。在节日中，民俗活动的气氛应有一个由温到热的过程，逐步把旅游者真实的观赏、娱乐体验推向高潮。

在现代旅游开发中，利用节日形式，注入现代生活内容，举办各种艺术节、文化节、旅游节已成时尚，例如，北京中国民间艺术节、中华民俗风情百乐艺术节、上海“大世界”民族文化节、上海国际茶文化节、黔县画眉节、浙江杭州西湖酒文化节、江西樟树药材节、河北吴桥国际杂技艺术节、内蒙古草原旅游节、湖北荆州楚文化节、湖南岳阳龙舟节、大连国际服装节等，都取得了相当好的经济和社会效益。

从现代节日主办者的构成看，全都是政府操办；从内容上看，有相当部分节日，如服装节、电影节、科技节等，与民俗毫不相干。对这些节日，只能以一般性的“现代式”节庆视之。还有部分节日，如苏州同里旅游文化节、贵州苗族姐妹节、延边朝鲜族民俗节、拉萨民族风情节等，虽然糅合了现代生活气息，但在形式和内容上仍然承袭了民俗文化传统。对这些节日，我们尽管不能把它们归入传统民俗节日之列，然而还算得上是民俗旅游资源的开发与利用成果。可称之为“衍生性民俗节日”或“准

民俗节日”。

2. 集会开发

集会包含两层意思：一是庙会，二是市集。它们的共同之处为有明确的举行日期、地点，有丰富多彩的活动；相异之处是，一个依托宗教场所、宗教活动，一个凭借镇市。

（1）庙会

庙会又称“赶山”、“赶会”、“逛庙会”，原为祭奠庙观神佛而举行的定期的集会。会间善男信女摩肩接踵，人流不绝，商贩吆喝、艺人耍唱连声不断，形成了祭神、游乐、贸易三位一体的群众性民俗活动。如安徽九华山庙会，北京白云观庙会、地坛庙会，南京夫子庙庙会，开封相国寺庙会，上海城隍庙庙会，甘南拉卜楞寺法会等，都具有浓郁的地方气息，很强的感染力。

开发庙会是借庙会这种形式增加民俗旅游项目，促进旅游娱乐、旅游购物的发展。它不仅成为游客怀旧的场所，而且是增长知识、消闲、娱乐、购物的好去处。但开发庙会还有一个思想导向问题，切忌搞封建迷信。

（2）市集

市集，遍布城乡各地，名目繁多，有叫场，有称圩，有名市，有称集，是城乡人民进行物质交易的定期例会。在城市一般有固定的场所，时间有常年的，也有定期的。在乡村，或逢一，或逢五，或逢十，或逢二、八，或逢四、六赶集。大集全天或数天，小集到中午即散。市集上买卖的商品琳琅满目，“市声”不绝于耳。若遇大集，四方商贾辐辏，各种商品云集，人来人往，车水马龙，好不热闹。开发、开放市集，具有广阔的前景。

### 11.3.5　物品式——民俗商品

吃、住、行、游、购、娱是旅游的六大要素。旅游与购物总是相伴而行，既相互补充，又相互促进。旅游购物不仅能增加旅游气氛，而且也是一种重要的旅游动机，有相当部分旅游者就是为满足购物欲望而外出旅游的。近些年来，我国旅游业发展迅速，旅游购物也快速增长，但与世界旅游发达国家和地区相比仍存在着较大的差距。我国目前旅游购物占旅游消费的18%左右，而香港却达到了60.3%。其主要原因是旅游商品雷同，缺乏个性，对民俗旅游商品的开发认识不足。

旅游商品与其他一般商品的区别，在于它的实用性、纪念性和工艺性三者的有机结合。如果在这三者的基础上，再赋予民俗特色，旅游商品就富有个性，游客就乐于购买。

民俗的形态多样，可以是有形的，也可以是无形的；既有物化的，也有观念上的；可以为固化的，又可为活化的。那些有形的、物化的民俗事象，如工艺品、食品、生活用品等，就可以开发为民俗旅游商品，以满足游客的需要。其实，我国民俗旅游资源中像北京的景泰蓝、景德镇的瓷器、贵州的蜡染制品、苏绣、湘绣、杨柳青的年画、歙县的徽墨等，早已转化为民俗旅游商品，闻名遐迩，为游客所喜爱，只是数量少、规模小。今后，只要我们下功夫从深层次上挖掘、开发，民俗旅游商品一定会大有市场。在开发民俗旅游商品时应注意以下几个方面。

1. 开发形式多样

民俗旅游商品传统上多为手工制作，充分表现出我国各族人民的创作技艺。同时，随着旅游消费的增长，旅游商品工厂化生产在所必须。为提高旅游者的兴趣和纪念意义，甚至可以设立作坊，让他们自己制作所要的民俗商品。

2. 以纪念性为开发侧重点

旅游，可以说是种心愿和怀着心愿付诸实施的过程。当心愿得以实现，人们的心中总是充满着难以言表的喜悦，总是希冀亲朋好友能一道分享自己的快乐。这时，绝大多数旅游者都会购买民俗旅游商品，以作为取得美好感触和记忆的实物见证。所以，纪念性要贯穿其开发之始终。

3. 以创新为主流

民俗旅游商品以地方特色和民族特色为灵魂，以民俗特性产生诱惑力，占领旅游购物市场。但是，由于民俗旅游商品有相当部分具有非专利性，容易被别人模仿，尽管别人的仿制很难达到以假乱真的水平，但也会在一定程度上冲击民俗旅游商品的市场，因而民俗旅游商品的开发时刻要有创新意识，把产品创新当作常务来抓。当然，创新还需一定的规则。民俗旅游商品的创新要符合市场变化的规律，要以民俗文化为素材，有丰富的文化韵味。只有当民俗旅游商品为旅游者爱不释手时，我们的开发才算成功。

## 11.4 民俗旅游资源开发中应注意的问题

民俗旅游资源开发是项复杂的工作，除遵循基本原则和方法外，还应注意以下几个问题。

### 11.4.1 项目（景观）应体现乡土性、古朴性

民俗是日常生活和劳作的反映，带有浓厚的乡土与古朴色彩。民俗旅游项目（景观）的开发应当立足乡土，展现民俗的本来面貌，坚决杜绝两种倾向：一为过分艺术化、舞台化，逆回归自然、逆返璞归真的旅游发展潮流。这种丧失“原汁原味”的开发，势必影响游客的好奇兴趣，降低民俗旅游景观（项目）的文化品位。二为洋化，

将西方东西掺进中国的民俗之中，这在歌舞、游艺活动及工艺品方面尤为明显。失去了乡土气息和原始气息，也就意味着民俗的淳朴美不复存在。

### 11.4.2 开发应总揽全局，统筹兼顾，合理布局，形成整体

民俗是自然、社会、文化环境相互影响的产物。中国民俗既有地区差异性，又存在共通性的特点。由于共通性的存在，民俗旅游景观（项目）就有雷同的可能，因此，民俗旅游资源开发不仅要注意发挥区域特色，而且还不能忽视各地民俗的共通性，在同一民俗旅游区，民俗旅游景点、景观的布局上，要多样化，尽量避免重复。与其相邻的民俗旅游区，景点、景观也应各具特色，互为补充。合理、科学的景点（景观）布局，对我们这样一个大国、发展中国家来说相当重要，它有利于资源的合理利用和民俗旅游的可持续发展，也有利于减少因重复开发所导致的经济损失。

### 11.4.3 开发应由点到线、面，循序渐进

在开发之初，对点、线、面应有通盘考虑。民俗旅游点是民俗旅游区的形成基础，一般选择在民俗旅游资源比较丰富、特色比较鲜明、交通较便利的地区。民俗旅游线通常围绕民俗旅游中心点，数个县市联合开发，将各民俗旅游点串联成线。例如，山东潍坊于1986年推出“千里民俗旅游线”，就以潍坊为轴心，在青州、临朐、安丘、高密、昌邑、寒亭等6个县区，设有24个民俗景观、6处民俗博物馆、3处民俗文化村，整条旅游线长700多公里，取得了很大成功。民俗旅游的面，由民俗旅游点、线与同地区的自然景观、历史文化景观构成，以发挥旅游地的综合优势。

### 11.4.4 针对客源市场，灵活运用开发形式

民俗旅游的客源市场十分复杂，有国内市场，也有国际市场；有老年市场，也有中青年市场；有知识分子市场，又有职员、农民市场；有团体市场，又有散客市场。不同的市场对民俗旅游景观（景点）的需求有一定的差别。比如，知识分子阶层的主要旅游动机是考察各地的民俗文化，探索民俗文化发展的奥秘，而职员、农民则更多是观光、娱乐。同样是国际市场，海外华人、华侨多为寻根，而外国人多属观赏、猎奇。为此，民俗旅游资源开发形式不能过于单一，应多种形式同时灵活运用。民俗旅游资源开发形式很多，常见的有以下几种。

#### 1 民俗观光开发

利用民俗的外显特征，开发观赏性的民俗旅游景观，让游客开阔眼界，增长知识。这种形式最为普遍，如民俗村、民俗博物馆、民俗展览、民俗表演等均属此类。

#### 2. 民俗活动开发

民俗中有许多集体活动，这些民俗活动既富观赏性又具参与性。开发民俗活动，

让游客参与其中，亲自体验，增强游兴。如山东平原“鸽子节”、鄱阳湖“连家船婚礼游”、富阳“农家乐”等就使游客乐此不疲。

3. 土特商品开发

土特商品是民俗的物化，充溢着浓浓的民族味，重重的乡土情，极具收藏价值和纪念意义。它既可满足游客的观赏欲望，又能增加旅游收入。土特商品的开发大有可为。

4. 民俗服务开发

民俗服务开发，即提供民俗的旅游服务，如歌舞茶座、“三道茶”迎宾式，营造民俗氛围，增强旅游的民族特色。

以上形式可同时并举，也可以某种形式为主，其他为辅。

### 11.4.5 按区位，梯次开发

我国民俗旅游资源丰富，区域特色鲜明，开发价值和潜力很大。但由于各地的地理环境不同，经济水平不一，交通条件悬殊，市场知名度有差异，民俗旅游资源开发应按区位，区别先后、主次，有计划、有步骤地开发。区位条件好的，一般优先开发，重点扶持，积累经验，树立民俗旅游的良好形象。区位条件差的，可搞些保护性开发，等时机成熟，再扩大开发规模，增加客容量。在开发时，切忌不顾区位条件，一哄而起，遍地开花。这势必有损于我国民俗旅游的声誉，浪费宝贵的民俗旅游资源。

### 11.4.6 宣传与开发同步

中国有句俗话叫“酒香不怕巷子深”。这在小农经济和卖方市场情况下，可算作金科玉律。但在市场经济发达、竞争白热化的今天，我们已不能守着这一老规矩，自恃中国民俗文化博大奥妙，不怕外国人不来。必须改变观念，变“酒香不怕巷子深”为“酒香也怕巷子深”，加强宣传，招徕中外旅游者。民俗旅游景观的宣传应与景观的开发同步进行，应当注意运用大型节庆、电视专题片、报纸广告、宣传图片等多种宣传手段，以提高民俗旅游景观的知名度，扩大社会影响。宣传是一项持久长期的工作，必须做得细致、扎实。只有有效宣传，开发的民俗旅游景观才能扩大影响，并经旅游者一传十，十传百，名扬遐迩。

### 11.4.7 正确处理好古今关系

开发民俗旅游资源必然涉及古今问题。这方面存在着两种极端的思想方法论：一是厚古薄今，二是厚今薄古。厚古薄今者认为，民俗文化的精华是古代民俗，开发民俗旅游资源当重点挖掘古代民俗。目前，旅游界出现的“仿古”热就是这种思想的反映。而厚今薄古者正好相反，他们全盘否定传统民俗，认为传统民俗都是糟粕，应当完全摒弃，只有现代的才是进步的、有吸引力的，开发应标新立异。这两种倾向都有偏颇。

正确态度应是，继承发扬民俗文化中的优秀成分，抛弃民俗文化中的落后、消极成分。在开发民俗旅游资源时，古今并重。然而，由于我国地域广阔，各地情况千差万别，开发应因地制宜，侧重点应各有所重。一般少数民族区域以现实社会中的民俗资源开发为主，古代的民俗资源为辅，汉族地区则可适当增加古代民俗资源的开发力量。

此外，在民俗旅游资源的开发中，还有人才的培训问题、民族政策问题、集中与分散问题、雅与俗的问题等，这些都是值得我们重视和研究的。

**小思考：**列举你所熟知的民俗旅游资源开发的成功案例。

## 小　　结

中国民俗旅游资源丰富多彩，种类繁多，蕴藏着很高的旅游价值。但在民俗旅游资源开发中存在诸如民俗庸俗化、民俗旅游项目过于艺术化等问题。为了更好地变民俗旅游资源的资源优势为经济优势，需要把握民俗旅游资源开发的原则和模式，并在民俗旅游资源开发中注意处理好各种问题。

## 练　　习

1. 民俗旅游资源开发的原则有哪些？对此你如何理解？
2. 民俗旅游资源开发的模式有哪些？
3. 如何充分发挥民俗旅游资源的优势？民俗旅游资源开发中应注意处理好哪些问题？
4. 从目前我国民俗旅游资源开发中存在的问题，你能得出哪些启示？
5. 留心观察身边民俗旅游资源开发的实例，结合本章所学知识，谈谈其在民俗旅游资源开发中存在哪些优势和不足，并提出你的建议。

# 参考文献


安旭. 1990. 旅游文物艺术. 天津：南开大学出版社.

巴兆祥. 1999. 中国民俗旅游. 厦门：福建人民出版社.

博巴. 2004. 中国少数民族饮食. 北京：中国画报出版社.

春歌. 2004. 中国少数民族风情录. 北京：中国画报出版社.

戴平. 2004. 中国少数民族发饰. 北京：中国画报出版社.

丹增. 2004. 中国少数民族节日. 北京：中国画报出版社.

邓永进，薛群慧，赵伯乐. 1997. 民俗风情旅游. 昆明：云南大学出版社.

范荧. 2006. 上海民间信仰研究. 上海：上海人民出版社.

国家旅游局人事劳动教育司. 1999. 导游基础知识. 北京：旅游教育出版社.

姜若恩，张国杰. 2004. 中外民族民俗. 北京：旅游教育出版社.

李维冰，周爱东，林刚. 2005. 国外饮食文化. 沈阳：辽宁教育出版社.

辽宁省旅游局. 2003. 全国导游基础知识. 沈阳：辽海出版社.

刘辉. 2006. 观音信仰民俗探源：本土观音民俗文化及其传承开发研究. 成都：四川出版集团.

马宇彤. 2005. 民俗天津. 天津：天津教育出版社.

齐东野，鲁贤文. 2003. 远去的乡情正在消失的民俗. 北京：中华工商联合出版社.

祁春英. 2005. 中国少数民族婚俗. 北京：中国画报出版社.

全国导游人员资格考试教材编写组. 2005. 导游基础知识. 2 版. 北京：旅游教育出版社.

书怀，张博. 2005. 名居天津. 天津：天津教育出版社.

孙民，赵旭. 2004. 民俗故事经典. 沈阳：辽宁少年儿童出版社.

陶立璠. 2003. 民俗学. 北京：学苑出版社.

王伟伟. 2005. 礼仪形象学. 北京：人民出版社.

韦荣慧. 2004. 中国少数民族服饰. 北京：中国画报出版社.

韦燕生. 2006. 中国旅游文化. 北京：旅游教育出版社.

乌丙安. 2001. 民俗学原理. 沈阳：辽宁教育出版社.

乌丙安. 2002. 中国民俗学（新版）. 沈阳：辽宁大学出版社.

谢春山. 2002. 导游基础知识. 沈阳：辽宁画报出版社.

谢贵安，华国梁. 1999. 旅游文化学. 北京：高等教育出版社.

徐万邦. 2004. 中国少数民族工艺. 北京：中国画报出版社.

央西. 2004. 中国少数民族体育. 北京：中国画报出版社.

易风. 2004. 中国少数民族建筑. 北京：中国画报出版社.

赵包嘉. 2004. 中国少数民族乐器. 北京：中国画报出版社.

赵荣光，夏太生. 2003. 中国旅游文化. 大连：东北财经大学出版社.

朱宁虹. 2005. 中华民俗风情博览宗教信仰. 北京：中国物资出版社.